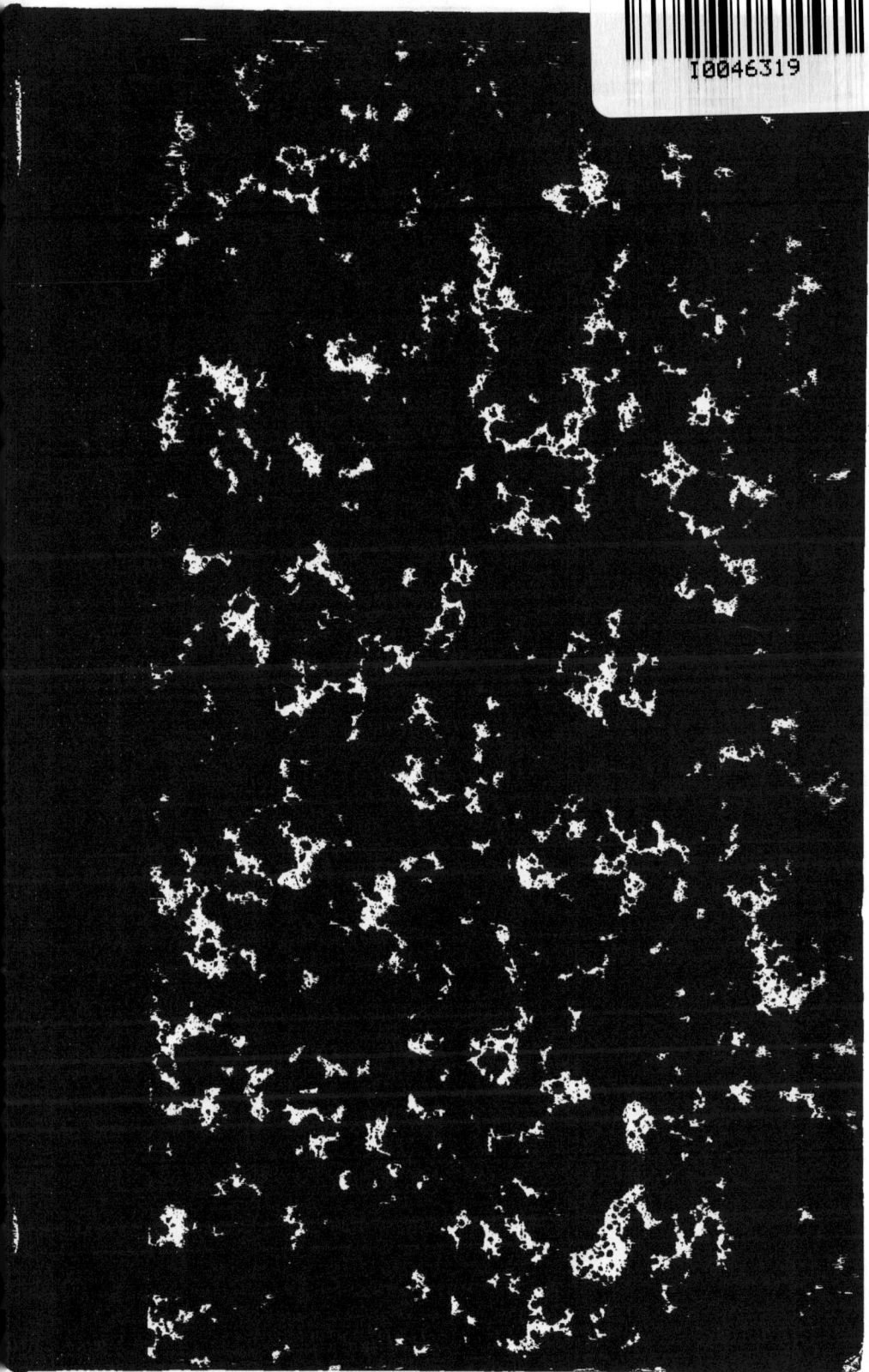

QUALITÉS

ET

CONDITIONS REQUISES

POUR CONTRACTER MARIAGE

F

QUALITÉS

ET

CONDITIONS REQUISES

POUR CONTRACTER MARIAGE

APERÇUS

HISTORIQUES

SUR LES LOIS DU MARIAGE

PAR

Léon HENRY

Docteur en Droit, Avocat à la Cour impériale
Lauréat de la Faculté de Caen.

Dixit Dominus : Non est bonum esse hominem solum; faciamus ei adjutorium simile sibi. — Et œdificavit Dominus costam, quam tulerat de Adam, in mulierem; et adduxit eam ad Adam.— Dixitque Adam : Hoc nunc os ex ossibus meis, et caro de carne meâ : hæc vocabitur virago, quoniàm de viro sumpta est.— Quamobrem relinquet homo patrem suum et matrem, et adhærebit uxori suæ. Et erunt duo in carne unâ.   (GENÈSE, II, 18, 22, 23, 24.)

CAEN

IMPRIMERIE NIGAULT DE PRAILAUNÉ

18, Rue Froide, 18

—

1867

INTRODUCTION

Le mariage est l'unique fondement de la famille ; la famille, cette arche sainte à laquelle nul ne peut porter qu'une main sacrilège, est, pour employer une expression de Châteaubriand, le pivot sur lequel roule toute l'économie sociale. Institution éternelle, — s'écrie un contemporain, — qui était avant les sociétés, et qui sera encore après elles, qui a fait la force de toutes les civilisations, et qui a survécu aux plus terribles bouleversements d'empires, flottant au-dessus de tous les déluges, comme le seul débris impérissable de nos périssables sociétés. (1)

A l'écart avec les chimériques délices du phalanstère, ce rêve impie de la philosophie spéculative, la communauté des femmes ! Proposée par Aristote, condamnée par Platon, elle ne peut être qu'une dégradation ignoble de la vie sauvage. Le mariage, appelé par Pothier le plus ancien et le plus excellent des contrats, fut dicté par la Nature elle-même (2), « qui a daigné nous associer au grand œuvre de la création » ; la Société, comme le dit Portalis, doit s'enter sur la Nature.

Dès que l'homme s'entr'ouvrit aux premiers souffles de la civilisation, le mariage s'offrit à lui comme un complément de son existence et de sa nature divise (3), comme un refuge et un abri contre la solitude qui lui pèse, contre les tristesses et les amertumes de la vie (4), comme une association contre la mort ; il moralisa et ennoblit ses instincts, il lui permit d'épancher, de fixer et de mûrir son cœur, d'en concentrer et d'en multiplier les forces vives ; il répondit à un sentiment profondément inné dans son âme immortelle, je veux dire à ce besoin de se continuer et de se

(1) « Tout le monde, à cette heure, interroge avec anxiété l'avenir, — disait naguère encore avec autorité un éminent orateur. — La vieille Europe achève de s'en aller en lambeaux. Qui est-ce qui constituera l'Europe nouvelle? — Je dis : C'est la famille. »

(2) Voir *contra* le premier Consul, Fenet, t. 9, p. 261.

(3) L'homme est le cerveau, la tête de la femme, dit saint Paul; la femme est le cœur de l'homme, dit la Bible, aux yeux de laquelle les époux ne sont que les deux parties d'un même tout, d'une même âme. Harmonie dans la dissemblance.

(4) *Neque aliud probis quam ex matrimonio solatium*, dit Tacite.

survivre dans un autre lui-même, dans un fruit de ses entrailles et de son cœur, dans un héritier de son sang (1), de son âme et de ses traditions.

Il serait superflu de démontrer l'utilité, la nécessité sociale du mariage, qu'on a justement appelé la pépinière de l'Etat (2). Sans mariage, aucune éducation pour l'enfant ; sans éducation, l'enfant croîtrait à la manière des brutes, à moins que l'Etat ne se fît le père commun de tous, par humanité ou par politique : « L'abandon des enfants, dit très-bien M. Troplong, est une monstruosité; l'adoption des enfants par l'Etat est un régime faux et antisocial. Pour que

---

(1) « La personnalité humaine a son siége dans l'âme, mais sa base dans le corps, — disait le 2 décembre 1866 le P. Hyacinthe; — et aux yeux de la science, comme aux yeux de Moïse, la vie est dans le sang : *anima in sanguine*. Si l'on en croit l'école matérialiste, le sang, dans l'homme, serait l'objet d'une transmission purement physique, comme dans l'animal, à l'image agrandie duquel on voudrait nous faire, parce que l'on ne nous permet plus d'être l'image de Dieu. — Mais non, le sang est une chose morale dans l'homme, et quand de deux cœurs unis par l'amour, il a passé dans nos veines, il a créé des liens sociaux. Il a créé la *famille*, sainte chose que ne connaissent pas les races inférieures..... Il a créé la *patrie*, la nation, dans la constitution normale de laquelle il joue un si grand rôle. Et au-dessus de la famille et de la patrie, les enserrant l'une et l'autre, comme le germe contient les espèces, le sang a créé l'*humanité*; car en dépit de cette science qui s'appelle positive et humanitaire, et qui n'est ni l'une ni l'autre, c'est par la communauté du sang que l'humanité est une seule race. »

(2) Portalis définit le mariage : « La société de l'homme et de la femme qui s'unissent pour perpétuer leur espèce; pour s'aider, par des secours mutuels, à porter le poids de la vie et pour partager leur commune destinée. »

« Le mariage est l'union de deux créatures libres s'associant pour se perfectionner par l'amour, dit un moraliste, après avoir rappelé la parole de Pétrarque à Laure : « Toute vertu me vient de toi, comme tout arbre de sa racine. »

l'éducation de l'homme soit complète, il faut le mélange de la vie de famille avec la vie politique ; l'homme
qui ne serait qu'un citoyen sans avoir senti, au moins
pendant son enfance, les doux liens de la famille,
manquerait des notions les plus nécessaires à la civilisation ; pareil à l'animal il ne connaîtrait qu'un
maître, c'est-à-dire l'État, sans connaître en même
temps et les joies du foyer domestique, cette première
école de raison, et le lien de la propriété, ce puissant
aiguillon d'émulation, de conservation et de perfectionnement moral (1). »

Le mariage a nécessairement une source divine et
remonte au berceau du monde. C'est la raison, l'honnêteté, la pudeur qui parlent en faveur du mariage,
dit encore M. Troplong.

La France n'a jamais été sourde à leur voix. Elle
l'a bien montré dans ces derniers temps, lorsque
certaines sectes novatrices ont voulu faire entrer l'a-
bolition, ou, si l'on veut, la transformation du mariage dans leurs plans de régénération sociale. Si elles
ont réussi quelquefois à faire vibrer la fibre populaire, en s'adressant à certains appétits, en prophétisant certaines jouissances matérielles, elles n'ont
inspiré que la répugnance et l'aversion, quand elles

---

(1) « Cette patrie que l'on prétend élever sur les débris de la famille.... nous ne la connaissons que trop ; divinité lugubre, ayant
pour prêtre un bourreau ; pour autel, un échafaud ; pour adoration,
la terreur, et pour sacrifice, le massacre ; voilà la patrie que le socialisme nous prépare, et ce que les hommes n'ont pas rougi de nommer
patriotisme, c'est le culte de cette idole sanglante que nos pères ont
honorée par des sacrifices humains ! » disait un défenseur de la famille.

ont voulu englober le mariage dans les conceptions
de leur cité nouvelle. Le bon sens public s'est tenu
en garde, les bonnes mœurs se sont révoltées, le ridicule et le mépris ont fait le reste.

Les législateurs de tous les âges et de tous les pays
ont dû réglementer l'union de l'homme et de la
femme (1). Il est malheureusement vrai, en effet,
que trop souvent « la nature livrée à elle-même
« va contre nature, » et que trop souvent la raison
se subordonne aveuglément à la passion qu'aucun
frein légal ne contient.

Le Code Napoléon a tracé des règles sagement
protectrices. Je veux étudier cette *loi d'organisation
sociale,* cette *charte de la famille,* ces lois d'autant plus
intéressantes, qu'elles sont, selon M. Laboulaye,
comme le confluent où le droit politique et le droit
civil viennent se confondre.

Avant d'envisager l'institution du mariage, telle
qu'elle est organisée par notre propre Code, je jette-
rai, aussi rapidement que possible, un coup d'œil
rétrospectif, non-seulement sur notre ancien droit et
sur la législation romaine, base de toute science juridique, source féconde où tout jurisconsulte doit puiser, mais encore sur plusieurs des sociétés qui nous
ont précédés. J'essaierai, dans la mesure de mes
forces, d'exhumer l'histoire du mariage dans quelques-unes de ses principales phases, en ne m'attachant qu'aux traits saillants et caractéristiques. Je

---

1) L'histoire cite deux exemples de sociétés monstrueuses qui ont
roscrit le mariage : les Amazones et les Zaporaves. (V. Allemand,
mariage, p. 4.)

chercherai, en remontant le cours des siècles, à suivre la filiation, à esquisser à grandes lignes la physionomie, les progrès successifs de cette institution
dont le degré de perfection peut donner l'exacte mesure de la civilisation d'un peuple (1), et dans laquelle
nous voyons partout se refléter la constitution politique d'une nation : asservissement et absolutisme
dans l'État, avilissement et dégradation à un égal
degré au foyer domestique (2) ; dignité du citoyen,
grandeur et moralité corrélative de la famille, où
l'homme prélude au rôle qu'il doit jouer dans la cité,
tel est le spectacle que nous offrent presque toujours
les annales du monde. Partout la société publique et
la société domestique ont subi à peu près les mêmes
atteintes et suivi les mêmes destinées. Entre la patrie et la famille, type idéal, mais irréalisable de la
constitution sociale, le parallélisme est constant. La
première tient si radicalement à la seconde que les
progrès et les décadences de l'une sont indissolublement unis aux progrès et aux décadences de l'autre.

Ce retour sur le passé pourra nous mettre en face
du droit naturel, « ce fond d'idées cosmopolites,
apanage commun de l'humanité; droit non écrit,
mais inné, que Dieu a gravé dans nos cœurs en caractères si profonds, qu'il survit à toutes les altéra-
tions par lesquelles l'ignorance de l'homme peut le

---

(1) On l'a appelée le *thermomètre* de la civilisation de chaque époque. — « Pour qu'une république soit bien ordonnée, dit Platon, les
principales lois doivent être celles qui règlent le mariage. »

(2) « La famille, a-t-on dit, n'est que la miniature de l'État. » —
« La famille est l'abrégé de la nation. »

corrompre, » ce droit qui, selon l'expression de Cicéron, est : *lex non scripta, sed innata, quam non docti sumus sed imbuti, non alia Romæ, alia Athenis, alia nunc, alia posthac*, ce droit instinctif et immuable, dérivant de la nature de l'homme, dicté par sa conscience, naissant avec les premières lueurs de sa raison (1).

Au lieu de l'envisager d'un œil toujours indifférent et impassible, je m'efforcerai de l'analyser et d'y découvrir des éléments pour l'étude d'une partie intéressante de la science juridique, je veux dire la philosophie du droit, qu'il m'est interdit de négliger (2).

Chez les peuplades barbares, parmi les hordes sauvages, qui vivent dans cet *état de nature* vanté comme le modèle de la vie heureuse, et qu'on re-

(1) « Il est des règles antérieures à toutes les lois positives, dit M. Troplong; je ne saurais admettre que les mouvements de la conscience et l'idée du droit soient l'ouvrage du législateur. Ce n'est pas la loi qui a fait la famille, la propriété, la liberté, l'égalité, la notion du bien et du mal. Elle peut, sans doute, organiser toutes ces choses, mais elle ne fait alors que travailler sur le fond que la Nature lui a donné et elle est d'autant plus parfaite qu'elle se rapproche davantage de ces lois éternelles et immuables que le Créateur a gravées dans nos cœurs. »

« Ce qui change, dit-il encore, ce n'est pas ce droit éternel dont la révélation arrive à l'humanité par une action incessante et nécessaire ; c'est la forme que l'humanité lui donne, ce sont les institutions qu'elle édifie sur sa base. »

(2) Cette incursion dans le domaine de l'histoire ne pourra que mieux mettre en relief la supériorité de nos propres lois. Quand nous les comparerons à celles qu'elles ont détrônées, quand nous réfléchirons aux longs et quelquefois douloureux efforts qu'elles nous ont coûté, nous les aimerons et nous y resterons fidèlement attachés, d'où que parte le cri de guerre :

« Plus je vis l'étranger, plus j'aimai ma patrie. »

trouve encore en quelques parcelles du globe appliquant la devise du célèbre philosophe : « *Que la société déprave l'homme et est contre nature,* » la faiblesse d'un sexe ne peut opposer aucun frein à la brutalité de l'autre ; celui-ci trouve ses droits dans l'effronterie même de ses désirs et leur sanction dans la puissance de les satisfaire. L'union des deux sexes n'est qu'une vague rencontre, un rapt, un rapprochement instinctif et fortuit, un attrait fugitif livré à une sorte de fatalité aveugle. Dans l'enfance de bien des sociétés, on ne voit trop souvent que promiscuité et communisme (1). À cette heure matinale de l'histoire de plus d'une nation, pas de mariage, partant pas de famille. Mais à peine a-t-on vu briller chez un peuple les premières lueurs de la civilisation, que le mariage, à peine connu des tribus errantes, prend chez les peuples pasteurs des formes plus constantes, et revêt bientôt ce caractère de perpétuité qui en est l'essence, distinguant ainsi de la brute, comme de tout ce qui vit et respire, le seul être à la fois doué de la sensibilité, de l'intelligence et de la raison (2). La

(1) Sans prétendre employer le mot *état de nature* dans toute la rigueur de l'acception, sans être positiviste et sans partager les théories d'Horace sur l'origine et la formation des sociétés, il est permis d'avancer que les vers du poète n'ont pas été sans application :

« Nam fuit ante Helenam mulier teterrima belli
« Causa ; sed ignotis perierunt mortibus illi
« Quos venerem incertam rapientes more ferarum,
« Viribus editior cædebat, ut in grege taurus. »
(L. I. Sat. 3).

(2) Les jurisconsultes romains ravalaient le mariage quand ils le déclaraient régi par un prétendu droit naturel commun aux hommes et aux animaux. (L. I. D. *de Just. et Jure*). Cicéron répond très-bien

destination du mariage est d'être perpétuel, disait une voix éloquente, lors de la discussion du Code Napoléon ; voilà un principe universellement reconnu, principe fécond et créateur des sociétés humaines, principe qui a ravi à la terre tous ses déserts et la couvre de ces multitudes de nations qui parent et animent son sein. — L'enfant, s'attachant au sein qui lui a donné l'être, est devenu le trait d'union entre l'homme et la femme dont il a cimenté la société. Le mariage, la nature l'indique assez, devait fatalement, sinon toujours précéder, du moins accompagner et suivre la naissance de l'enfant (1). Partout le législateur, reconnaissant que, si l'attrait qui rapproche les deux sexes était livré au seul délire des sens, la dégradation de l'espèce humaine serait bientôt proportionnée à sa dépravation , est venu contenir

---

Ut justitia, ita jus sine ratione non consistit: soli ratione utentes jure ac lege vivunt. (De nat. Deorum, II, 62). La loi mystérieuse des sexes règne sur toute la nature vivante qui, obéissant à la loi du Créateur, s'anime et se reproduit sans cesse; mais l'homme seul connaît le mariage.

(1) « ..... Je n'examinerai pas, disait M. Boutteville au Corps législatif, si deux êtres que le hasard aurait une première fois rapprochés, et qu'il placerait encore à côté ou en présence l'un de l'autre en cet instant si douloureux pour la mère, si, dis-je, se rappelant le moment de leur première union, et portant à la fois leurs regards sur ce premier gage de leur amour, ils ne suppléeraient pas d'eux-mêmes à l'imprévoyance des lois qui eussent trompé leur tendresse; et si, à défaut de témoins, de garants publics, ils ne se feraient pas, à la face du ciel, le serment de ne se séparer jamais. Je ne demanderai pas si l'enfant qui a une première fois souri à son père, serait assuré de le retrouver et de lui sourire encore, si les noms si chers d'époux, de père, de mère, d'enfants, les plus douces délices destinées à l'homme ne lui seraient pas demeurées inconnues sans la sage et nécessaire sollicitude de la loi pour marquer, reconnaître et distinguer les familles. »

« cette force aveugle qui sème les générations. »
« Dès le moment où le mariage a acquis quelque
consistance, disait un de nos orateurs français, il a
rempli le cœur humain de tant de joies et comblé
la société de tant de bienfaits, que les hommes ne se
sont pas sentis rassurés par leurs propres lois sur la
solidité d'un lien admirable; ils ont invoqué le ciel en
témoignage de leur bonheur; ils l'ont senti trop grand
pour croire qu'il ne fût que leur ouvrage. »

resque partout, en effet, la religion, « établie
entre le ciel et la terre pour combler l'espace immense qui les sépare, » est venue sceller cette
union, la prendre sous son égide, la consacrer par
ses cérémonies, imprimer son sacré caractère à l'acte
le plus important de la vie, bénir les serments solennels qui vont enchaîner l'avenir, et confondre deux
destinées.

La famille, base primordiale de toute société, seule
sauvegarde de tout ordre social, la famille qui résume
tout ce qu'il y a en l'homme de sentiments nobles
et élevés, d'affections pures, de dévouement, de joies
intimes, la famille « avec laquelle, selon la parole
d'un de nos éminents écrivains, il n'y a pas de malheur absolu, et sans laquelle il n'y a pas de bien
réel, » a dès lors jeté ses premiers fondements.

Le mariage, après avoir fait ce premier pas, devenu
une union perpétuelle, au moins dans l'intention des
parties contractantes, ne s'est perfectionné que lentement; d'abord, il nous apparaît sous la forme d'un
marché, d'un contrat de vente, d'un pacte commercial. La volonté de la jeune vierge est étouffée par le

despotisme paternel. La femme s'achète comme une
vile denrée et devient, non plus la proie comme à
l'état de nature, mais la *propriété* de son seigneur et
maître. L'achat de la femme, usité encore chez quelques peuplades à demi sauvages, est un trait caractéristique des siècles héroïques. C'est là mesure de la
barbarie d'un peuple. Si la femme est ravalée au niveau d'une *chose*, d'une marchandise, *res mobilis, res
vilis*, d'un instrument de plaisir, d'un objet de vo-
lupté, le mari se croira le droit d'en acheter plusieurs,
ne fût-ce que comme signe représentatif de son opulence ; la polygamie, qui déshonore le mariage, sera
consacrée par les lois d'un grand nombre de peuples,
surtout en Orient où elle règne encore. Partout elle
entraîne comme conséquence l'avilissement de la
femme, et, par suite, l'avilissement de la famille. En
Europe, au contraire, dès les temps les plus reculés,
nous voyons la monogamie en honneur. Mais le mariage devra y traverser bien des siècles avant de con-
quérir son véritable caractère. Le Christianisme, inaugurant une ère nouvelle, viendra épurer toutes les
législations, régénérer la famille et transformer le
monde. En proclamant l'égalité morale de l'homme
et de la femme, principe méconnu ou violé jusqu'à
lui, il hâtera le perfectionnement de leur union, qu'il
purifiera et qu'il élèvera à la dignité d'un sacrement.
Le mariage finira par n'être plus un troc, un marché
entre un acquéreur et un vendeur. Chaque peuple,
chaque civilisation formule un progrès. La femme ne
sera plus seulement l'*objet* d'un contrat, elle sera
réellement *partie* à l'acte qui doit la lier pour la vie.

Elle aura des droits en même temps que des devoirs.
Il ne suffira plus qu'on la livre à la merci de l'époux,
il faudra qu'elle se donne. Le consentement, l'accord
des volontés, base de toute convention, devient enfin,
après bien des siècles de lutte, la condition essentielle du plus important des contrats, la société conjugale. La femme, s'élevant par une émancipation
lente et graduelle, est devenue la compagne et l'égale
de l'homme, en restant subordonnée comme épouse.

    « Le mariage après avoir affranchi la moitié de l'es-
pèce humaine et tiré la femme de l'humiliation et de
la servitude, disait M. Savoie-Rollin, dans un optimiste
langage, a été le premier et le plus puissant régulateur
des affections humaines ; en leur imposant le juste
frein qui les contenait sans les détruire il a rapproché
les hommes, il les a distribués en familles ; il a préparé dans leur sein, sous l'empire de la magistrature
paternelle, le modèle des magistratures publiques ; il
a composé l'amour de la patrie du mélange des sentiments les plus délicieux du cœur (1), et, en unissant

_____

    (1) « L'esprit national n'est lui-même, observe-t-on, que l'esprit
de famille agrandi et développé. L'amour de la patrie n'est que le naturel épanouissement de l'amour de la famille. C'est ce qu'un orateur
sacré développe en ces termes :

    « La paternité entre si profondément dans l'idée même de patrie, qu'elle
lui a donné son nom : *Terra patria*. Qu'est-ce à dire, si ce n'est la terre
des ancêtres, le lieu où l'on eut un père? Et dès-lors pourquoi chercher ailleurs le mot de ce mystère ?

    « N'est-il pas manifeste que tous ces charmes que la patrie nous offre,
même à sa surface, ne sont que des reflets de quelque chose de plus profond
qui nous a si bien séduits dans nos premiers jours, qu'il y a encore du
bonheur à en retrouver le vestige ? Si cet air de la patrie a pour mon cœur
je ne sais quoi de rajeunissant, c'est que là il a senti comme une fleur à
son premier matin, ses souffles les plus purs. Si cet héritage, quelque mo-
deste soit-il, vaut pour moi l'univers, c'est qu'il est plein de mon père, que

au titre de citoyen les noms de père, de fils et d'époux,
il n'a fait de l'État qu'une famille. »

partout j'y retrouve une trace de lui. Si ce rivage pour moi s'embellit à
mesure que le temps m'en éloigne, et si mon cœur y revient toujours avec
un attrait qui se fortifie par la distance ; ah ! c'est que là, dans les bras de
ma n.ère, j'ai connu des caresses et des sourires que je ne retrouve plus
Oui, dans toutes les images que la patrie m'envoie de loin, et les souvenirs dont je garde le parfum, je reconnais quelque chose de la paternité et
de la maternité ; et je ne sais quoi me dit au cœur que cet amour qui me
tourne de ce côté comme l'aimant vers le pôle qui l'attire, c'est encore l'a-
mour de la famille, mais l'amour de la famille se répandant autour d'elle
sur tout ce qui se rattache à elle. »

CHAPITRE PREMIER.

DU MARIAGE CHEZ DIVERS PEUPLES DE L'ORIENT.

Cœca sine historia jurisprudentia.
(F. Baudouin.)

Je veux essayer, avec l'aide de l'histoire, de présenter un aperçu sommaire de plusieurs législations des peuples de l'Orient, ce berceau de la civilisation dont le flambeau semble s'y être éteint en communiquant sa lumière à l'Europe occidentale. « L'Asie fut le foyer d'où s'échappa la lumière qui vint éclairer nos climats. » C'est l'Orient qui peut s'enorgueillir à juste titre d'avoir donné naissance aux premiers et aux plus célèbres législateurs dont les œuvres doivent tenir une place dans la généalogie de nos codes modernes. Nos lois sont filles des lois qui les ont précédées. Il n'est pas sans intérêt ni sans utilité de consulter encore aujourd'hui les œuvres de ces hommes de génie qui, pour emprunter une parole de Châteaubriand, sont comme l'abrégé de leur siècle, dont ils représentent les lumières, les opinions et l'esprit. Notre propre législation n'est pas *proles sine matre creata*. Tout fruit a eu

un germe. Chaque nation, dit M. Savigny, n'est que
la continuation et le développement de tous les âges
passés. La nation d'aujourd'hui n'est qu'un membre
de la nation perpétuelle. L'histoire n'est pas seulement une morale ou un exemple, mais la seule voie
qui conduise à la vraie connaissance de notre propre
état. Ne séparons pas l'individu d'avec le tout, n'iso-
lons pas le présent du passé.

L'Orient fut toujours la terre classique de la polygamie, cette plaie sociale des contrées du Levant, qui
existe encore dans les trois quarts de la race humaine.
Elle s'y épanouit au dix-neuvième siècle, avec tout
son cortége de monstrueux abus. Les harems et les sérails, avec leurs infâmes geôliers, séquestrent de nos
jours encore, derrière leurs pierres grillées, des trou-
peaux de femmes esclaves. Dans toute l'Asie, la servitude politique et la servitude domestique marchent
de pair. La femme est l'esclave d'un esclave ; l'homme
semble vouloir se venger sur elle de sa dégradation
civique, en faisant peser sur le sexe faible le poids
des chaînes auxquelles il se laisse lâchement river (1).

Pourquoi la polygamie qui répugne à la raison,
qui ,en divisant et en fractionnant le cœur de l'époux,
devient la source de dissensions intestines et « détruit
l'affection conjugale pour y substituer une fantaisie
amoureuse ; » pourquoi la polygamie, que je n'entreprendrai certes pas de justifier, tend-elle à se perpétuer et à s'enraciner chez différents peuples de
l'Orient ? Comment expliquer, dans ces contrées, la

---

(1) Une servitude, dit un auteur, crée toujours deux esclaves, celui
qui tient la chaîne et celui qui la porte.

déchéance prolongée de la femme relevée et réhabilitée en Occident ? Pourquoi l'Orient se montre-t-il si rebelle au Christianisme ? A quel écueil ses courageux efforts viennent-ils se briser ? Montesquieu voit la cause principale de cet état d'avilissement de la femme inconnu à l'Europe, et entraînant à sa suite la polygamie, dans le climat même de l'Asie. Au milieu de cette nature luxuriante, sous les ardeurs d'un soleil oriental, la femme est nubile à huit, neuf, dix et douze ans. Dans ces climats brûlants, remarque l'illustre auteur de *l'Esprit des lois* (l. XVI, c. 11), l'enfance et le mariage de la femme ne se séparent pas. Elle est vieille à vingt ans ; la raison ne se trouve donc jamais chez elle avec la beauté. Quand la beauté demande l'empire, la raison le fait refuser. Quand la raison pourrait l'obtenir, la beauté n'est plus. Les femmes doivent donc vivre dans une dépendance absolue, car la raison ne peut leur procurer, dans leur vieillesse, un empire que la beauté ne leur a pas donné dans la jeunesse même. Si leur ascendant survit dans nos mœurs à la perte des charmes auxquels il est dû, ce n'est que parce qu'il a précédé cette perte après laquelle il ne saurait naître (1). Il est

---

(1) Si cette idée peut avoir quelque vérité, je ne crains pas de répudier, sans avoir besoin de la qualifier et de l'apprécier, la pensée de Montesquieu dans les termes où il l'a émise : « La nature, dit-il, qui distingue les hommes par la force et par la raison, n'a mis à leur pouvoir de terme que celui de cette force et de cette raison. *Elle a donné aux femmes les agréments, et a voulu que leur ascendant finît avec ces agréments.* » N'en déplaise au grand Montesquieu ! la femme, dans la vie de famille, joue un autre rôle que celui de la courtisane, cette reine d'un jour, dont le sceptre s'évanouit avec les éphémères attraits.

donc très-simple, remarque Montesquieu, qu'un homme, dans ces pays où la religion ne s'y oppose pas, quitte sa femme, vieille à vingt ans, pour en prendre une autre et que la polygamie s'introduise (1). Dans nos climats tempérés, au contraire, nous ne rencontrons pas cette sénilité prématurée ; les agréments de la femme, plus tard nubile, se conservent plus longtemps ; la vieillesse de l'homme suit bientôt celle de sa compagne ; la femme y a plus de raison lorsqu'elle se marie, une certaine égalité y a naturellement régné entre les deux sexes ; et la conséquence en a été la loi d'une seule épouse.

Si l'on en croit diverses relations de voyages, la polygamie en Afrique et en Asie serait aussi favorisée par une assez grande disproportion entre le nombre des femmes et celui des hommes, (disproportion dont on a prétendu même fournir des raisons physiologiques.) A Bantam, par exemple, il naît, dit-on, dix femmes pour un homme. Dans quelques climats froids de l'Asie, il naît au contraire plus de garçons que de filles. C'est, disent les Lamas, la raison de la loi qui chez eux permet à une femme d'avoir plusieurs maris (2). (*Esprit des lois*, l. XVI, c. IV ; l. XXIII, c. XII.)

_____

(1) On a observé, non sans vérité, que, chez tous les peuples, l'âge du mariage de la jeune fille est la mesure de la condition de la femme. Manou ne voit en elles que des instruments de plaisir ; il les marie à huit ans. — Numa veut les livrer au mari *maniables* et *façonnables*, il les marie à douze. — Lycurgue ne cherche en elles que de vigoureuses génératrices, il les marie à vingt.—Si nous les voulons parfaitement libres dans leur choix et libres dans leur vie, dit un moraliste, reculons encore quelque peu ce moment.

(2) Loin de moi assurément la pensée de prétendre que des circonstances climatériques puissent légitimer la polygamie. « Je ne justifie

§ Ier.

> Et creavit Deus hominem ad imaginem
> suam ; masculum et feminam creavit
> eos, et vocavit nomen eorum Adam. Et
> benedixit eis, et ait : crescite et multi-
> plicamini, replete terram....
>
> (GENÈSE, I, 27. 28 ; — v, 2.)

PALESTINE. — Jetons un coup d'œil sur la Palestine,
le berceau du monde, sur la législation des Israélites
et sur le monument le plus remarquable que l'antiquité nous ait légué, sur les lois de Moïse, le plus
ancien et le plus illustre des législateurs ; ces lois qui,
selon l'expression de M. de Ségur, sont devenues
pour les Hébreux, religion, sentiment, mœurs et habitudes et se sont tellement gravées dans l'âme, dans
le cœur, dans l'imagination, et l'on peut presque dire
la chair de ce peuple, que la prospérité, les malheurs,
les outrages, les violences et trois mille ans n'ont pu
en détruire, ni même en affaiblir l'expression.

« La famille, dit M. Kœnigswarter, joue un rôle
important chez les Israélites. Le caractère en est essentiellement patriarcal ; mais la famille étant cons-
tituée par la coutume et les mœurs, l'organisation en
est nécessairement et essentiellement asiatique ; aussi
tous les traits caractéristiques de la vie des Orientaux
doivent-ils se retrouver chez les Hébreux. »

pas les usages dit Montesquieu, j'en rends les raisons. » D'après une
statistique générale, il naît en moyenne dans toute l'Asie 106 filles
pour 96 garçons.

Si nous remontons aux premiers jours de l'histoire
juive, nous voyons, dès l'origine, le célibat flétri
comme une honte et un déshonneur. (Ce mépris du
célibat se retrouve chez presque toutes les sociétés anciennes.) Fidèles au précepte : « Croissez et multipliez, » les Israélites ont, de toute antiquité, considéré la stérilité de l'épouse comme un opprobre,
comme l'effet d'une malédiction divine. Dans tout
état originel de société, la population est un besoin,
la virginité est redoutée comme une cause de mépris (1). Le mariage est considéré comme une obligation à la fois nationale et religieuse. Une nombreuse postérité est pour Israël la plus haute récompense accordée ici-bas par Dieu à ses fidèles adora-
teurs. « La couronne des vieillards, dit l'Écriture, ce
« sont les enfants de leurs enfants. » La femme, re-
gardée comme le symbole et la source de la mort,
ne peut se racheter qu'en perpétuant la vie. La
maternité seule peut la régénérer (2). Elle n'a

(1) La fille de Jephté, avant d'être immolée par son père, parcourt
pendant deux mois entiers les montagnes de Galaad, gémissant avec
ses compagnes, comme Electre dans Sophocle, sur le malheur de
mourir vierge. Les Talmudistes déclarent semblables à un homicide
celui qui ne songe pas à se créer une postérité. A les en croire, cet
homme, éloignant l'esprit saint du peuple israélite, outrage à la fois
la perfection de l'homme et la majesté divine. L'homme devait se
marier à 18 ans. Celui qui dépassait l'âge de 20 ans, sans avoir accompli cette obligation, était coupable aux yeux de la loi. C'était peut-
être là une puissante garantie de moralité.—Les livres saints repro-
chent souvent à des fils, comme un véritable crime, de n'avoir pas
soutenu la maison de leur père et fait revivre son nom.

(2) Tacite caractérise les Juifs par deux mots: « *Generandi amor,*
« *moriendi contemplus.* »

« Depuis la création jusqu'après les Patriarches, dit M. Legouvé,

pas rempli sa mission si elle n'a donné à son époux des héritiers mâles. Il faut propager le genre humain et peupler le monde. La femme, dans toute l'antiquité, est aimée pour ses fils, bien plus que pour elle-même.

Cet immense désir de postérité, entretenu par l'espoir de donner naissance au Messie, par le besoin de multiplier les représentants du peuple de Dieu, ne pouvait qu'aboutir à la polygamie, qui eut pour origine, sans doute, une pensée religieuse.

Lamech, le premier, eut deux femmes; son exemple fut suivi : « Il n'y aura pas sur la terre d'Israël de « femme stérile, » dit Moïse. C'était peut être autoriser, implicitement ou au moins tolérer la polygamie. « Un jour viendra, dit Isaïe, où les hommes seront si rares, que chacun sera recherché par sept femmes à

« l'office et la gloire d'une épouse se résument presqu'en un seul « mot : *Enfanter*. Le monde n'est pas peuplé encore, il faut qu'elle « enfante; les forces entières de son cœur se concentrant sur l'unique « rôle qui lui soit laissé, elle ne se passionne et ne vit, ce semble, « que pour produire. » Et l'auteur rappelle ces chants d'allégresse, ces hymnes de délivrance, que la femme, en devenant mère, laisse échapper comme le cri d'une captive qui voit tomber ses fers. Il raconte cette rivalité, ce duel, cette lutte d'enfantement entre les deux sœurs, femmes de Jacob, Lia et Rachel, poussant leur passion de maternité jusqu'à vouloir devenir mères par leurs servantes, comme jadis Sara, et conduisant de leurs propres mains une rivale à leur époux, pour échapper ainsi à la honte de la stérilité, en se créant une maternité d'emprunt. Les enfants de la servante appartiennent à la femme légitime, la concubine et l'épouse semblant identifiées devant cette loi de la propagation.

« On ne vit jamais dans la terre d'Israël, dit un historien, des époux réfléchis se faire un jeu barbare, dans les transports de l'amour conjugal, d'en exclure l'espoir de la paternité, ou des mères coupables étouffer dans leur sein, par un breuvage homicide, le germe impatient d'éclore. »

la fois ; toutes se disputeront son cœur et sa main,
contentes du seul honneur de lui appartenir et de
porter son nom (C. IV, v, 1) (1). » Moïse n'interdit
la polygamie qu'aux prêtres, en leur défendant surtout d'épouser une femme répudiée. Il payait d'ailleurs un tribut à l'âpreté des mœurs de son siècle,
craignant, dit saint Thomas, que l'attrait d'une
femme plus jeune, plus riche et plus belle, ne portât
les Juifs au meurtre de leur première femme. S'il ne
crut pas devoir imposer la monogamie à son peuple,
il prêcha par l'exemple, en se contentant pour
lui-même d'une seule épouse, semblant ainsi montrer
aux Hébreux l'unité conjugale, comme l'idéal et le
type de la perfection auquel ils devaient tendre (2).
N'avait-il pas d'ailleurs proclamé dans la Genèse
l'unité primitive du mariage : « L'homme quittera
son père et sa mère pour s'attacher à *son épouse;* ils
seront deux dans une seule chair. »

Le Talmud, sans abolir la polygamie, limita le nombre des femmes qui n'avait auparavant d'autres bornes que celles imposées par la fortune de chacun (3).

(1) « Si habuerit homo uxores duas.... » dit aussi le Deutéronome,
LXXI, v, 15.
(2) On croit cependant que Moïse donna lui-même l'exemple de la
répudiation.
(3) Les Israélites usèrent largement de la faculté d'avoir plusieurs
femmes; les rois en eurent un nombre illimité, témoignant ainsi de
leur opulence et de leur pouvoir par un nouveau signe représentatif.
On sait jusqu'où ils portèrent la licence. La femme déchue ne fut
plus qu'un objet de luxe, l'une des variétés du faste asiatique. Ro-
boam avait dix-huit femmes et soixante concubines. (La concubine
était une épouse de second ordre, subordonnée à l'épouse légitime.)
Salomon voulait, dit-il, expérimenter toutes choses pour distinguer
la raison de la folie. Ce grand roi poussa fort loin la passion des ex-

Sous la domination des Césars, la polygamie a disparu.

Les fiançailles précèdent le mariage. La jeune fille n'a pas encore le droit de nommer elle-même le fiancé d'élection ; elle doit subir celui que lui impose la main paternelle qui, avant Moïse, disposait même de sa vie comme de sa liberté. Elle peut être liée dès son enfance. Son consentement n'est nécessaire qu'autant qu'elle a plus de douze ans et demi ; mais on la consulte si peu, que son refus ne paraît jamais pris en considération. Si nous ouvrons la Bible, nous voyons en scène un fiancé qui demande, un père et quelquefois même un frère qui répond ; quelqu'un qui donne, quelqu'un qui reçoit ; quant à la jeune fille, elle est souvent absente ou muette ; on la promet, on la livre, sans que nous ayons entendu sa voix.

On pouvait la lier dès sa naissance, fût-elle sourde ou insensée, disaient les livres juifs.

.périences ; il eut dans son harem sept cents épouses légitimes et trois cents concubines. Les souverains d'Israël eurent leurs sérails qu'ils transmettaient à leurs successeurs avec leurs droits au trône.

« La polygamie, dit M. de Bonald, qui n'est qu'imparfaite dans l'état naissant des sociétés, dans l'état patriarcal, devient mauvaise dans l'état avancé, parce qu'à cet âge d'une nation, la communication des deux sexes, devenue plus fréquente par le rapprochement des familles et moins innocente par le goût des plaisirs et le progrès des arts, qui suit ceux des richesses, allume la passion de l'amour, passion sans danger chez un peuple naissant, parce qu'elle y suit l'union des sexes, mais passion terrible lorsqu'elle la précède, comme chez un peuple avancé, où *elle change la faculté de répudiation en un trafic d'adultères, et là polygamie en une geôle barbare où l'on mutile les hommes pour veiller sur les femmes,* état alors contre la nature de l'être même physique, qui produit l'oppression de l'humanité, l'abandon de l'enfance, et même, comme l'observe l'auteur de l'*Esprit des lois*, les amours contre nature. »

Des interprétations des docteurs ont cependant permis à la fiancée de rompre son lien, au cas où elle a été influencée par la crainte ou la violence.

Les fiançailles se célébrèrent en présence de témoins, de trois manières : 1° par la remise d'une pièce d'argent, en disant à la fiancée : *Ecce mihi ex hoc nummulo sponsa sis* ; 2° par une convention écrite ; 3° par l'action conjugale. (Selden, *Uxor. hœbr.*, t. 2, ch. 1, p. 138. Mischna, t. 3, p. 369). Chose monstrueuse ! Dès que la fille avait atteint l'âge de trois ans et un jour, elle pouvait être ainsi fiancée. Hâtons-nous d'ajouter que Moïse réprouva ce troisième mode.

Le lien formé par les fiançailles imposait tous les devoirs de la fidélité conjugale. Le fiancé était légalement maître de la personne de sa fiancée. Celle-ci prenait le titre d'épouse et son infidélité était punie de la même peine que l'adultère (1).

Le mariage avait lieu après l'âge de puberté, à treize ans pour l'homme, et à douze ans pour la femme. Un intervalle de six mois ou un an, au moins, le séparait des fiançailles. Cet intervalle qui préludait et préparait à la vie commune était obligatoire.

La jeune fille, à douze ans et demi, prenait le nom Béthoula (vierge nubile). Dès ce jour ,

(1) Cette peine était la lapidation qui frappait aussi le complice. La fille d'un prêtre était même brûlée vive. Ces peines subsisteront jusqu'à ce que la parole divine : « Que celui de vous qui n'a aucun tort à se reprocher lui jette la première pierre, » vienne, sans absoudre les coupables, accuser les bourreaux eux-mêmes, arrêter leur furie et faire taire de sanguinaires anathèmes, pour laisser place à la possibilité du pardon.

elle appartenait à la Société, qui la réclamait pour qu'elle coopérât à son accroissement. Elle devenait dès lors pleine propriétaire des biens qui lui advenaient par hérédité ou par toute autre voie légale. Le père n'avait plus le droit ni la possibilité de s'opposer à son mariage, considéré comme l'accomplissement d'un devoir ; et s'il avait négligé d'y pourvoir avant cet âge de puberté, il ne pouvait détruire l'engagement pris par sa fille devenue nubile ; il pouvait seulement retarder les noces. A treize ans, l'homme pouvait contracter mariage sous les yeux du père ; à vingt ans, il était parfait citoyen (1).

Le mari était tenu de doter son épouse, par ce motif, « que l'homme ayant reçu en partage la force physique et l'activité d'esprit avec lesquelles on acquiert des richesses, c'est à lui de les apporter dans la famille; le douaire est donné à la femme comme un dédommagement naturel pour sa jeunesse et sa beauté. » Un contrat dressé avant la célébration du mariage (Tobie, VII, v. 15 et 16), mentionnait les deux cents zuzims (noyau indispensable de toute dot), que l'homme promettait à sa fiancée pour prix de sa virginité, ainsi que les autres dons qu'il pouvait y

_____

(1) L'obligation de déférer à la volonté paternelle n'était-elle pas implicitement renfermée dans le divin précepte? « Honore ton père et ta mère... » — Le Code Napoléon n'a pas cru faire double emploi en édictant l'article 361, qui commande honneur et respect aux père et mère, et l'article 148, qui impose la nécessité de leur consentement.

Dans la Bible, nous voyons Samson demander la permission d'épouser une Philistine. Son père refuse d'abord, puis finit par consentir à cette union ; mais, d'un autre côté, nous voyons Tobie se marier dans un voyage à l'insu et loin de ses parents.

ajouter, selon sa fortune. Cette obligation de doter la femme (1), ne laissait pas que d'être une sérieuse entrave à la polygamie, ne la rendant accessible qu'aux riches Hébreux. Elle produisait cet heureux résultat que le choix du mari avait nécessairement un autre mobile que l'intérêt. Elle facilitait la division, la répartition des richesses, la fusion des classes. Avec une telle coutume, on l'a déjà remarqué, le mot de *mésalliance* pouvait assez difficilement figurer dans le vocabulaire hébraïque. La dot, ou *Mohar*, qui, d'après la loi, devait consister en une somme d'argent, pouvait aussi, suivant une tradition chevaleresque, consister en une action d'éclat, auquel cas la vierge d'Israël devenait le prix de la valeur guerrière. L'épouse n'entrait en jouissance de la dot, comme de ses autres biens, qu'à la dissolution du mariage ; c'était donc un douaire, à moins que le mari n'en fît don par anticipation (2).

(1) Elle est commune à plusieurs autres législations, telles que celles des Spartiates, des Germains, des Mahométans ; elle est imposée notamment par un grand nombre de peuples de l'Asie.

(2) La cupidité des parents sut bientôt spéculer sur l'obligation imposée au mari de doter la femme et faire dégénérer la promesse du mariage en une sorte de pacte commercial, où ils remplissaient le rôle de vendeurs. La Mischna fait même allusion à un indigne procédé employé par le père pour trafiquer plus tôt du droit de marier ses filles en hâtant leur puberté.

Dès le temps des patriarches, nous voyons Abraham charger Éliézer d'aller demander une épouse pour son fils Isaac, en le chargeant de nombreux et magnifiques présents. Jacob paie sa fiancée en nature, en prenant du service chez son oncle Laban, et achète ainsi le droit d'épouser sa cousine Rachel par un engagement, puis un rengagement de sept ans « qui, dit la Genèse, ne parurent à ses yeux que comme quelques jours, tant il l'aimait. »

Si la piété des pères et des époux implorait toujours le ciel à l'heure du mariage, au moins le prêtre n'intervenait-il pas dans la célébration de l'union conjugale, qui était une cérémonie de famille. Le père, remplissant le rôle de pontife, auquel il est si naturellement appelé, unissait les époux en prononçant ces paroles d'une touchante simplicité : « Que le « Dieu d'Abraham et de Jacob soit avec vous, et « vous fasse prospérer en toutes choses. Je vous bé- « nis (1). »

(1) Voici en quels termes était conçu le contrat dont la rédaction précédait le mariage :

« Le... jour du mois de... de l'année..., Salomon, fils d'Isaac, a dit à Ra- « chel, fille de Siméon, qui est vierge ; devenez mon épouse selon la loi de « Moïse et d'Israël. Et moi, avec la volonté de Dieu je vous honorerai ; je « pourvoirai à votre entretien, à votre nourriture, à vos vêtements, suivant « la coutume des maris hébreux qui honorent, sustentent, nourrissent et « habillent leurs femmes, comme il convient. Je vous donne pour prix de « votre virginité les deux cents zuzims que vous adjuge la loi. Je vous « promets aussi, outre ces aliments, ces habits, et tout ce qui vous sera « nécessaire, de vous rendre, conformément à l'usage de tous les peuples, « le devoir conjugal. » La loi le trace minutieusement et punit le refus de l'accomplir. V. des détails sur ce point, Mischna, III, p. 74 ; Selden, *Ux. héb.* III, c. 7. « Et Rachel consent à devenir l'épouse de Salomon. Sa- « lomon, de son plein gré, ajoute à la dot..., et, pour que ce soit ferme « et stable entre nous, nous avons signé le présent acte, les jour, mois et an « ci-dessus. »

La clause des deux cents zuzims est supprimée, s'il s'agit d'une veuve ou d'une femme répudiée.

Le contrat ne faisait pas le mariage, dit M. de Pastoret; en vain il était écrit ; tant que la femme n'avait pas été conduite dans le lit nuptial, elle n'était que fiancée, mais son mari avait le droit de cohabitation immédiate pourvu qu'elle fût pubère, et qu'elle y consentît : elle pouvait demander un an de délai, si elle n'avait que douze ans, et un mois, si elle en avait treize, ou qu'il s'agit d'une veuve. L'homme avait les même droits ; mais s'il en usait au-delà du temps prescrit, il devait des aliments à sa fiancée, à moins que ce délai n'expirât dans ces jours où les épousailles étaient défendues, ou qu'une maladie grave n'enchaînât l'un des époux,

Pour encourager au mariage, la loi du Deutéronome dispensait le jeune époux du service militaire
et de toutes les charges publiques, pendant la première année de son union. La même faveur était
accordée au fiancé, « afin que l'on ne pût altérer
« ses premières émotions, ses plus douces espérances. »
A la différence d'une veuve ou d'une femme répudiée, une vierge seule donnait ce privilège à son
fiancé ou à son époux.

La durée de la cérémonie nuptiale peut aussi témoigner de l'importance que les Juifs attachaient au
mariage : sept jours de fêtes y étaient consacrés,
s'il s'agissait d'une fille ; trois jours, s'il s'agissait
d'une veuve (1).

Le choix des épouses est réglementé par la loi de
Moïse ; les unions incestueuses sont sévèrement pro-
hibées. Le mariage entre frère et sœur, permis à
l'origine du monde, est défendu à peine de mort par
le Lévitique (Lévit, xx, 17.) (2). L'ascendant ne peut

(1) Le Talmud semble faire de la danse à la suite du festin, une
condition du mariage.

La veuve doit se marier le quatrième jour, et la veuve le cinquième
jour de la semaine. Les juges siègent deux fois par semaine pour
statuer sur la demande en nullité du mari se plaignant de n'avoir
pas épousé une vierge. (Mischna, t. iii, p. 56. Voir pour plus de
développements sur ce point, M. de Pastoret, *Histoire de la Législation.*)

(2) Cette loi ne fut peut-être pas sévèrement observée. Le livre des
Rois (xiii, 12, 13) nous cite un exemple de mariage entre frère et
sœur. Un frère consanguin de la sœur d'Absalon, violemment épris,
cherchait à la séduire : mon frère, lui dit-elle, cela ne se fait pas en
Israël, ne commets pas cette mauvaise action. Que deviendrais-je après
mon déshonneur, et toi, ne passerais-tu pas pour un fou ? *Va plutôt
me demander au Roi.*

s'unir à un descendant, la tante ne peut épouser le neveu sous la même peine ; ces deux prohibitions sont communes aux parents et aux alliés. Quiconque, après avoir épousé la fille, épouse la mère, est brûlé vif avec ses deux complices, et la malédiction divine poursuit encore sa mémoire. Il faut une législation de fer pour contenir un peuple aux instincts grossiers. L'oncle peut épouser la nièce. Voici, selon les commentateurs, la raison de cette différence, entre le mariage de l'oncle et de la nièce, et celui de la tante avec le neveu : « L'époux étant chef de famille, il serait peu convenable de lui soumettre la personne qui a droit à son respect ; mais il est naturel de lui en soumettre une qui lui doit déjà ce sentiment. » L'homme, depuis la loi de Moïse, ne peut s'allier à la sœur de sa compagne, au moins du vivant de celle-ci ; il ne peut épouser la femme de son frère mort en laissant une postérité.

L'Écriture commandait et commande encore aux croyants les mariages entre parents : le législateur hébreu, voulant assurer la perpétuité de la race et la consistance des familles, défend à la femme de se marier en dehors de sa tribu : (1) *Cunctæ feminæ de eadem tribu maritos accipient* (*Nombres*, XXXVI, v. 2 à 7, ; *Tobie*, VI, v. 11, 13 ; VII, 12, 15 ; VIII, 34 ; X, 5, 10). L'usage des Juifs de choisir leurs épouses

(1) Chez les descendants d'Ismaël, nous retrouvons une loi toute semblable. L'Arabe possède le droit exclusif d'épouser sa cousine qui doit obtenir sa permission pour contracter mariage avec un autre homme ; auquel cas, il prononce ces paroles, qui sont en même temps la formule de répudiation : « Elle était ma babouche et je l'ai jetée là. »

dans le sein même de leur famille, remonte aux premiers jours de leur histoire.

Une jeune fille ne pouvait épouser un vieillard, par ce motif que « livrer une jeune fille pour épouse à un vieillard, ce serait la prostituer. » Défense qui n'est pas sans sagesse.

Le mariage n'était pas entièrement interdit aux eunuques; ils pouvaient épouser les affranchies, les prosélytes, les filles des bâtards. (Deuter., xxiii, v. 1.)

Le grand-prêtre ne pouvait épouser qu'une vierge (1). La loi défendait, sous des peines sévères, de s'unir à une prostituée, et punissait du fouet le mariage contracté avec un bâtard ou une bâtarde. Les bâtards ne pouvaient épouser que des esclaves ou des prosélytes. Il était interdit à quiconque avait une épouse et des enfants, de se marier à une femme stérile. — Mainmonide et la Mischna disent avec détails à quels signes extérieurs on reconnaît la stérilité.

Tout séducteur, en réparation de sa faute, est tenu d'épouser la jeune fille séduite, ou de la doter, si le père lui refuse la main de son enfant.

Une des dispositions les plus étranges à nos yeux et pour nos idées modernes, que l'on rencontre dans

---

(1) La veuve, disait-on, n'est pas entièrement pure; trop souvent sa pensée, ses premières affections, les souvenirs de son cœur la reportent vers celui auquel fut d'abord unie sa destinée. Quant à la femme répudiée le mari eut sans doute de justes motifs pour la renvoyer. Ce ne fut pas une volonté égarée ou téméraire qui brisa un lien solennel; il découvrit en elle des penchants, des défauts, des vices qui l'ont rendue indigne d'être associée à un ministre des autels.

la législation mosaïque, est celle qui consacre et érige
en loi une coutume universellement et dès longtemps pratiquée sous le nom de *Lévirat*. Cette coutume était sans doute inspirée par la même pensée de
multiplication de l'espèce humaine ; elle avait sans
doute pour fondement cette idée que l'homme ne
pouvait se racheter que par une postérité (1). La veuve
n'eut pas toujours le droit de se livrer à ses regrets, de
se recueillir dans sa douleur. Le frère germain ou
consanguin était obligé d'épouser la veuve de son frère
mort sans enfants, afin d'honorer ainsi la mémoire
du défunt en la faisant revivre dans une postérité fictive. La veuve rendait ainsi, en quelque sorte, un
témoignage suprême d'amour à son premier époux.

Le premier fils né de ce nouveau lien prenait le
nom du frère décédé, « afin que le nom de ce dernier
ne se perdît pas en Israël. »

Si le frère se refusait à l'accomplissement de ce
devoir, il commettait un outrage envers la mémoire
de son frère ; la veuve devait se rendre aux portes de
la ville et faire constater le refus par l'assemblée des
anciens, puis elle déchaussait le réfractaire, lui cra-
chait au visage en signe de mépris, en disant : « C'est
ainsi que sera traité celui qui ne veut pas perpétuer
la maison de son frère, et sa maison, — ajoute le
Deutéronome, — sera appelée la maison du dé-
chaussé. » La veuve pouvait ensuite convoler à un
second mariage, pourvu toutefois qu'il se fût écoulé

(1) On la retrouve encore aujourd'hui chez quelques sauvages, où
elle a ce fondement.

six mois depuis la mort du premier mari. (Les seconds mariages étaient, a-t-on écrit, non-seulement
autorisés, mais commandés) (1). Les rois et les pon-
tifes furent dispensés du Lévirat. Si le frère avait eu
des relations avec sa belle-sœur, l'engagement devenait sacré, le divorce seul pouvait rompre ce
nœud.

A défaut de frère, le droit de Lévirat était attribué
au plus proche de ses parents, de *ses rédempteurs du
sang*, et en cas de refus de ce dernier, à celui qui le
suivait immédiatement dans l'ordre de la parenté.
(Voir les exceptions à cette règle, Pastoret, t. iv, p. 15.)
Mais l'exercice de ce droit était facultatif pour le *rédempteur*, qui pouvait y renoncer sans être publiquement insulté par la veuve de son parent.

Ces dispositions paraissent porter la double empreinte du dédain et de la sollicitude. La loi s'occupe avec un soin égal d'imposer un mari à la veuve
et de lui assurer un protecteur; c'est, semblerait-il, un
mélange de prévoyance tutélaire et de dureté. *Sub
viri potestate eris*, tel est l'arrêt qui pèse sur la femme (2).

(1) Voici cependant l'éloge adressé à Judith : « Ton cœur a été
affermi parce que tu as aimé la chasteté, et qu'après avoir perdu
ton mari, tu n'as pas connu d'autre homme ; c'est pour cela que
Jéhovah t'a fortifiée et que tu seras bénie éternellement (Judith, xv,
11, 12). »

(2) Si éloignée de nos mœurs que puisse être cette disposition, il
y aurait assurément quelque témérité à vouloir porter un jugement
sur les institutions d'une époque dont nous ne sommes pas à même
d'apprécier les mœurs, les idées, les besoins, les nécessités, auxquelles
la loi devait s'approprier et s'adapter. Le législateur doit compter
avec les hommes qu'il régit, et s'identifier avec le caractère et le génie

Quoique les Israélites aient eu le droit de vie et de mort sur leurs esclaves, la loi, inspirée par un sentiment d'humanité, entoure la captive de sa protection et la garantit contre le brutal orgueil, le mépris ou les dédains de son vainqueur. Celui-ci pourra bien la contraindre à devenir son épouse, en vertu du droit de la guerre, mais son esclave aura le droit de pleurer sa patrie, de pleurer son père et sa mère un mois durant (1). Elle devra être traitée avec les honneurs dus à la femme légitime. Si son maître veut la répudier, il devra la renvoyer libre; « il lui est défendu de la vendre et de l'opprimer, parce qu'il l'a humiliée. »

Si l'on donnait une esclave en mariage à son fils, on devait la traiter comme ses propres enfants; et si, après l'avoir épousée, le fils recevait une autre femme des mains de son père, les droits de la première restaient inaltérables : vêtements, nourriture, devoirs conjugaux, rien ne cessait de lui être dû. Les lui refu-

de son siècle. — La raison et la philosophie s'inclinent avec respect devant le monument de notre foi.

Voici comment M. de Pastoret justifie la Léviration : « Ce fut une idée morale et politique, dit-il, d'admettre la Léviration. Par elle la population s'accrut, les successions se conservèrent dans les familles, la veuve infortunée ne perdit pas pour toujours l'espoir de sentir les douceurs de la maternité; l'amitié fraternelle sécha les pleurs de l'amitié conjugale, et l'époux descendu au tombeau n'y porta pas cette pensée désolante qu'il y enfermait avec lui son nom et sa postérité. »

(1) « Si votre Dieu vous a fait vaincre, et que parmi les prisonniers il se trouve une femme dont la beauté vous séduise, emmenez-la dans votre maison; là elle se rasera la tête, elle se coupera les ongles, se dépouillera des vêtements de captivité, et lorsqu'elle aura pleuré son père et sa mère pendant un mois, prenez-la pour vous, » nous dit le Deutéronome.

car les enfants, répète encore la loi, sont les degrés qui conduisent au ciel, et ce mariage a pour but de remédier au malheur de mourir dans le célibat. Dès que le premier enfant a quinze ans accomplis, la mère se marie à son époux réel à titre de *femme reine*. Le quatrième mariage est celui de la veuve qui se remarie. Le douaire que lui donne son second mari est moins considérable, parce qu'elle est toujours censée appartenir au premier. Le cinquième mariage est celui de la fille non fiancée qui refuse l'époux que son père veut lui donner et se choisit un mari sans le consentement de ses parents. Elle perd dès lors tout droit à leur patrimoine, mais son mariage est valable. Cet usage témoigne d'une certaine liberté accordée aux filles atteignant l'âge nubile sans avoir été fiancées.

La répudiation est tolérée, mais les causes en sont limitées à quatre cas seulement. Le mari est tenu de remettre son douaire à la femme qu'il répudie.

Chez les tribus de la Perse, la fidélité conjugale est rigoureusement prescrite. L'adultère de la femme est puni de mort ; les plus proches parents exécutent la sentence avec barbarie, et la mettent impitoyablement en pièces. Quant à l'homme adultère, le Zend, indépendamment de la peine qui frappe toute liaison criminelle, interdit à son âme le passage du pont céleste, à moins que le mari de la femme séduite ne lui ait pardonné.

Le législateur de la Perse, comme tous ceux de l'Orient, préoccupé du soin de produire une génération saine et vigoureuse, édicta diverses lois réglant jusqu'aux détails de la vie domestique, énumérant

4

tous les devoirs conjugaux, réglementant les rapports des époux.

Les lois, comme les mœurs, firent à l'épouse une condition pleine d'honneur, malgré le respect illimité qu'elle devait à son mari ; les annales de l'histoire de Perse sont remplies des plus beaux traits de dévouement conjugal.

§ V.

INDE ET CHINE (1). — Dans l'Inde et dans le Céleste-Empire, le mariage nous apparaît encore, sinon comme une nécessité légale, au moins comme un devoir moral et religieux. « S'unir en mariage est le grand but du ciel et de la terre, » dit l'illustre philosophe de la Chine, où l'institution du mariage est attribuée à l'empereur Fou-hi, trente siècles avant Jésus-Christ ; « — si le ciel et la terre ne s'unissaient point les êtres ne naîtraient pas à la vie, l'union en mariage est le commencement et la fin de l'homme. » Néanmoins, la Chine a aussi en grande vénération la virginité.

Dans l'Inde, l'homme qui ne se marie pas et ne devient pas *maître de maison*, conformément à la loi de Manou, est déclaré inutile à la société et incapable de remplir aucun emploi important. Chacun doit payer sa dette aux ancêtres en perpétuant leur race.

(1) V. un intéresssant article sur la concordance des lois hindoues et du Code civil français. (Rev. de Législ.. t. 20), constatant d'assez nombreuses similitudes entre les deux législations.

La loi religieuse de Manou fait languir dans la douleur, après sa mort, l'Indien qui n'a pas laissé de fils,
parce que c'est un fils qui, par ses sacrifices, doit délivrer son père des tourments de l'enfer. « Le fils
aîné, déclare la loi indienne, est engendré pour l'accomplissement du devoir, les autres enfants pour l'a-
mour. » Une sorte de honte pèse sur la fille qui n'a
pas été fiancée par ses parents avant l'âge nubile ;
aussi, après trois ans d'attente, a-t-elle le droit de se
choisir elle-même un mari de sa classe.

En Chine, il y a un officier qui est préposé aux mariages, à la célébration desquels intervient aussi l'autorité publique, et qui est chargé de veiller à ce que
l'homme soit marié à trente ans et la femme à vingt.
La coutume y a ainsi fixé une extrême limite qu'on ne
peut dépasser (1).

La loi de Manou a fixé des proportions entre les
âges respectifs des époux ; ainsi une fille de huit ans
ne peut épouser un homme de plus de vingt-quatre
ans ; si la jeune fille a douze ans, son époux ne doit
pas avoir plus de trente ans.

Les mariages mixtes entre les différentes castes
sont réprouvés par la loi indienne. Les Indiens se
marient le plus souvent dans leur famille. On retrouve dans l'Inde une coutume pratiquée chez les

(1) En Chine, comme chez tous les autres peuples asiatiques, le
désir d'une nombreuse progéniture se lie intimement aux idées et
aux croyances religieuses. Les Chinois regardent comme indispensable au bonheur éternel que les tombes des parents soient visitées
par un grand nombre d'enfants venant y déposer leurs prières, et
la loi inflige une punition à ceux qui se soustraient à ce pieux
devoir.

Hébreux, et caractérisant une époque primitive : fréquemment un Indien sans fortune s'engage à servir un de ses parents pendant un certain nombre d'années pour obtenir la main de sa fille.

L'union entre frères et sœurs *nés de la même mère* est considérée comme incestueuse; il en est de même en Chine, où les empêchements au mariage sont assez nombreux ; le mariage est permis par la loi hindoue entre beaux-frères et belles-sœurs, oncles et nièces.

Manou, contrairement aux usages chinois, défend au père de recevoir aucune gratification en mariant sa fille ; car, dit-il admirablement, en acceptant un présent du fiancé de sa fille, il semblerait vendre son enfant. Même dans les mondes antérieurs à celui-ci, dit le législateur indien, nous n'avons pas ouï-dire qu'il y ait eu jamais telle vente tacite d'une fille. Manou appelle *mariage des mauvais génies* l'union d'un prétendant qui épouse une jeune fille en faisant des dons à elle et à ses parents. Un tel mariage ne doit jamais être mis en pratique, décide le Code indien.

Le consentement réciproque est au moins le souhait de la loi ; Manou appelle poétiquement *mariage des musiciens célestes* l'union d'une jeune fille et d'un jeune homme résultant d'un vœu mutuel. « Née du désir, porte le Code, cette union a pour but le plaisir de l'amour. »

Le *mariage des géants*, ou mariage par enlèvement, est encore permis aux princes et aux rois en temps de guerre, et considéré comme le plus noble.

Il y a *mariage des vampires*, quand un homme s'introduit secrétement auprès d'une femme endormie, ivre ou folle, mariage défendu par Manou.

« Celui-là est un homme parfait, dit le Code indien, qui se compose de trois personnes réunies : lui-même, sa femme et son fils. » Le souverain seul peut avoir plusieurs femmes légitimes, mais chacun peut entretenir un nombre illimité de concubines.

En Chine, tout homme peut avoir plusieurs femmes de second ordre (1), mais nul ne peut épouser deux femmes principales, à peine de cent coups.

Le droit d'aînesse, chez les Indiens, est réservé jusque dans les conditions du mariage. Il est défendu au jeune brahmane de se marier avant son frère aîné, sous peine d'encourir les châtiments éternels.

Ce sont les pères qui représentent les enfants dans la célébration du mariage, ce qui nécessite leur consentement. De même, en Chine, les mariages des enfants sont négociés et conclus par les parents. Le consentement de ces derniers est indispensable ; celui des premiers n'est que secondaire, pour ne pas dire inutile (2).

Le désir d'avoir une postérité mâle et le déshonneur d'en être privé ont fait aussi adopter dans l'Inde le

(1) Le palais impérial réunit, dit-on, plus de trois mille concubines.

Confucius auquel on demandait son avis sur la polygamie avait répondu d'une manière fort peu digne d'un philosophe : « Quand l'habit qu'on porte est vieux, usé, hors d'usage, on peut en prendre un autre. »

(2) Le père d'une jeune fille ayant des défauts non apparents, dont il n'a pas prévenu le futur, est condamné à l'amende et le mariage est annulé.

Lévirat (1), ainsi que des coutumes fort immorales, qui vont jusqu'à légitimer l'adultère dans un but presque religieux.

Une femme stérile doit être remplacée la huitième année ; celle dont les enfants sont morts, la dixième ; celle qui ne met au monde que des filles, la onzième; celle qui parle avec aigreur, sur le champ. « Celui qui abandonne sa femme vertueuse, affectionnée et constante, doit être châtié et contraint par le roi de la conserver. » (Nârada.) « Il sera contraint par le roi de lui donner un tiers de tous ses biens. » (Yâpriawalkya.) En Chine, au contraire, la loi n'impose à la répudiation qu'une barrière presque nulle.

La loi (ce qui semble une très-grande concession), permet aussi à la femme hindoue d'abandonner son mari dans certains cas particuliers, et de contracter un nouveau mariage.

La condition de l'épouse indienne, comme celle de la femme en Chine, est la subordination la plus complète ; la loi de Manou veut que, quelles que soient les infirmités physiques ou morales de son époux, la femme le révère comme un Dieu ; il est le roi absolu de la maison ; elle ne peut rester assise quand son mari est debout, ni goûter aux offrandes domestiques qu'après lui et avec sa permission, ni entrer dans la chambre conjugale sans saluer d'abord avec respect

(1) Silencieux, dans une nuit sombre, dit la loi indienne, le frère s'approchera de la femme de son frère mort sans postérité, prenant garde qu'elle n'ait ni parfum, ni contact de ses cheveux, de sa bouche, de ses ongles ou du poil de son corps, couvert d'un simple vêtement, les membres couverts de beurre clarifié (usité dans les sacrifices), grave et triste, détournant la face de cette femme....

les pieds de son maître. Le mariage est pour la femme
l'annihilation de toute individualité, elle s'abdique
devant son époux, qui est pour elle l'incarnation du
devoir. Sa personnalité se confond et s'absorbe dans
celle de son mari. Sa destinée est si profondément
scellée au sort de son époux, que veuve elle lui appartient encore. La seule pensée d'une autre union
serait un crime. Un convol déshonore aussi la femme
chinoise. Le lien brisé pour son époux par la mort,
semble se resserrer pour l'épouse indienne; l'ombre
du mari défunt plane et pèse sur elle pour l'entraîner
au bûcher où, aujourd'hui encore, malgré les efforts
de l'Angleterre, elle va mêler ses cendres aux cendres
de son époux, sans que rien puisse arrêter son fana-
tisme aveugle. Comme si elle avait perdu la moitié
d'elle-même, la vie n'est plus qu'un fardeau pour
elle (1).

Que la philosophie se révolte contre une telle su-
perstition, dit l'un de nos célèbres écrivains, que la
raison mondaine traite ce sacrifice de folie, leur sentence sera juste, car cette coutume n'est que le der-

_____

(1) Ce sacrifice, commandé par la loi religieuse de Manou, comme
un moyen de gagner le ciel, pour la victime et pour l'époux défunt,
fut commun aux Hérules, selon Procope, aux Gaulois, d'après César,
aux Scandinaves, comme l'attestent leurs anciennes *Sagas*, ainsi
qu'à beaucoup d'autres peuples. Les Islandais croyaient que, si l'é-
pouse suivait son mari dans la tombe, celui-ci franchirait le seuil de
l'enfer, sans que les lourdes portes en tombassent derrière lui.
« La femme qui, à la mort de son mari, monte avec lui au bûcher,
est exaltée au ciel, » dit Manou. — Celle qui suit son mari en un autre monde habitera un pays de félicité autant d'années qu'il y a de
poils sur le corps humain. — Comme le chasseur de serpents tire de
force un serpent de son trou, ainsi elle tire son seigneur de la région
des tourments et elle jouit avec lui. »

nier degré de l'assujettissement des femmes. Cépen-
dant, par une contradiction étrange, cette énergie du
lien conjugal qui subsiste encore par delà le tombeau,
cette fusion de deux époux en un seul être, cette at-
traction toute puissante de l'âme envolée, qui appelle
à elle l'âme restée sur la terre et l'entraîne dans le
ciel, tout cela vous touche d'une réelle sympathie ;
on blâme, mais on admire ; on déplore, mais on respecte (1).

Toutes ces coutumes et institutions qui datent de
l'origine des sociétés survivent encore. L'Orient n'a
pas d'âge ni d'époque, dit M. Michelet. — On dirait,
remarque un historien de la Chine et de l'Inde, que

(1) A côté de dispositions qui attestent l'extrême dépendance de la
femme indienne, on aime à rencontrer des palliatifs dans les préceptes suivants :

« Ne frappez pas une femme avec une fleur, fût-elle coupable de mille
fautes. » (Manou.)

« Il n'y a pas de différence entre une femme chaste et la déesse de l'a-
bondance; donc la femme chaste, ornement de la maison, doit être honorée. »

« La femme doit être aimée par son mari et obtenir toujours de lui la
nourriture, le vêtement et l'ornement. » (Brihaspati.)

« Une mère est plus que mille pères, car elle porte et nourrit l'enfant
dans son sein, voilà pourquoi la mère est très-vénérable. » (Digest. of Hindu
Law, III, 503, 458).

« Celui qui laisse sa femme vivante se survit d'une moitié ; comment un
autre prendrait-il la propriété lorsqu'une moitié du propriétaire est encore
en vie ? (ibid. 458). Le bien est commun au couple marié. (loc. cit. 488,
texte douteux) (V. Dig. of Hindu, Law, II, 1, 35, les devoirs de l'épouse cu-
rieusement détaillés.)

En Chine, le mari peut vendre sa femme, la battre ; en cas d'adultère, il peut la tuer ; cependant, même au Céleste-Empire, la femme
est si bien considérée comme solidaire de la gloire et des mérites de
son époux, que, si un fonctionnaire public a donné des preuves extraordinaires de zèle et d'habileté, le souverain ne se borne pas à le
récompenser, il décerne en même temps à sa femme une distinction
honorifique.

les premiers législateurs de ces contrées, saisissant de leurs bras de fer ces nations à leur berceau, leur ont imprimé une forme indélébile et les ont coulées, pour ainsi dire, dans un moule d'airain, tant l'empreinte a été forte, tant la forme a été durable.

§ VI.

Turquie. — En Europe, nous allons enfin rencontrer la vraie base du mariage : la monogamie. Et s'il est vrai, comme plusieurs auteurs l'ont voulu prouver, que la polygamie ait été pratiquée par tous les peuples de la terre, la civilisation dès sa naissance en a fait justice parmi nous et en a effacé dès longtemps le souvenir. Un seul peuple s'y est jusqu'à ce jour montré rebelle et fait tache dans le tableau. *Le Coran,* qui a emprunté aux traditions bibliques et aux monuments de la Perse et de l'Inde diverses dispositions relatives au mariage, permet au musulman de peupler son harem d'un nombre illimité de femmes esclaves (1) et d'épouser jusqu'à quatre femmes légitimes, quand sa fortune lui permet de les doter et d'assurer convenablement leur existence et leur rang d'épouses.

L'inceste est scrupuleusement prohibé par le Prophète. « Il ne vous est pas permis, dit Mahomet, d'épouser vos mères, vos filles, vos sœurs, vos tantes,

(1) *Contra,* Pauthier *Livres sacrés de l'Orient,* p. 517.

vos nièces, vos sœurs de lait, vos grand'mères, vos belles-filles, ni deux sœurs. »

Les Arabes, avant Mahomet, épousaient et répudiaient autant de femmes que le caprice, l'inconstance ou le dégoût les autorisaient à en flétrir. Le Prophète crut suffisamment réhabiliter la moitié du genre humain en consacrant l'union des deux sexes par un lien religieux et moins facilement dissoluble (1).

Le mariage, chez les Turcs, est célébré par le Cadi.

Mahomet recommande aux croyants de se bien conduire envers leurs femmes, de les traiter toutes indistinctement de la même manière, de leur assurer une dot dont le minimum est fixé par le Coran, de pourvoir à l'entretien de chacune d'elles d'une manière convenable et digne de sa fortune, ce qui limite et circonscrit la polygamie dans des limites très-restreintes.

Il abolit la coutume qui déférait la femme aux héritiers de l'époux décédé, comme une chose faisant partie de la succession.

(1) Une femme peut demander d'être séparée de son mari, s'il est impuissant, adonné aux plaisirs contre nature, ou s'il ne lui paie pas le tribut la nuit du jeudi au vendredi, laquelle est consacrée aux devoirs du mariage. — Un mari qui refuse de l'argent à sa femme pour aller au bain deux fois la semaine est exposé à la séparation. — L'époux qui veut répudier capricieusement sa femme, doit lui assurer le douaire jusqu'à la fin de ses jours; s'il veut la reprendre, il est condamné à la livrer pendant une heure à tel homme qu'il juge à propos. (Encyclop. v° mariage). Quatre mois doivent s'écouler entre la notification de répudiation et le départ de la femme, pour laisser place à la réconciliation.

La femme adultère est punie de mort.

M. de Lamartine (Hist. de Turquie) apprécie ainsi la polygamie turque : « L'égalité réciproque des droits et des devoirs dans les rapports des deux sexes entre eux, n'étant que la première de toutes les vertus la justice, Mahomet, nous dit-il, violait la justice, maintenait l'inégalité des devoirs, continuait la dégradation de l'espèce humaine, privait de femmes légitimes les deux tiers des hommes pauvres, favorisait les débordements des riches, privait d'époux, pour leur donner des maîtres, les deux tiers des femmes et jetait la confusion dans les sentiments et dans les hérédités des familles, en proclamant non le précepte, mais la tolérance de la polygamie chez les croyants. Elle ne pouvait être inspirée par Dieu, — ajoute l'illustre historien, — cette licence qui dégradait la moitié de ses créatures. »

Peut-être l'avenir verra-t-il transformer les mœurs de la Turquie, sous l'empire du souverain qui, à son avènement au trône, donna un noble exemple aux sectateurs du Prophète, en fermant les portes du sérail aux esclaves et aux eunuques pour y faire régner une épouse ; admirable protestation qu'aucun démenti ultérieur ne saurait effacer. S'il est vrai, comme l'a dit Massillon, que, « les mœurs des princes forment les mœurs publiques, et que la foule, dont le premier penchant est d'imiter les rois, n'a point d'autres lois que les exemples de ceux qui commandent ; » si la parole du poète :

Regis ad exemplar totus componitur orbis,

doit un jour se réaliser, la polygamie, l'une des

barrières qui retardent la régénération du monde
musulman, et s'opposent à la fusion de l'Occident et
de l'Orient, est appelée à être rayée de la face de
l'Europe.

§ VII

GRÈCE : ATHÈNES ET SPARTHE. — « On respire plus à
l'aise quand on entre dans la Grèce, dit M. Troplong;
c'est là que commence la liberté de l'homme dans
la cité. C'est là que la civilisation prend une face
nouvelle et que le génie européen s'élance d'un vol
hardi......; mais la Grèce ne put jamais briser entièrement son enveloppe orientale. L'État y conserva
sur l'homme privé des devoirs excessifs, et le citoyen
grec, qui n'eut que trop de liberté pour faire des révolutions, se trouvait asservi quand du domaine de
la politique il passait dans celui de la famille et de
la propriété. »

La Grèce, qui forme comme la chaîne de transition entre la famille orientale et la famille de l'Occident, a donné le jour à deux célèbres législateurs :
Lycurgue et Solon.

Les lois de Solon, l'un des sept sages de la Grèce,
respectées par les Athéniens comme des oracles, furent prises pour modèles par les autres peuples. La
plupart des villes grecques se firent un devoir de les
adopter, et Rome, tourmentée par l'anarchie, les in-
voqua comme un remède salutaire contre les maux
qui la déchiraient. Plusieurs de ces lois ont passé

dans nos Codes modernes, et le nom de Solon se prononce encore dans les chaires de nos facultés.

Les Grecs étaient redevables du mariage à Cécrops,
qui aurait naturalisé parmi eux cette institution im-
portée de l'Égypte, en consacrant la monogamie. La
polygamie ne fut tolérée en Grèce que fort rarement.
A la suite d'une guerre désastreuse, l'État accorda
quelquefois aux citoyens le droit de se choisir plusieurs femmes, *vu le petit nombre des hommes*. C'est
ainsi que le sage Socrate eut deux femmes (1). L'o-
rigine divine du mariage était attribuée par les Grecs
à Érato, qui en aurait réglé les cérémonies. Le mariage fut personnifié dans le dieu Hyménée, fils d'Apol-
lon et d'Uranie.

Le célibat fut bientôt flétri par les lois et les mœurs
de la Grèce. Le célibataire, dans sa vieillesse, était
exclu des honneurs rendus aux autres citoyens. Xénophon et Plutarque nous citent l'exemple de Der-
cyllidas, qui avait commandé les armées avec tant de
gloire, et qu'un jeune homme osa interpeller ainsi
devant l'assemblée du peuple : « Je ne me lève pas
devant toi, car tu ne laisseras pas d'enfants qui puissent un jour se lever devant moi. » Lycurgue, comme
les *Lois* de Platon, refusait au célibat le droit de
cité. Les vieux célibataires, à Lacédémone, étaient
souvent exposés à des humiliations, ils n'assistaient
pas aux luttes que se livraient dans l'arène, les jeunes filles vêtues de leur seule pudeur. Il dépendait

_____

(1) La polygamie exista au moins en fait, et dès le temps d'Homère, dans un concubinage sans règles et sans limites.

du magistrat de les contraindre à faire, pendant les
rigueurs de l'hiver, le tour de la place publique, dé-
pouillés de leurs vêtements, en butte aux railleries de
la foule, et chantant contre eux-mêmes des vers bur-
lesques où ils reconnaissaient que leur désobéissance
aux lois avait mérité leur châtiment.

Cette grave atteinte à la liberté individuelle était
fondée sur ce principe, adopté par tous les anciens
peuples, que la vie entière du citoyen appartenait à
la patrie, à laquelle il devait des défenseurs pour réparer les brèches de la guerre, qui décimait presque
incessamment les populations.

Solon se contenta d'interdire à quiconque n'était
pas père de famille, le droit de haranguer le peuple
et de commander les armées, voyant sans doute
dans l'amour paternel un sûr garant de patriotisme.

Les *lois* de Platon voulaient que les célibataires
payassent chaque année une forte amende. Ce philosophe était d'avis de stimuler ou d'arrêter les progrès
de la population, selon les besoins de l'État, et de déterminer législativement chaque année le nombre des
mariages. C'était là, ce semble, une nécessité dans ces
États de la Grèce, où le travail était l'apanage des
seuls esclaves, et où l'homme libre aurait cru déroger
et se ravaler en s'y adonnant. Aussi la Constitution
elle-même fixa-t-elle limitativement le nombre des citoyens.

Le mariage en Grèce se contractait sous les auspices
de la religion. Dans un pays où tout était poésie et al-
légorie, aucun acte de la vie ne pouvait se faire sans

l'intervention de la divinité. Les époux se rendaient au temple où ils se juraient fidélité réciproque. Leurs parents les bénissaient ; un prêtre leur présentait une branche de lierre, symbole de leur union ; ils offraient des sacrifices à Diane et à Minerve, pour apaiser ces divinités chastes qui ne s'étaient point soumises aux lois de l'hymen; à Jupiter, à Junon, comme modèles des éternelles amours; au Ciel et à la Terre, pour demander la fécondité ; aux Parques qui décident de la durée de la vie; aux Grâces, à Vénus et à l'Amour, qui présidaient à leur serment. Ils déposaient des tresses de leurs cheveux sur le tombeau des cultivateurs, afin d'honorer l'agriculture et les travaux domestiques.

En Béotie, la femme brûlait devant la porte de l'époux, le timon du charriot qui l'avait amenée, afin sans doute d'exclure toute pensée de retour.

Solon ordonne que les nouveaux époux, à leur première entrevue, se partagent un même coing, « voulant, dit un commentateur, leur enseigner, par ce fruit emblématique, à ne jamais s'adresser que des paroles affectueuses, à veiller à la conservation l'un de l'autre, le coing ayant la vertu d'émousser tous les poisons et de les rendre inefficaces. »

« Les conditions du mariage étaient simples, dit une description d'un mariage athénien par Barthélemy : on n'avait prévu aucune discussion d'intérêt entre les parents, aucune cause de divorce entre les parties contractantes ; et, à l'égard de la dot, comme le sang unissait déjà les jeunes époux, on s'était contenté de rappeler une loi de Solon qui ordonnait que la jeune fille épousât son plus proche parent. »

La loi d'Athènes, imitée par Platon (*République*), voulant assurer la conservation des familles, décrète, en effet, qu'une orpheline sans fortune, fille unique ou aînée de ses sœurs, peut forcer son plus proche parent à l'épouser ou à lui constituer une dot. L'archonte doit l'y contraindre, sous peine de payer lui-même mille drachmes. (Démosth. cont. Macart). De son côté, le plus proche parent d'une jeune héritière peut s'imposer comme époux. Alors même qu'elle s'est légitimement unie à un autre Athénien, il est en droit de faire casser ce mariage et de la forcer à l'épouser.

Si toutefois le mari de la jeune héritière est l'un de ses parents au deuxième ou troisième degré, elle peut maintenir son union, malgré la revendication contraire du parent plus proche, à la condition d'abandonner à celui-ci la moitié de la succession paternelle.

Un père n'était pas libre de léguer sa fortune ou la main de sa fille à un autre qu'à son plus proche parent.

A l'exemple des Athéniens, la loi des Thuriens autorisait le plus proche parent d'une héritière à la demander en mariage devant les juges. Une orpheline avait également le droit de demander ainsi son plus proche parent; celui-ci pouvait à l'origine se libérer en lui donnant cinq cents drachmes; mais, dans la suite, cette réserve fut abolie, et le plus proche parent fut obligé en tous cas d'épouser l'orpheline (Diod. XII, § 18).

Pour pouvoir user du droit conféré par les liens du sang, il fallait être parent à l'un des trois premiers degrés de la ligne collatérale. La vieillesse du compétiteur était aussi une fin de non recevoir.

La femme, à Athènes, n'a jamais le droit d'élire un époux, et de faire un libre choix ; son indépendance et son libre arbitre sont toujours sacrifiés. Lorsque la loi ne lui dicte pas elle-même le nom de son époux, lorsqu'elle ne se marie pas à son plus proche parent, son père, son aïeul paternel, ou son frère peut lui imposer sa volonté ; à peine est-elle nubile, que son père fait pour elle un choix qu'elle n'a pas droit de discuter : « Après avoir délibéré moi pour « moi, et ton père pour toi, je t'ai choisie, » dit Ischomaque à son épouse. Le mari choisit, la femme subit. Le père pouvait léguer par testament ses filles à des parents en leur assignant une dot. C'est ainsi que le père de Démosthène légua sa fille à son neveu Démophon, avec une dot de deux talents.

Après la mort du père et de l'aïeul paternel, c'est au frère qu'est dévolu le droit de marier sa sœur. La liberté de la veuve elle-même est encore méprisée, sa volonté est enchaînée comme celle de la jeune fille ; la femme ne s'appartient jamais. Le mari a le droit de disposer par testament de la main de sa veuve. S'il n'a pas usé de cette faculté, la veuve sans enfants est tenue d'épouser le plus proche parent de son époux (1).

Si la jeune fille n'a plus ni père, ni aïeul, ni frère, et que les conditions du mariage avec le plus proche

(1) Lorsque le parent obligé d'épouser la veuve de son proche parent est incapable de remplir les devoirs conjugaux, celle-ci peut demander qu'il se substitue un autre homme de la famille.

5

parent ne se réalisent pas, elle est mariée par son tuteur ; mais la loi, ne rencontrant plus la garantie de
l'affection paternelle ou fraternelle, exige alors l'intervention de l'archonte, qui doit veiller à ce qu'on
ne lui impose pas un mari indigne d'elle. Le tuteur, parent de sa pupille, a d'ailleurs le droit de la
prendre lui-même pour épouse.

Le fils, jusqu'à l'âge de vingt ans, a besoin du consentement de son père pour contracter mariage (1).
Solon, après avoir proscrit les unions incestueuses,
et, à ce titre, les mariages entre parents ou alliés en
ligne directe, entre frères et sœurs utérins, permet
cependant au frère d'épouser sa sœur consanguine.
(Voir dans Montesquieu, *loc. cit.*, une explication de
cette loi.) Il déclare licites les mariages entre oncle et
nièce, neveu et tante, beau-frère et belle-sœur, ou
entre enfants adoptifs d'une même personne.

Il oblige l'homme coupable de viol à épouser sa
victime, si elle y consent. Le séducteur doit aussi la
même réparation à celle qu'il a outragée.

Dans toute l'antiquité, le mariage fut considéré,
non comme une faculté de droit naturel, mais comme
un octroi, une concession de la loi positive, qui en
fit toujours un privilège réservé aux seuls nationaux.
D'après un principe généralement admis chez les
peuples composés de citoyens, principe dicté par un

---

(1) Quant aux enfants nés d'une courtisane, ils n'étaient pas soumis à la puissance paternelle, considérée bien plus comme un droit
que comme un devoir ; voici comment Solon s'exprime à leur égard :
« Celui qui méprise l'honnêteté et la sainteté du mariage, pour ne
chercher qu'à assouvir sa passion, n'a aucun droit sur les enfants
dont il a rendu la vie un opprobre éternel. »

sentiment de patriotisme ombrageux et jaloux, il était interdit de se marier en dehors de la cité. L'Athénien qui épousait une étrangère était puni d'une amende de mille drachmes. L'étranger qui épousait une Athénienne était vendu ; ses biens étaient confisqués, et les fruits de son union étaient réputés bâtards.

Les esclaves, exclus de toute participation au droit civil, étaient, par suite, déchus du droit de se marier.

Le mariage n'était pas incompatible avec le sacerdoce ; il n'était interdit qu'à quelques prêtresses.

L'archonte-roi ne pouvait épouser qu'une vierge, celle-ci devant remplir les fonctions de prêtresse-suprême.

La dot, qu'on a appelée le premier signal de l'indépendance des femmes, le drapeau et le palladium de leur liberté naissante, fut connue de la Grèce dès les temps les plus reculés. C'est ainsi qu'Homère nous montre Pénélope, dotée par son père Icare. Cependant, aux premiers jours de la société grecque, les femmes se vendaient, comme le rapportent Strabon, Héraclyde et Aristote : « Les anciens Grecs, dit ce dernier, étaient barbares, ils achetaient les femmes.» Homère lui-même appelle les vierges αλφεσιβοιαι (c'est-à-dire rapportant des bœufs à leurs parents) (1).

Par la dot, la femme acquit une personnalité, une existence civile ; elle devint dans le mariage une so-

_____

(1) Danaüs ne trouvant pas à marier ses filles à cause du crime qu'elles ont commis, fait publier qu'il ne demandera pas de présents à ceux qui voudront les épouser.

ciétaire reprenant son apport à la rupture de l'association.

Solon, sans doute pour donner au mariage un autre mobile que l'intérêt, proscrivit la dot; il ne permit de doter que les filles uniques et défendit à la
femme d'apporter autre chose à son mari, que trois
robes et quelques meubles de peu de valeur (1).

La prohibition de Solon ne demeura pas longtemps
en vigueur, et la dot devint plus tard, à Athènes
comme à Rome, la marque distinctive séparant l'é-
pouse de la concubine.

Solon, après avoir puni sévèrement l'adultère (2),
après avoir chargé l'Aréopage de veiller au maintien
des mœurs publiques, ternit sa législation en autorisant
la débauche et la corruption pour remédier à un premier désordre. Une de ses lois, que Plutarque qualifie
avec raison d'*impertinente* et de *ridicule*, permet à la
femme, unique héritière, en cas d'impuissance de
son mari, de se livrer à tel des parents de ce dernier
qu'elle voudra choisir, afin de punir par la honte et
la confusion une perfide cupidité. Le seul remède eût
pu être de briser des nœuds que la nature n'avait
pas consacrés.

Solon permet le divorce, mais à des conditions qui

---

(1) Car il ne voulait pas, remarque philosophiquement Plutarque,
« que le mariage devînt un commerce, un trafic pour le gain, mais
qu'il fût toujours regardé comme une société honorable, pour avoir
des enfants, pour vivre agréablement et avec douceur, et pour se
témoigner une amitié réciproque. »

(2) Il ne permet pas au mari de pardonner la violation de la foi
conjugale, il le frappe de la dégradation civique s'il refuse de répudier la femme qui a profané la sainteté du foyer domestique.

en restreignent l'usage. La législation a fait un grand
pas. Le divorce ne constitue plus un droit exclusif
pour le mari, sous le nom de répudiation. La femme
a un droit parallèle ; sa personnalité s'affirme, elle a
des droits sanctionnés par la loi. Le mari qui veut
répudier sa femme ne peut, ce semble, la chasser capricieusement, car il doit s'adresser à un tribunal
que préside l'un des principaux magistrats, et qui
prononce le divorce. Le même tribunal reçoit les
plaintes des femmes qui veulent rompre leur union.
La loi exige qu'elles comparaissent en personne (1).

Mais les femmes, dit Barthélemy, aimèrent mieux
en général essuyer en secret de mauvais traitements
que de s'en délivrer par un éclat, qui publierait leur
honte et celle de leurs époux. Le mari qui demandait
le divorce pouvait être contraint de rendre la dot à sa
femme, ou du moins de lui payer une pension ali-
mentaire fixée par la loi.

Solon favorisa peu les secondes noces. Charondas
porta des peines sévères contre ceux qui contractaient
plusieurs unions. « Que celui qui impose à ses enfants
une belle-mère ne soit élevé à aucune dignité, et qu'il
soit exclu du conseil des citoyens, comme ayant mal
géré ses affaires. » Telle est l'une de ses dispositions,
il et ajoute : « Si tu as été heureux dans ton premier
mariage, tu dois t'en féliciter et en rester là ; si tu as
été malheureux au contraire, c'est une folie et une
déraison de t'exposer à une nouvelle épreuve. »

(1) On connaît l'histoire de la femme d'Alcibiade que son mari vint
prendre par le bras au milieu de la séance et qu'il emmena, aux ap-
plaudissements de l'assemblée.

Le mariage, à Athènes, dit un savant article de M. Cauvet, (Rev. de législ. 1845.) n'était pas ce lien intime et sacré qui identifie l'une à l'autre deux existences jusque là distinctes, et, tout en maintenant le pouvoir du mari sur l'épouse, adoucit singulièrement son joug par la dignité dont il l'entoure. L'amour conjugal joue un noble rôle dans les poëmes homériques, mais ces époux « qui gouvernent la maison et qu'anime une seule et même pensée, » comme le dit Homère, n'existèrent que dans l'âge d'or. Toutefois, l'autorité maritale n'est pas empreinte de ce caractère despotique et absolu qui, à Rome, sera le propre de la *manus*. La femme, à Athènes, garde sa personnalité, conserve la propriété de ses biens (1) ; mais le mariage lui impose une grande subordination. Si l'on excepte la classe laborieuse, la femme, au lieu de présider librement aux travaux domestiques, vit captive dans le gynécée, souvenir du sérail, où la retient une supériorité jalouse.

« La monogamie, dit un récent auteur, proclamait l'égalité des époux. Déclarer que la fidélité d'une seule femme mérite la fidélité entière de l'homme, c'est poser et résoudre une équation de valeur. » Mais si la loi avait proclamé un principe, les mœurs n'étaient pas encore à l'unisson. Il y a sans doute progrès, le mari n'achète plus la femme, elle entre dans le mariage à titre de sociétaire, mais la femme grecque, dans laquelle la fable mythologique voyait

_____

(1) Solon trace à l'épouse ses devoirs conjugaux avec des détails qui nous paraissent aujourd'hui plus que naïfs.

renaître l'image de Pandore, comme la tradition bi-
blique voyait dans la femme juive l'image de la première Ève, semblait porter encore au front le signe
d'une déchéance(1). Le respect dont on l'entoure n'est
peut-être qu'un sentiment de jalousie épuré; rien ne
témoigne mieux le mépris de la femme que cette faculté
pour le mari de se choisir un successeur, faculté dont
le père de Démosthène ne craignit pas de faire usage.
    La femme, à Athènes, est soumise à une tutelle
perpétuelle; cette tutelle l'accompagne jusque dans
la maison conjugale, et le mari, à moins qu'il n'ait
épousé une héritière en qualité de plus proche parent, est tenu de la reconnaître et de la supporter. A
Athènes aussi, le mariage avait une contre-partie.
Dans l'étaire, qui joua un rôle si célèbre à Athènes,
l'épouse avait une rivale lui disputant le cœur de son
époux qui, rapporte l'histoire, « oublia souvent le
bonheur pour le plaisir. » Le mari prostituait son affection à de viles courtisanes. La monogamie ne fut
trop souvent qu'une *fiction légale.* D'ailleurs, dans
toute la Grèce, la vie de famille, la vie privée, s'absor-
bait dans la vie publique, l'homme s'effaçait devant le
citoyen; « mais la monogamie a cependant posé une
promesse, la logique secrète de l'histoire en dégagera
la conséquence. »

_____

(1) On connaît cependant l'ingénieuse fable *du Banquet* de Platon,
marquant l'égalité de l'homme et de la femme, rappelant le *Erunt
duo in carne una* de la Bible, et empruntée peut-être aux traditions
orientales. *Les deux moitiés,* dit-il, n'ont fait qu'un dans un monde
antérieur et conservant un vague souvenir de leur unité primitive,
elles se cherchent, se reconnaissent et voudraient toujours s'unir.

Athènes dominait la Grèce par la pureté relative de ses institutions et la supériorité de ses doctrines. A Sparte, au lieu d'une législation douce et humaine, comme l'était en général celle de Solon, nous trouvons une législation de fer, qui semble un défi systématique à la nature, et qu'on a pu qualifier de paradoxale. L'amour de la patrie devait seul faire battre un cœur spartiate. Lycurgue sacrifia tous les intérêts privés à l'intérêt public, tous les sentiments naturels à l'amour de la patrie, à l'inflexible raison d'État. « Il abolit l'homme pour en faire un citoyen. » C'est bien à Lacédémone qu'on eût pu dire avec vérité : la famille n'est qu'un mot. Au milieu du socialisme et du communisme que Lycurgue avait intronisés dans sa patrie, le mariage, comme on l'a remarqué, ne fut jamais une sainte société, mais un mode de génération de citoyens. Le mariage fut, non un but, mais un moyen de paternité ; la pudeur des femmes, l'éducation, la morale, la liberté individuelle, tout était sacrifié à cette unique pensée : procréer.

Voici, selon le témoignage d'Hermippus, reproduit par Athénée, comment le mariage se contractait à Lacédémone, sous la présidence des magistrats. Ce n'était pas une sympathie réciproque qui devait dicter le choix des époux. Le hasard seul décidait des mariages. L'amour conjugal eût passé, aux yeux des Spartiates, pour une faiblesse digne d'un peuple efféminé. L'État se chargeait d'être le pourvoyeur commun. On enfermait toutes les jeunes filles dans une salle obscure où l'on introduisait ensuite les jeunes gens. Chacun d'eux étendait les bras à travers cette nuit peuplée de spectres invisibles, et ils avaient fatalement pour épouses celles dont ils s'étaient ainsi aveuglément emparés. L'histoire rapporte même qu'un roi dut payer l'amende pour n'avoir pas voulu se conformer à ce mode de mariage si justement ridiculisé (1). On reste stupéfait devant l'absurdité d'une telle coutume.

Platon, dans sa *République*, préconise un procédé analogue, s'en remettant, comme Lycurgue, à la voie du hasard pour assortir les époux, transformant le mariage en une sorte de loterie; il renia plus tard ces doctrines. C'est là, comme on l'a remarqué, non pas un *rêve brillant du génie*, *mais un cauchemar ridicule*. Les mœurs réagirent et triomphèrent (2).

La loi de Lycurgue, pour déterminer l'âge du mariage, ne se réglait pas, comme presque toutes les législations, sur l'âge de puberté (3). Elle prohibait les hymens prématurés, guidée par cette règle « que le fer ardent doit être plongé dans l'eau froide avant de devenir acier. »

La première condition pour avoir le droit de se

(1) Un auteur appelle pittoresquement cette loterie, un *colin-maillard* conjugal.

(2) L'histoire cite l'exemple de Lysandre qui, avant de mourir, avait fiancé ses deux filles. Plutarque parle même d'une loi intervenue pour permettre de poursuivre en justice quiconque avait fait un mariage peu convenable, ce qui suppose nécessairement la liberté du choix. « Archidamus, dit Plutarque, fut condamné à une amende par les éphores, pour avoir épousé une femme si petite, que les Lacédémoniens ne pouvaient espérer d'en avoir que des *roitelets* et non pas des rois. »

(3) Platon, qui a copié beaucoup des lois de Lycurgue, voudrait que l'âge nubile fût fixé pour l'homme à trente ans, et pour la femme de seize à vingt ans.

marier, sous l'empire d'une loi qui n'hésite pas à sacrifier l'indépendance individuelle, était de joindre à
une beauté mâle une taille avantageuse et une santé
brillante (1).

C'était un devoir de se marier pour tout Lacédémonien réunissant les conditions physiques voulues
par la loi. S'il demeurait dans le célibat, il était noté
d'infamie.

Le Lacédémonien pouvait épouser sa sœur utérine,
mais non sa sœur consanguine ; l'oncle, à Sparte,
pouvait épouser la nièce.

Lycurgue a horreur du luxe. Comme Solon, il
proscrit la dot, qui, dans les mœurs spartiates, eût
été une superfétation (2).

(1) Chez ce peuple guerrier, dont chaque citoyen naît soldat, une
loi barbare, violentant la raison et la nature, n'accorde le droit de
vivre qu'aux enfants dont la constitution annonce un vigoureux
athlète. — Les enfants appartiennent moins au père et à la mère
qu'à l'État, qui se charge de l'éducation de tous. Lycurgue, brisant
l'autorité paternelle, veut que tout citoyen ait sur les enfants d'autrui
les mêmes droits que sur les siens propres. Le père peut exposer
ses enfants à leur naissance, ou leur ôter la vie. Presque toute la
Grèce a toléré cette barbarie.

(2) « Les femmes, dit Platon, s'appropriant cette prohibition, seront
moins insolentes, et les maris moins esclaves et moins rampants qu'ils
ne le seraient à cause de la riche dot qu'elles auraient apportée. »

« Argentum accepi, dote imperium vendidi. »

Le législateur de Sparte avait décrété l'égalité des fortunes. En rui-
nant la propriété, il avait fatalement tari la source de la population,
dont l'égalité des fortunes ne peut être que le fléau ; c'est en vain
que Lycurgue essaya de remédier à ce mal en accordant des récompenses aux pères d'une nombreuse famille et en prononçant des peines
contre ceux qui se refusaient à donner des citoyens à l'État. Jamais
Sparte ne put combler les vides que la guerre faisait dans ses rangs.

Pendant la première guerre de Messénie, on en fut réduit à abandonner toutes les femmes de Lacédémone aux jeunes gens qui n'é-

Lycurgue, ne considérant dans le mariage que le *rendement* (1), l'accroissement ou le maintien de l'équilibre de la population, ne se fait pas faute de placer l'adultère sous l'égide de la loi, et même de l'imposer lorsque des nœuds infructueux unissent un vieillard à une jeune fille. Sous prétexte de bannir la jalousie du mariage, il réalise, en quelque sorte, cette communauté des femmes rêvée par Platon dans sa *République* (2).

Tout Lacédémonien avait la faculté légale d'introduire auprès de son épouse légitime un étranger chargé de remplir les devoirs maritaux auxquels il ne pouvait suffire. (V. à ce propos les incroyables réponses des vieux prud'hommes d'Allemagne dans Michelet, *Origines*. p. 52.) « Le Spartiate, nous dit Plutarque, si quelqu'un lui demandait sa femme pour en avoir des enfants, la prêtait sans la quitter ; bien souvent encore, s'il voyait un homme bien constitué dont on pût espérer une belle et bonne race. il le priait de lui donner des enfants, et le menait à sa femme. » Là

taient pas liés à l'armée par un serment. « C'est la disette d'hommes qui a tué Sparte, » dit Aristote.

(1) Tout fut mis en formule dans l'existence du citoyen de Sparte. Sous la raison que l'État est intéressé à la vigueur et à la beauté de la race, Lycurgue soumettait à des lois modératrices les rapports des époux, auxquels il ne permettait de se réunir que clandestinement, furtivement et avec le plus grand mystère : « J'ai voulu, disait-il, ménager les forces des époux ; et, prévenant la satiété des plaisirs, laisser à leur amour le mérite de la nouveauté, et les rendre capables d'avoir des enfants plus vigoureux. »

(2) N'a-t-on même pas accusé la loi spartiate d'avoir rendu obligatoires les plus infâmes débauches ? L'exemple d'ailleurs partait de l'Olympe où tous les vices étaient déifiés. Immoralité dans toutes les lois qui précèdent le christianisme !

pudeur était bannie de Sparte ; Xénophon ose admirer
de telles infamies !...

On ne connut pas d'adultère à Sparte, écrivait naïvement certain auteur. C'est qu'en effet il y était inconnu comme crime. Il entra si bien dans les lois et
les mœurs qu'il ne heurta même plus l'opinion ; il
ne fut plus que le droit commun. « Nier l'adultère
à Sparte, dit un écrivain allemand, c'est prétendre
que dans une bande de brigands il n'y a pas un seul
voleur. » L'adultère, au lieu de contrarier les idées
spartiates, remplissait le but de leur mariage ; on ne
violait pas la foi conjugale, on se conformait à la
pensée essentielle et unique qui présidait au mariage :
la procréation de citoyens à l'État.

La loi spartiate ordonne que la nouvelle épouse
soit habillée d'un vêtement d'homme, voulant sans
doute par là lui montrer ses devoirs envers son mari, en lui marquant l'identification des deux époux,
leur fusion en un seul être, et aussi leur présenter un
symbole de l'égalité du pouvoir.

En effet, malgré une législation qui plaçait la vertu
dans le superbe dédain des sentiments naturels, et
qui, niant la famille, semblait devoir nier le rôle de
la femme, l'asservir, l'annihiler, Lacédémone entou-
ra parfois d'honneurs les épouses de ses héros. Plutarque fait même allusion à leur autorité domestique
et rapporte ces paroles, qu'une étrangère adressait à
la femme de Léonidas : « Vous autres Lacédémo-
niennes, vous êtes les seules qui commandiez aux
hommes. » — « Aussi sommes-nous les seules, ré-

pondit la Spartiate, qui donnions le jour à des hommes. »

« A Sparte, a-t-on dit, l'homme règne et la femme gouverne (1).

----

(1) Voici les réflexions que la législation de Lycurgue suggérait à M. Troplong (Mém. acad. sur Athènes et Sparte), à une époque ou fermentaient en France des idées justement tombées dans l'oubli, quoique n'ayant peut-être pas complètement abdiqué.

« C'est en face de tels exemples, dit-il, que des philosophes et des politiques d'un certain renom parmi les modernes, ont proposé sérieusement de revenir à ces systèmes bizarres, et de pétrir la société à la guise de leur utopie, s'imaginant qu'on arrive à quelque chose de meilleur que ce que la liberté nous a donné, en manipulant la nature humaine, en la soumettant à je ne sais quelle folle alchimie, pour en tirer plus d'or que notre civilisation ne nous en peut donner.

« Voilà à quelle refonte sociale on convie le XIXᵉ siècle, sous prétexte d'un ineffable progrès dans les destinées de l'humanité. C'est absolument comme aux plus beaux temps de la rudesse lacédémonienne, le même dédain du droit naturel et de l'équité, le même préjugé contre la liberté humaine, la même préférence pour les moyens extraordinaires de gouvernement et pour les stratagèmes contre la nature. D'où viennent les théories de Saint-Simon sur la famille, si ce n'est de la donnée de Lycurgue? Qu'est ce que le phalanstère de Fourrier, si ce n'est une variante des habitations communes de Sparte? Quelle est la source de la définition de la propriété donnée par Robespierre (moins pour l'expliquer que pour la détruire), si ce n'est l'organisation tyrannique de la propriété chez les Spartiates? Toutes ces nouveautés sont donc des redites intempestives, et le plagiat décoloré de vieilleries politiques dont on connaît la mauvaise foi. Malheur à notre société, si jamais elle abdiquait l'esprit des temps modernes pour revêtir cette défroque, pour souiller, par ces guenilles, sa brillante parure, pour s'humilier jusqu'à ces expériences qu'on ne pratique que sur les peuples sauvages à peine dégrossis. L'oracle répondit un jour à Lycurgue, que Sparte serait la plus florissante des villes tant qu'elle observerait ses lois. L'oracle savait bien que ces lois n'étaient pas longtemps praticables, et sa réponse ne le compromettait pas. Aujourd'hui, à la lumière de notre civilisation, avec les profonds enseignements du passé, il est une réponse bien plus pré-

Tel est à grands traits, aussi exactement que j'ai pu le tracer, le tableau du mariage en Orient. (Je crains déjà d'avoir fatigué par ce travail d'archéologie juridique.)

Si les législations que je viens de parcourir ont donné prise à de justes critiques, nous ne pouvons néanmoins refuser quelque admiration à ces premiers législateurs du monde, dont l'œuvre n'a pas été un travail de perfectionnement ou d'amélioration, mais un acte de création, et qui ont ouvert la voie à des législations plus avancées, à nos lois modernes dont nous sommes heureux et fiers aujourd'hui. Ces contrées du Levant ont été aussi l'orient de la civilisation, qui les a éclairées de ses premiers rayons. Assistons maintenant, après ce rapide aperçu, au développement de la loi romaine, dont les précédentes n'ont été, pour ainsi dire, que l'aurore et le prélude.

---

cise que celle de l'oracle : c'est que de telles lois sont absurdes et qu'une société, pour être florissante, doit rendre au droit naturel, tout ce que leur despotisme cherche à lui enlever. » — « On ne détruit pas, dit encore le même auteur, une société fondée sur le droit et un droit fondé sur la raison, comme on culbute un vieil empire dégénéré, qui se meurt de consomption. »

CHAPITRE II.

DROIT ROMAIN.

MARIAGE ET CONDITIONS REQUISES POUR CONTRACTER MARIAGE.

Je quitte des régions presque inexplorées et dédaignées, ce semble, par la plupart des légistes, pour entrer dans la patrie du droit civil et dans la véritable sphère du jurisconsulte, le droit romain (1), expression de la plus haute sagesse antique, immortelle législation qui, après avoir pendant des siècles gouverné *l'orbis romanus*, après avoir éclairé le chaos de la barbarie, a été le guide et le modèle des législations modernes. Le droit romain a inspiré notre Code Napoléon lui-même, qui y a puisé sa plus pure substance. On a pu aujourd'hui même le qualifier de *foyer*

---

(1) A Rome nous rencontrerons non plus seulement des législateurs des philosophes, des utopistes, mais des *jurisconsultes*.

de toutes les lumières, de gymnase de l'esprit humain, palœstra humani ingenii, fons omnis juris. Devant le droit romain s'ouvre encore un vaste horizon.

Magnus ab integro sæclorum nascitur ordo.

Le titre *d'écoliers de Rome,* qui choquait les suscep-tibilités de Mirabeau, ne doit pas nous humilier.

Tu regere imperio populos, Romane, memento.

Le mariage, dès les premiers jours de Rome, y fut commandé, à peine d'amende, par les lois elles-mêmes, comme nous l'apprend Denys d'Halicarnasse (l. ɪɪ). Dès que la censure fut créée, les censeurs furent chargés de veiller à l'exécution des lois impératives sur le mariage.

Cœlibes esse prohibento, telle était l'une des attri-butions que Cicéron leur conférait dans son *traité des lois,* reproduisant la constitution des xɪɪ tables. Ils avaient le droit de faire descendre dans une classe inférieure, ce qui était une sorte de flétrissure, et même de frapper d'ignominie le citoyen qui se refu-sait a donner à l'État de nouveaux défenseurs.

Tant que les mœurs de la république romaine gardèrent leur pureté native, le mariage y fut en hon-neur. Columelle nous donne une belle description du mariage dans les premiers temps de Rome : « *Erat olim cum summa reverentia, cum concordia et diligentia mixta, flagrabatque mulier pulcherrima di-ligentiæ æmulatione, studens negotia viri cura sua ma-jora atque meliora reddere.* NIHIL CONSPICIEBATUR IN DOMO DIVIDUUM, *nihil quod maritus aut femina*

proprium esse juris sui diceret ; sed in commune conspi-
rabatur ab utroque, ut cum forensibus negotiis matro-
nalis sedulitas industriæ rationem parem faceret. »
(*De re rustica, l.* XII.)

Quand le luxe s'introduisit dans la Cité, et que la
République dégénérée fit pressentir l'avènement de
l'empire, quand Rome eut ouvert son sein aux nations vaincues, et qu'elle eut subi à leur contact l'influence de la dépravation de leurs mœurs, lorsque la
plaie de l'esclavage se fut développée, lorsque surtout
le colosse romain décrépit s'avilit dans la fange du
despotisme, le mariage (réaction constante de la société sur la famille, et de la famille sur la société !)
tomba en discrédit, perdit tout son prestige et toute
sa dignité, et ne fut plus considéré que comme une
charge très-onéreuse, à laquelle les Romains cherchè-
rent à se soustraire (1).

La censure signala plus d'une fois le danger. La
voix de Caton se fit entendre, prêchant à ses conci-
toyens le mariage, en le leur montrant comme *une cor-*
corvée patriotique , comme *un acte de dévouement à*
l'humanité, comme un mal nécessaire. « Plût au ciel,

(1) La dépravation des mœurs était portée à un excès dont la
plume se refuse à tracer le fidèle tableau. Ce n'est pas la mordante
hyperbole de Juvénal, ni l'impitoyable raillerie de Martial, sans parler du cynisme de Pétrone, qui frappent le plus l'observateur attentif;
ce ne sont pas les éloquentes déclamations de Tertullien et d'autres
écrivains chrétiens, dont on pourrait soupçonner les préoccupations
religieuses dans le procès intenté au monde romain; c'est ce cortège
innombrable d'historiens, de poëtes, de philosophes et d'orateurs
qui viennent tous déposer, souvent à leur insu, un acte d'accusation
contre un état social dans lequel l'auguste idée de la famille s'était
effacée. (Rev. de législ. 1846, 1.)

s'écriait le censeur Métellus Numidicus, que nous pus-
sions nous passer des femmes, et tous nous nous dé-
livrerions de ce mal, nul de nous ne voudrait assurément en prendre une à sa charge ; mais, puisque,
d'après l'ordre de la nature, on ne peut, d'une part,
vivre heureux avec elles, et de l'autre, continuer sans
elles l'espèce humaine, je vous prie de vouloir sacrifier votre intérêt particulier à l'intérêt public (1). »

La corruption des mœurs allant toujours croissant
déborda la censure et détruisit cette institution établie
pour la prévenir et la comprimer.

Rome était épuisée et dépeuplée par les discordes
civiles, les triumvirats et les proscriptions, ainsi que
par le mépris de l'institution qui donne des citoyens à
l'État, plus encore que par la guerre. Il restait peu
de citoyens, et la plupart n'étaient pas mariés, pré-
férant aux charges et aux austères devoirs du mariage,
envisagé comme une calamité, les jouissances d'un
voluptueux célibat, « de ce célibat formé, comme le
dit Montesquieu, par le libertinage, et où les deux
sexes se corrompant par les sentiments naturels mêmes, fuient une union qui doit les rendre meilleurs,
pour vivre dans celle qui les rend toujours pires. »

Melius quid cœlibe vitâ (2) ? répétait à l'envi la jeunesse romaine. Le célibataire était un personnage de

(1) « Si l'on ne vieillissait pas, je ne voudrais pas de femme, » disait aussi le premier Consul (Mém. de M. Thibaudeau sur le consulat,
p. 435 et 436.)

(2) Le mot de *célibat* lui-même (dans l'étymologie duquel on a
voulu voir le sens de *Ciel sur Terre*,) pourrait rendre l'idée que
Rome attacha au mariage, par opposition à ce célibat fort éloigné
de l'austérité cénobitique.

distinction, caressé par toutes ces âmes vénales qui faisaient métier de convoiter les successions, par tous ces courtisans de la fortune qu'Horace a flétris du nom d'Hérédipètes (1).

C'est à cette époque de dissolution et de décadence sociale, qu'Auguste, cherchant à mettre un frein à une infâme et stérile débauche, et voulant rendre au mariage sa dignité et son lustre perdus, raviver les sources de la population, et, par là, restaurer les finances de l'État, épuisées par les guerres civiles, promulgua les fameuses lois Julia et Papia Poppœa (2), tandis qu'il donnait lui-même dans son palais, avec son épouse Livie, cette courtisane effrontée, l'exemple de la prostitution et des plus scandaleuses débauches.

César avait déjà entrepris de guérir le mal par divers réglements ; il avait attribué des récompenses et des prérogatives aux citoyens qui avaient un grand nombre d'enfants, et frappé de déchéances ceux qui n'en avaient pas. Il avait défendu aux femmes âgées de

---

(1) « Les divorces effrénés ruinaient le mariage. Il semble, dit M. Troplong (*Cont. de mar.*), que, plus le mariage est indissoluble, plus il a des chaînes effrayantes pour les esprits changeants (qui ne sont pas les moins nombreux), et qu'au contraire, plus le mariage est facile à rompre, plus il tente les cœurs légers qui craignent les longs engagements ; eh bien ! c'est un phénomène contraire qui se manifesta à Rome. Autant le mariage y était fragile et précaire, autant il inspira d'éloignement à la foule éprise du célibat : d'où l'on peut conclure que le mariage est une de ces choses qui attachent à raison de la contrainte qu'elles imposent. »

(2) Ces lois furent ainsi appelées du nom des deux consuls. Cette dénomination pourrait sembler une parodie ; car M. Papius Mutilus et Q. Poppœus Sabinus étaient l'un et l'autre célibataires. Leur élection même prouvait la grandeur du mal, dit Montesquieu.

moins de quarante-cinq ans, n'ayant ni mari, ni enfants, de porter des pierreries et de se servir de litière;
méthode excellente, dit Montesquieu, d'attaquer le
célibat par la vanité ; c'était charger la coquetterie
de repeupler la République.

Auguste voulut remédier par la fiscalité à l'épuise-
ment de la population légitime qui disparaissait sous
le flot des esclaves et des pérégrins. Il chercha dans
les lois politiques un remède que ne lui donnaient
plus les mœurs de la famille, et édicta ses deux constitutions qui ont joué un rôle si important dans le
droit romain jusqu'à Constantin, et y ont laissé une
trace si profonde. Il divisa la société romaine en
deux classes : d'une part, les célibataires (*cœlibes*) et
les gens mariés sans enfants (*orbi*) ; d'autre part, les
personnes mariées ayant des enfants. Tout homme
âgé de plus de vingt ans et de moins de soixante,
toute femme âgée de plus de vingt ans et de moins de
cinquante, qui n'étaient pas encore mariés ou qui,
après la dissolution d'un premier mariage, n'en
avaient pas contracté un nouveau, étaient célibataires.
Sévère ne soumit aux peines du célibat que les hommes
ayant dépassé vingt-cinq ans. Tout individu ayant
plus de cinquante ans et moins de soixante, sans enfants naturels ou adoptifs, était *orbus*.

Auguste frappa de diverses déchéances le célibat et
et la stérilité dans le mariage, tandis qu'il encoura-
geait la procréation légitime, en accordant aux unions
fécondes de nombreux priviléges proportionnés au
nombre des enfants.

Le mariage donnait une place particulière au

théâtre. Le consul qui avait le plus d'enfants prenait le premier les faisceaux, il avait le choix des provinces, etc. On pouvait parvenir avant l'âge aux magistratures, parce que chaque enfant donnait dispense d'un an. Les gens mariés qui avaient le plus d'enfants étaient toujours préférés, soit dans la poursuite des honneurs, soit dans l'exercice de ces honneurs mêmes. Si l'on avait trois enfants à Rome, quatre en Italie, ou cinq dans les provinces, on était exempt de toutes charges personnelles. Les femmes ingénues qui avaient trois enfants et les affranchies qui en avaient quatre étaient exemptes de cette tutelle perpétuelle où les retenaient les anciennes lois de Rome.

Les lois Julia et P. Poppœa obligèrent le père à ne point entraver le mariage de ses enfants en le contraignant même à doter ses filles (L. xix D., *de ritu nupt.*) (1).

La loi n'accorda le droit de recueillir les libéralités testamentaires entre époux (sous Auguste, les époux ne pouvaient encore se donner entre vifs), que comme un privilège de la fécondité des mariages (2).

(1) Peut-être toutefois cette obligation ne date-t-elle que de l'empereur Sévère, car le texte est ambigu.

(2) Les époux pouvaient se léguer la totalité de leurs biens, s'ils avaient donné le jour à trois enfants communs, ou s'ils avaient un enfant vivant; s'ils n'en avaient pas, ils pouvaient se léguer la dixième partie de leur succession, en pleine propriété, et le tiers en usufruit à *cause du mariage, matrimonii nomine*. S'ils avaient des enfants d'une autre union, ils pouvaient se donner en outre du premier dixième *matrimonii nomine*, autant de dixièmes supplémentaires qu'ils avaient d'enfants. Ces dispositions portèrent vulgairement le nom de *Lois Décimaires*.

Le législateur lui-même donna l'exemple de la soumission à ses propres lois : Voulant instituer Livie son héritière, il se crut obligé de prier le Sénat de le dispenser des incapacités qui le frappaient : Le Sénat donna à Livie le *jus liberorum*.

Auguste, qui a mérité le titre d'*Uxorius*, voulut que les célibataires ne pussent rien recevoir par testament des étrangers ; il alla même plus loin et déclara que ceux qui étaient mariés et n'avaient pas d'enfants, ne recevraient que la moitié de la disposition faite en leur faveur. Toutes les parts caduques, dans les testaments ou les legs, pour raison de l'incapacité des institués (*caduca, dulce caducum*, comme le dit Juvénal), furent attribuées, comme prix de la paternité, à ceux qui, appelés par le même testament, avaient des enfants. De là le cynisme de ces amants adultères qui se targuaient du *service de paternité* devant le mari outragé, auquel ils apportaient le *doux émolument des caducs*.

A défaut de citoyens ayant la qualité de pères, les caducs étaient dévolus au fisc, ou, comme le dit ironiquement Tacite, au peuple romain, père commun de tous les citoyens. Une constitution de Caracalla décida même que les *caduca* ne profiteraient désormais qu'au fisc ; les lois *caducaires* revêtaient ainsi le caractère de lois purement fiscales.

Ces lois mémorables qui, selon la remarque d'un jurisconsulte, prenaient les Romains par leur côté faible, l'avarice, « qui, au lieu de s'adresser au cœur, à l'affection, à la vertu, ne parlaient que le langage d'une politique fiscale, » ne furent jamais populaires. Elles n'atteignirent même pas leur but et trompèrent les espérances de leur auteur.

Quid leges sine moribus ?

Trente-quatre ans après leur promulgation, les chevaliers romains en demandèrent la révocation à Auguste, qui leur apprit par un dénombrement que les célibataires étaient encore bien plus nombreux que les gens mariés, et leur répondit par l'énergique harangue que Dion nous a conservée (1).

Les lois Juliennes, qui ont encouru toute la réprobation de M. Troplong, avaient, comme le dit cet illustre auteur, des inconvénients majeurs : elles faisaient intervenir dans les affaires de la famille le fisc avec ses âpres tendances et avec le cortége néfaste des délateurs ; elles faisaient du mariage une spéculation et un trafic.

(1) « Lorsque les maladies nous enlèvent tant de citoyens, dit-il, que deviendra Rome si l'on ne se marie plus? La cité ne consiste pas dans les maisons, dans les portiques, dans les places publiques ; ce sont les hommes qui font la cité... Ce n'est pas pour vivre seuls que vous restez célibataires; chacun de vous a des compagnons de sa table et de son lit, et vous ne cherchiez que la paix dans vos débauches. Mais je veux la perpétuité de l'État, j'ai augmenté les peines de ceux qui n'ont point obéi, et, à l'égard des récompenses, elles sont telles qu'il n'en est pas de plus grandes pour la vertu. Il y en a de moindres qui portent mille personnes à exposer leur vie et celles-ci ne vous engageraient pas à prendre une femme et à nourrir des enfants !... »

« Les réglements que firent les Romains pour augmenter le nombre de leurs citoyens, dit l'admirateur des lois d'Auguste (Montesquieu, *loc. cit.*, L. LXXIII, c. 23) eurent leur effet, pendant que leur République, dans la force de son institution, n'eut à réparer que les pertes qu'elle faisait par son courage, par son audace, par sa fermeté, par son amour pour la gloire et par sa vertu même. Mais bientôt les lois *les plus sages* ne purent rétablir ce qu'une république mourante, ce qu'une anarchie générale, ce qu'un gouvernement militaire, ce qu'un empire dur, ce qu'un despotisme superbe, ce qu'une monarchie faible, ce qu'une cour stupide, idiote et superstitieuse avaient successivement abattu ; on eût dit que les Romains n'avaient conquis le monde que pour l'affaiblir et pour le livrer aux Barbares. »

De là ce mot de Plutarque, qui nous caractérise toute cette époque : « On se mariait et l'on avait des enfants, non pour avoir des héritiers, mais pour avoir des héritages. » Mot profond que Montesquieu a cité, sans voir, remarque encore M. Troplong, qu'il accuse non-seulement les mauvaises mœurs des Romains, mais encore les lois qui faisaient ces mœurs, et que son génie cependant admire. (L. XXIII, c. 21.) Le grand Montesquieu ne craint pas, en effet, de les appeler : « La plus belle partie du droit civil des Romains. »

Les lois ne corrigèrent pas les mœurs, elles ne pouvaient que les corrompre ; on peut voir dans le Code Théodosien de combien de dilapidations, d'inquisitions, de fraudes et de corruptions elles furent la source. Tous les auteurs contemporains déposent de la progression constante du mal.

Un satirique romain (Pétrone, sat. CXVI), dit M. Troplong, nous a laissé le tableau à la fois risible et désolant de l'immense aberration des Romains. Prenant à partie la ville de Crotone, c'est-à-dire une Rome au petit pied, ou, pour mieux dire encore, Rome elle-même stigmatisée sous ce nom emprunté, il nous montre le célibataire adulé par des bandes de quêteurs d'héritages, recevant les présents et les caresses des Hérédipètes, vendant son testament pour de vains honneurs et de honteux plaisirs : « Tout ce qui est ici se partage entre les courtisés et les courtisans ; *Aut captantur, aut captant.* A Crotone, personne n'élève de famille ; quiconque a des héritiers naturels se voit exclu des soupers et des spectacles ; tous les avantages de la société lui sont interdits, il est perdu dans la foule ignominieuse. Ceux, au contraire, qui n'ont jamais pris femme ou qu'aucun proche parent ne lie, parviennent aux plus hautes dignités. Ils ont seuls le talent militaire, ils sont seuls braves, seuls innocents devant la justice. » Sous l'hyperbole du roman, il y a là vérité de la vie privée des Romains.

Le Christianisme trouva le mariage ainsi dégradé par l'avarice, reposant politiquement sur la base de l'intérêt et de l'amour du gain ; cette base ne pouvait s'harmoniser avec les principes chrétiens qui veulent que le mariage soit le résultat d'une vocation libre. Le Christianisme proclama « que ceux-là seuls sont capables de se marier à qui il a été donné d'en haut. » Il sauva le mariage, la famille et la société, alors que les efforts de la philosophie et de la loi étaient impuissants à en arrêter la ruine. Les lois d'Auguste, taxées de matérialisme et d'immoralité, devaient être sacrifiées. L'abrogation en était nécessaire comme un préliminaire indispensable à la régénération du mariage.

Constantin, par la suppression des peines contre les célibataires, substitua au système païen, le système plus moral de la liberté dans le mariage. En brisant les obstacles qu'Auguste avait voulu opposer à un célibat voluptueux, il atteignit un double résultat : d'une part, il donnait satisfaction à l'esprit nouveau qui honorait la continence comme une vertu, exaltant le célibat et la virginité comme l'expression de la perfection chrétienne ; d'autre part, il épurait la

cause même du mariage. Constantin, *dans la crainte
des blandices conjugales* (L. ɪ., C. Théod. *De infirm.
pœnis cœl.*), avait respecté les dispositions qui mesu-
raient l'étendue des libéralités testamentaires entre
époux sur le nombre des enfants.

Théodose le Jeune les abrogea, laissant à l'affection des époux toute son indépendance, convaincu,
dit-il, que le meilleur moyen de favoriser le mariage,
est de ne pas entraver les sentiments de tendresse réciproque qu'il est destiné à développer.

Les lois d'Auguste que les Césars païens avaient
considérées comme la base de leur empire et auxquelles
ils se faisaient un devoir d'obéir, bien que formellement dispensés de leurs prescriptions (1), ces lois que
quelques jurisconsultes appelèrent *Leges*, c'est-à-dire
les lois par excellence, étaient renversées de fond en
comble. Le régime nouveau, introduit par les empereurs chrétiens, avouait la liberté et l'affection naturelle pour ses mobiles.

« On accuse, dit M. Laboulaye, dont les paroles
pourraient trouver déjà ici une certaine application,
Constantin et Justinien, d'avoir bouleversé la jurisprudence romaine. Eh! oui, sans doute ils boulever-
sèrent toute cette antiquité païenne, mais pour rem-
placer la dureté des anciens principes par la douceur
des principes chrétiens. C'est ce qui explique la per-
sistance des lois romaines jusqu'à nos jours. Les lois
restées ne sont pas les lois de la république ; ce sont

____

(1) *Licet enim legibus soluti simus*, disait Sévère, *attamen legibus
vivimus.*

les lois des empereurs chrétiens, c'est la morale chrétienne réalisée dans les institutions. Tout ce qui a péri
de Rome païenne a péri ou s'est détaché peu à peu ;
les seules branches si vantées nous sont venues du
christianisme et celles-là demeureront autant que
cette divine religion. »

Qu'était-ce que le mariage en droit romain ?

Justinien (§ 1. *Instit.*, *de Patria Potestate*) le définit
ainsi : *Nuptiæ sive matrimonium est viri et mulieris
conjunctio, individuam vitæ consuetudinem continens* (1).

« C'est l'union de l'homme et de la femme, entraînant l'obligation de vivre dans une communauté indivisible. »

Modestin (L. 1. D., *de Ritu nupt.*) nous donne une
noble et admirable définition justement célèbre :
*Nuptiæ sunt maris et feminæ conjunctio, consortium
omnis vitæ, divini atque humani juris communicatio.*

Magnifique définition dont les termes d'une conci-
sion si expressive peuvent difficilement se traduire
dans notre langue : « Le mariage, selon le juriscon-

(1) Ces mots : *individuam vitæ consuetudinem continens* ont été
diversement interprétés par les commentateurss ; suivant les uns, ils
signifient que le mariage forme dans l'intention des parties une union
indissoluble contractée pour la vie ; suivant les autres, ils veulent dire
que, dans cette communauté d'existence résultant du mariage, la
condition des époux doit être inséparablement la même, parfaitement égale, une et identique. Les deux idées sont vraies.

sulte romain, est l'union de l'homme et de la femme,
l'association de deux destinées, l'assimilation, la fusion de deux vies, la mise en commun de tout droit
humain ou divin. »

La femme, en effet, par le mariage romain, non-
seulement partage le rang, l'honorabilité, la dignité
de son mari, mais encore est associée au culte de ses
dieux domestiques : elle a les mêmes Lares, les
mêmes Pénates, elle se place sous l'égide des mêmes
divinités protectrices du foyer et de la famille. Elle
reflète tout l'éclat qui environne son mari : *radiis
maritalibus coruscat ;* pour employer la figure d'un
jurisconsulte romain, elle brille de la même auréole
qui couronne le front de son époux ; elle est *socia
rei humanæ divinæque domus* (L. 4, C. *de Crimine
expilatæ h.*) (1).

(1) Ces définitions sont cependant trop flatteuses et même mensongères. Elles ne sont peut-être qu'une aspiration vers un avenir
meilleur. Le christianisme lui-même les a peut-être inspirées; mais
les Romains, après avoir rendu hommage au principe, en désertèrent
l'application. Le *consortium omnis vitæ* de Modestin, contredit par
le divorce et par la séparation d'intérêts, fut presque toujours une
lettre morte. — Qu'il me soit permis de mettre en regard de ces définitions la belle description du mariage chrétien par Tertullien :
« Je trouverai difficilement, dit-il, des paroles qui expriment bien
toute l'excellence du mariage chrétien. L'Église en forme le nœud ;
l'offrande de l'auguste sacrifice le confirme, la bénédiction du prêtre
y met le sceau, les anges en sont les témoins, le père céleste le ratifie. Et quelle alliance que celle de deux époux chrétiens réunis
dans une même espérance, dans un même vœu, dans une même
règle de conduite, dans la même dépendance! Ils ne forment bien
véritablement qu'une seule chair, animée par une seule âme. Ensemble ils prient, ensemble ils se livrent aux saints exercices de la
pénitence et de la religion. L'exemple de leur vie est une instruction, une exhortation, un support mutuel. Vous les voyez de com-
pagnie à l'Église et à la table du Seigneur, tout est commun entre

L'épouse romaine était entourée de considération et d'honneur : « Qu'étaient, en effet, les premières épouse romaines ? dit Plutarque. — Des filles Sabines, c'est-à-dire, des femmes civilisées, ravies par des barbares, et ces barbares admirèrent en elles des êtres qui leur étaient supérieurs. »

Néanmoins ce *consortium*, cette unité, cette identité d'existence résultant du mariage défini par les jurisconsultes, ne fut, ce semble, qu'une peinture idéale, sans influence, du moins, sur le régime des biens durant le mariage. La communauté des fortunes qui paraît une si naturelle conséquence de l'union des personnes, fut toujours étrangère au génie romain.

La famille aristocratique, à Rome, reposait sur l'unité du pouvoir du père, sur la souveraine puissance de ce roi domestique, et sur la dépendance, l'infériorité des autres membres de la famille. Plus on remonte vers le berceau de Rome, plus cette puissance est absolue. La femme légitime était, dans le principe, un exemple remarquable de cette extrême sujétion. La puissance maritale ou *manus* commença à tomber en désuétude dès les premières années de l'empire ; elles se perdit avec les formes et solennités civiles dont elle découlait. Quand les institutions publiques font violence à la nature humaine,

eux : les sollicitudes, les persécutions, les joies et les plaisirs ; nul secret, confiance égale, empressement réciproques ; ils n'ont pas à se cacher l'un de l'autre pour visiter les malades, assister les indigents, répandre les largesses, offrir le sacrifice, vaquer assidûment à tous les devoirs sans réserve, sans contrainte. Leurs bouches, libres comme leurs cœurs, font retentir ensemble les pieux cantiques ; point d'autre jalousie que celle de servir le mieux le Seigneur. »

remarque M. Troplong, elles ne sauraient longtemps lutter contre la résistance des sentiments et des mœurs. La *manus* imposait aux femmes une dépendance outrée; elles en triomphèrent en donnant la la préférence au mariage libre ; *on avait organisé la tyrannie, on recueillit la licence ;* le ressort trop tendu devait se briser. Le régime matrimonial en vigueur depuis l'empire, après avoir détrôné un sytème d'asservissement, fut un régime de séparation et de défiance, s'harmonisant avec le caractère romain, le régime dotal. Ce régime, méconnaissant les rôles indiqués par la nature, fit de la femme une étrangère dans la famille. La dot exceptée, ses biens lui restaient propres; seule elle en avait la jouissance, et seule l'administration. Elle entrait dans la maison mais non dans la famille de son mari, « elle y était, non comme associée, mais comme pensionnaire. » La dot était livrée au mari par un espèce de traité à forfait qui, sous tous autres rapports, séparait complétement d'intérêts les deux époux. « La dot a été jetée au mari comme un gâteau sacré dans la gueule de Cerbère, et, satisfait de cette pâture, il faut qu'il reste sans droit sur la personne de sa femme, et sur tout ce qu'elle a en dehors de sa dot. »

Cette indépendance de la femme qui blessait au cœur le vieux Caton, et dont il fit son argument de préférence pour chatouiller la fierté romaine, quand il voulut faire adopter la loi Voconia, ne fut peut-être pas l'une des moindres causes, comme le remarque M. Laboulaye, du luxe effréné qui amena l'abâtardissement du génie romain.

Caton et Plaute, dans leur verve railleuse, peignent au naturel cette législation sans moralité qui, dans le mariage, place la puissance du côté de l'argent et fait du mari pauvre le premier domestique d'une femme riche. La femme prête à usure à son mari, et quand elle s'irrite, elle charge l'esclave dotal d'aller le poursuivre et l'inquiéter.

N'est-ce pas là un régime qui répugne à l'essence même du mariage? Unité de personne, identité d'intérêts, communauté de biens, dit un éminent jurisconsulte, ce sont là des idées qui s'enchaînent invinciblement et l'on ne sépare les intérêts de deux êtres si intimement unis, qu'en déviant de la pensée qui a rapproché leurs personnes. Tandis que le régime de la communauté, régime tout chrétien et tout français, est une collaboration de tous les instants, une œuvre incessante et commune pour s'aider, se secourir, grandir en bien-être et en honneur, en assurant le sort des enfants, le régime dotal marche à rebours de la logique, en brisant le *consortium omnis vitæ*, en rendant la femme indifférente aux revers et aux prospérités du mariage. Il efface son concours, paralyse son influence, annulle sa participation. Cette société *léonine*, qui attribue aux maris tous les produits du labeur commun, n'est-elle par la subversion de la pensée fondamentale qui doit présider à l'association des deux destinées? (M. Troplong, *du cont. de mariage.*)

Théodose, tout en condamnant cet esprit de la loi romaine, est obligé, comme à regret, de le reconnaître ; mais on entrevoit dans les paroles de l'Empereur, non plus cette sécheresse satirique du Romain

qui veut confisquer les biens de la femme au profit de
la cupidité jalouse du mari, mais comme un premier
reflet de cette esprit chrétien, qui doit un jour confondre les biens des époux, comme il a identifié leurs
existences (1).

Dans l'ancien droit, au contraire, la *manus* ou
puissance maritale avait pour effet, en faisant passer la femme dans la famille et *sous la main*, sous
la souveraineté du mari, de confondre les patrimoines. La femme *in manu* n'est pas l'égale de son
mari. Le *Paterfamilias* ne connaît point d'égaux ni
d'associés ; sa toute-puissance ne souffre ni degré ni
partage (2) ; il peut dire aussi « l'État c'est moi. » La
femme prend dans la famille de son mari, précisément
la position qu'elle quitte dans la famille de son père,
c'est-à-dire le titre et le rang de fille agnate ; elle est,
sinon quant à la personne, du moins quant aux biens,
filiæ loco. Elle meurt à sa propre famille, pour renaître
au même titre à celle de son époux, avec tous les
droits successifs d'un enfant en puissance. La femme
in manu n'est point *sui juris* ; sa personnalité s'abdique
et s'absorbe dans celle du mari, dont elle doit véné-

(1) La séparation des patrimoines nécessita la prohibition des donations entre époux, prohibition colorée par d'emphatiques paroles
au travers desquelles s'aperçoit le vice de cette séparation qui obligeait
le législateur à refréner une incessante cupidité, qui devait être pour
l'époux le plus faible un tourment et un danger de chaque jour.

(2) « Le despotisme, dit M. Wolowski, devait s'asseoir au foyer
domestique, quand le gouvernement protecteur de la cité n'existait
pas. »

« C'est un axiôme de la science politique, dit M. Jules Simon, qu'il
faut rendre l'autorité toute puissante dans la famille, afin qu'elle soit
moins nécessaire dans l'État. »

rer la majesté, subir la volonté, reconnaître le droit de propriété sur elle et sur ce qui dépend d'elle. Elle perd même ces droits sacrés que chez tous les peuples la loi prend sous sa garde. La femme est sacrifiée sans défense au despotisme du maître, elle est comme une chose dont le Romain prend possession, par la *hasta*, comme d'un domaine, et dont il dispose à son gré (1).

Sous l'empire de la *manus*, rien n'est divis entre les époux. Tous les biens sont confondus, ou plutôt tous les biens passent dans le domaine du mari, qui a un pouvoir absolu. Tout ce que la femme acquiert vient immédiatement enrichir le père de famille; aucun droit de propriété ne peut résider sur sa tête, non plus que sur celle des enfants *in potestate*.

Le *paterfamilias* est dans la famille le seul chef, le seul maître, le seul propriétaire, *familiæ caput, princeps, dominius,* δεσποτης. *Paterfamilias appellatur qui in domo dominium habet*, dit Ulpien. Il résume en lui la toute-puissance. Il est juge de sa femme et peut la condamner à mort. Ce droit exorbitant lui apparte-

---

(1) *Cœlibari hasta,* dit Festus, *caput nubentis convelabatur..... quod nuptiali jure imperio viri subjicitur nubens, quia hasta summa armorum et imperii est.*

M. Wolowski en parlant de la *manus*, fait un rapprochement qui me semble bien trop flatteur.

« N'y a-t-il pas, dit-il, dans cette institution comme un reflet de la Genèse, comme un pressentiment de l'Évangile? Cette femme qui est la fille de l'époux, c'est la chair de sa chair; pour lui elle quitte son père et sa mère et confond son existence entière avec la sienne. » *L'individualisme*, dans l'État comme dans la famille, a sans doute son excès : l'anarchie; mais la centralisation, l'unité a aussi son écueil : le despotisme. »

naît à l'origine sans contrôle (1) ; plus tard, il ne put s'exercer que dans un tribunal domestique composé des parents de la femme.

La *manus* n'était pas une conséquence nécessaire du mariage légitime, elle n'était pas virtuellement attachée aux justes noces, comme nous l'apprend Gaïus. Le mari était investi de cette puissance maritale de trois manières: *usu, farreo, coemptione*, par l'usucapion, par les solennités religieuses de la confarréation ou les cérémonies civiles de la coemption.

1° La puissance maritale s'établissait par l'usage, quand la femme était restée une année sans interruption en la possession du mari. Il acquérait ainsi sa femme par la prescription, comme une chose ; il en faisait sa conquête par ce moyen pacifique et civil, comme la violence et le rapt des compagnons de Romulus avaient conquis les Sabines. La femme qui voulait échapper à cette puissance devait s'absenter du toit conjugal pendant trois nuits consécutives, *trinoctio*. Gaïus et Ulpien nous enseignent que de leur temps les règles concernant l'*usus* étaient soit abrogées, soit tombées dans l'oubli.

2° *Farreo*, par les solennités religieuses de la confarréation. Ces solennités consistaient en un sacrifice

---

(1) Egnatius Metellus fit expirer sa femme sous le bâton, pour s'être enivrée, et il ne trouva personne qui le blâmât, dit Valère Maxime.

La loi romaine (Blakstone, t. II, p. 63) permettait au mari, dans le cas de mauvaise conduite de sa femme, de la punir même par la flagellation, *flagellis et fustibus acriter verberare uxorem*, et, pour les cas moins graves, de la châtier modérément, *modicam castigationem adhibere*.

pendant lequel on offrait aux deux époux, assis sur
une chaise jumelle et la main dans la main, un gâteau de fleur de froment, de sel et d'eau, *farreus pa-
nis*, symbole de l'union de la sagesse et de la pureté,
sorte de communion qui identifiait les époux. Ce sacrifice était accompagné de la bénédiction nuptiale
donnée par le flamine, avec des paroles sacramen-
telles, en présence de dix témoins. La confarréation,
en créant la *manus*, rendait aussi apte à certaines
fonctions sacerdotales. Ceux-là seuls pouvaient être
élevés à la dignité de flamines qui étaient nés *ex pa-
rentibus confarreatis*. Ces cérémonies restèrent en
usage parmi les patriciens, même après la désuétude
de la *manus*. Sous Tibère, il fut expressément décidé
que la confarréation ne produirait d'effet qu'au point
de vue religieux.

3° La *manus* s'acquérait encore par la *coemptio*,
c'est-à-dire par la mancipation ou vente solennelle de
la femme au mari. Cet achat symbolique n'était peut-
être usité qu'en commémoration de l'achat réel de la
femme.

A mesure que le nombre des chrétiens devenait plus
considérable, les mariages se célébraient de plus en
plus avec les cérémonies du nouveau culte ; et dès
l'instant que la religion les avait revêtus de son sceau,
on aurait cru douter de la plénitude de sa puissance,
si on y avait ajouté les formules de la coemption, fortement soupçonnées de paganisme.

Lorsque la puissance maritale devenait un fardeau
trop pesant pour l'épouse, elle pouvait s'en affranchir, selon certains auteurs (ce point est plus que

douteux), en exigeant du mari la dissolution de la *manus*.

L'épouse *in manu* portait seule le titre de *materfamilias* : le femme hors de puissance prenait, par opposition, le nom de *matrona*. Distinguons donc à Rome deux classes d'épouses légitimes : la *materfamilias* qui va se confondre dans la nouvelle famille, dont les portes ne s'ouvrent pour elle qu'autant qu'elle brise tous ses liens antérieurs, qu'elle renonce à tous ses droits pour ne reconnaître que ceux de son mari (1) ; 2° la *matrona*, qui garde sa famille, ses dieux, ses biens, ses tuteurs d'origine, qui ne relève que de son père ou de ses agnats.

Dans chacune de ces deux situations, il y a une exagération marquée. Le mariage ne mérite le nom de

_____

(1) M. Michelet (*Origines*), apprécie sévèrement la famille romaine aux temps primitifs :

« Au foyer domestique, dit-il, siègent deux divinités : le Lare, génie muet des anciens possesseurs, dieu des morts ; et le père de famille, possesseur actuel, génie actif de la maison, dieu vivant pour ses enfants, sa femme et ses esclaves. Ce nom de père n'a rien de tendre, il ne désigne à cette époque que l'autorité absolue, ainsi tous les dieux, même ceux des morts, sont indiqués sous le nom de pères ; quelque nombreux que soit le cercle de la famille autour du foyer, je n'y vois qu'une seule personne, le père de famille ; le vieux génie de la famille barbare est un génie farouche et solitaire. Les enfants, la femme, les esclaves, sont des corps, des choses et non des personnes. Ils sont la chose du père, qui peut les battre, les tuer, les vendre. La femme est la sœur de ses fils. Dès que, selon l'ancien usage, le fer du javelot a partagé les cheveux de la fiancée et qu'elle a goûté au gâteau sacré, ou que l'époux a compté au beau-père le prix de la vierge, on lui dicte la formule : *Ubi tu Caius, ego Caïa* ; on l'enlève, elle passe, sans le toucher des pieds, le seuil de la maison conjugale et tombe, selon la forte expression du droit, *in manu mariti*. Son mari est son maître et son juge. »

communicatio omnis vitœ, ni dans le premier cas, ni dans le second. Tantôt le lien est trop étroit, tantôt il est trop relâché. Il n'y a pas de milieu entre l'asservissement et la séparation.

D'après un usage universellement répandu, le mariage, à Rome, était précédé des fiançailles ou promesses de mariage. Elles étaient appelées *sponsalia*, parce que primitivement elles se contractaient par l'interrogation et la promesse solennelle dans les termes du droit civil : *Spondesne ? — Spondeo.*

Déjà, au temps d'Ulpien, il n'était plus nécessaire d'employer la formule de la *stipulation* : il suffisait du consentement des deux fiancés, et de celui de leurs chefs de famille, pourvu que les deux parties eussent plus de sept ans, et réunissent d'ailleurs les qualités et conditions requises pour contracter mariage (1).

La jeune fille ne pouvait résister à la volonté de son père que dans le cas où le fiancé qu'il lui destinait était d'une conduite déréglée ou noté d'infamie. (D. L. 12, 23, 1.)

L'empereur Auguste exigea que les fiancés fussent nubiles, ou que la femme eût au moins dix ans, pour affranchir des peines du célibat. Les fiançailles assi-

(1) Les fiançailles pouvaient se contracter par procuration ou par lettres. (Macrob., Saturn., VII, 13.— Auln-Gelle, X, 10.) Elles donnaient lieu à des cérémonies de famille. La promesse de mariage une fois signée, le jeune homme offrait à la jeune fille un anneau de fer, comme gage de sa promesse et symbole de la vertu conjugale. La fiancée le mettait à l'avant-dernier doigt, parce qu'on croyait qu'un nerf correspondait de ce doigt au cœur.

milaient sous plusieurs rapports la fiancée à l'épouse ; elles créaient entre les parties une solidarité d'honneur. L'injure faite à la fiancée rejaillissait sur le fiancé, son protecteur, et pouvait donner lieu à une action d'injures intentée par ce dernier. La fidélité était un devoir pour les fiancés, la fiancée infidèle était punie comme adultère. Mais les fiançailles ne donnaient aucune action pour contraindre à la réalisation du mariage. Chaque fiancé ou son père de famille pouvait y renoncer par une simple notification formulée ordinairement en ces termes : « *Conditione tua non utor.* » La rétractation pouvait n'être que tacite et résulter du silence du fiancé, prolongé pendant plus de trois ans, si à l'expiration de ce délai, la fiancée avait atteint l'âge nubile. La fiancée, en même temps que l'anneau de fer, symbole d'alliance, recevait aussi presque toujours des arrhes, que perdait celle des deux parties qui, sans motif légitime, faisait rompre l'union projetée. En outre des arrhes, les fiancés s'échangeaient souvent des présents de noce, libéralités conditionnelles subordonnées à la réalisation du mariage. La jeune fille pouvait cependant garder, dans tous les cas, ceux qui lui avaient été offerts, *osculo interveniente,* avec le baiser anté-nuptial.

La violation de la foi jurée était punie par la peine de l'*infamie* prononcée contre les fiancés qui rompaient un premier lien, pour contracter de secondes fiançailles.

La religion intervint pour consacrer le mariage et les fiançailles par ses cérémonies et ses rites symbo-

liques, et imprimer un caractère sacré à l'union conjugale.

Les poètes, aussi bien que les jurisconsultes romains, nous détaillent les nombreuses solennités, les
formes gracieuses et allégoriques, les riantes images
pleines d'enseignements dont les mœurs avaient entouré le mariage, et dont la pompe augmentait avec
la fortune des époux. Mais ces formes ne furent pas
légalement obligatoires. Le mariage garda toujours,
aux yeux de la loi romaine, son caractère de contrat
purement civil. Il resta dans la classe des actes de
droit privé. Il ne fut jamais érigé en acte de droit
public, nécessitant l'intervention du pouvoir social.
*Matrimonium erat negotium privatum, non negotium
publicum.* Il ne fut assujetti à aucune solennité sacramentelle (1). Rappelons cependant quelques-uns de
ces rites ou allégories, dont les mœurs avaient fait le
complément du mariage.

Le jour des noces, après avoir consulté les augures,
on séparait les cheveux de la mariée avec le fer d'une
javeline, soit en réminiscence de l'enlèvement des
Sabines, pour rappeler, suivant l'expression de Plutarque, que les premiers mariages s'étaient faits à la
pointe de l'épée, soit parce que la javeline était consacrée à Junon, l'une des divinités protectrices du

(1) Quelques jurisconsultes, à la tête desquels se trouve Cujas, ont
pensé que les justes noces puisaient leur qualification dans l'accomplissement de certains rites païens. « Je ne suis pas éloigné de croire,
dit M. Troplong, (Rev. de législ. t. 21, p. 131) qu'avant que l'esprit
rationaliste des jurisconsultes se fût emparé des institutions, le sort
du mariage légitime se liait intimement à des rites religieux et à des
sacrifices. »

mariage, soit, enfin, pour présager symbolique-
ment que la future épouse donnerait naissance à des
hommes forts et courageux. On partageait sa cheve-
lure en six tresses, à la manière des vestales, pour exprimer qu'elle voulait vivre chastement avec son
mari. On couronnait son front de verveine, plante
sacrée, vénérée des anciens comme l'emblême de
l'amitié. Sa tête était couverte d'un voile, *flammeum* ;
elle portait une chaussure élevée pour donner à sa
taille plus de majesté. Une ceinture de laine de brebis ornée de nœuds, *nodus herculeus*, que le mari
seul devait dénouer, ceignait sa longue robe blanche.
La jeune fille ainsi parée était enlevée avec une apparente violence des bras de sa mère. Cet enlèvement
se faisait à la lueur de cinq flambeaux portés par
cinq jeunes enfants : ce nombre était encore allégo-
rique ; chaque flambeau était allumé en l'honneur
d'une des cinq divinités qui présidaient au mariage,
Jupiter, Junon, Vénus, Diane et la déesse de la Per-
suasion.

Trois jeunes gens, dont l'un portait le flambeau
nuptial, conduisaient l'épouse au temple. Derrière elle
on portait un fuseau et une quenouille garnie de
laine, symbole des occupations qui l'attendaient. *Domo
mansit, lanam fecit*, portait l'épitaphe d'une matrone
romaine à la vertu de laquelle on voulait rendre
hommage.

Les époux se juraient solennellement fidélité ; un
sacrifice était offert aux dieux, puis le cortége se rendait chez le mari, en chantant *hymen !* et en invoquant Thalasius, l'un des ravisseurs des Sabines.

On faisait sur la jeune épouse des aspersions d'eau lustrale, afin qu'elle entrât pure dans la demeure du mari.

Dès qu'elle arrivait sur le seuil, on lui présentait le feu et l'eau, pour indiquer qu'elle allait partager la fortune de son mari. *Ubi tu Caïus, et ego Caïa*, disait l'épouse, déclarant ainsi à son époux qu'elle devait vivre avec lui sur un pied d'égalité, car, observe Plutarque, ces paroles équivalent à celles-ci : « Là où te seras, seigneur et maître, là je serai dame et maîtresse. » Le nom de Caïa rappelait aussi le souvenir de Caïa Cœcilia, mère de Tarquin l'Ancien, célèbre comme modèle d'économie (1).

Les compagnes de l'épouse devaient l'enlever, de manière à lui faire franchir, sans l'effleurer, le seuil qui était consacré à Vesta, et qu'elle ne pouvait fouler d'un pied sacrilége au moment où elle abandonnait les autels de la déesse toujours vierge. Dès qu'elle était entrée, on lui remettait les clefs de la maison, pour lui apprendre que son époux se reposait sur elle pour tous les soins domestiques ; on la plaçait ensuite sur une toison de brebis, pour lui indiquer encore la nécessité du travail.

Chez les Latins, on présentait aux époux un joug,

(1) D'après une autre interprétation, ces expressions dériveraient du grec γαῖος (*bos operarius*, ὁ εργατης βοῦς) ; ils signifient selon l'explication de Creutzer : *Gajus*, le mâle robuste, armé et labourait la terre, *Gaja*, la femelle, lui venant en aide, féconde et utile.

Ce dernier nom se rapportait aussi à la Terre (γαῖα, γαεα), la terre fertile fournissant la subsistance ; et le travail uni de l'homme et de la femme pour la cultiver, présentait le tableau de l'union domestique.

pour leur enseigner que le mariage était pour eux un joug réciproque, sous lequel ils devaient d'un même pas traverser la vie.

Le mariage, comme contrat civil, était, je l'ai déjà dit, complètement indépendant de toute cette pompe nuptiale et de toutes ces allusions mythologiques, dont l'omission n'empêchait nullement la formation du lien matrimonial. C'est ce que décident formellement Théodose et Valentinien. La loi ne prescrivait aucune solennité, aucune forme sacramentelle de célébration.

Le christianisme, dès son apparition dans le monde, vint sanctifier le mariage par ses cérémonies et l'honorer en l'élevant à la hauteur d'un sacrement ; mais il est permis d'avancer que la loi religieuse n'absorba pas la loi civile, que l'intervention de la religion n'eut pas un caractère légal ; que le contrat resta distinct du sacrement, et que les empereurs d'Occident n'imposèrent pas les cérémonies chrétiennes.

La doctrine de l'Église, que *le mariage est dans le sacrement*, ne s'est formulée que très-tard dans les lois impériales.

Théodose le jeune, dans sa constitution de 428, paraît reproduire le principe du droit des Prudents : que le mariage est parfait, *sans contrat de dot, sans pompe nuptiale, sans solennité*. Ce prince n'a-t-il voulu faire allusion qu'aux solennités civiles, aux solennités séculières qui, sans être un élement constitutif du mariage, ne cessèrent pas d'être en usage même au milieu de la décadence des anciennes mœurs? Quand il parle du consentement sous-entend-il que ce consentement est exprimé suivant le vœu de l'Église? Des doutes sérieux ont été conçus à cet égard. Ce qu'il y a de plus certain, c'est qu'il faut aller jusqu'à Justinien pour trouver dans les lois civiles la mention des solennités chrétiennes. Les textes qui les rappellent sont formels, mais ils sont plutôt *énonciatifs qu'impératifs.* Ils supposent l'usage de la bénédiction ecclésiastique, plutôt qu'ils ne la prescrivent. La suite de l'histoire nous apprend que l'on s'en affranchissait assez souvent; les traces du paganisme n'avaient pas encore disparu, et de graves atteintes avaient déjà été portées par les hérésies à l'unité de doctrine.

En Orient, l'empereur Léon le philosophe, qui régna à la fin du neuvième siècle et au commencement du dixième, prescrivit, par une loi célèbre, la bénédiction ecclésiastique, comme une condition de la validité du mariage, identifiant l'union civile et le sacrement.

Cette loi ne fut pas faite pour notre Occident. Mais l'intervention des évêques dans les affaires publiques amena l'adoption d'une règle semblable, et la célébration religieuse du mariage a gouverné ce contrat, comme règle essentielle et obligatoire, jusqu'au moment où la différence des cultes introduits dans l'État a fait prononcer l'incompétence de la loi extérieure sur les matières qui touchent à la conscience.

Souvent les parties rédigeaient un acte dotal, *instrumentum dotale, nuptiales tabulæ*, constatant le mariage et les conventions matrimoniales. Mais cet acte dotal n'était pas un élément constitutif de la célébration du mariage, et pouvait être combattu ou suppléé par d'autres indices, comme la possession d'état, l'attestation des voisins ou des amis.

Cependant, quand les époux étaient de condition inégale, on avait l'habitude de dresser une sorte de contrat de mariage, *instrumentum dotale*, pour faire tomber la présomption de concubinat. Théodose avait même exigé cet acte pour les personnes de conditions inégales. Justinien déclara d'abord cette formalité inutile *etiam inter impares honestate personas.* Plus tard, il modifia cette partie de la législation.

Dans sa novelle 74, il corrigea le droit antérieur et décréta que les grands dignitaires de l'empire ne pourraient contracter mariage, sans faire rédiger un acte dotal, *instrumentum dotale,* ou au moins sans faire dresser un procès-verbal du mariage par le *defensor ecclesiæ* (V. les nov. 74, c. 4, et 107 c. 4.)

Bien que, dans l'usage, chez les Romains comme chez les Grecs, la dot fût le caractère du mariage légitime, et distinguât l'épouse de la concubine, comme le dit un personnage de Plaute, écho fidèle des idées contemporaines, la loi romaine ne fit point de la dot une condition du mariage. Majorien seul eut l'idée de faire un crime de la pauvreté. La novelle 8 porte . « *Ambos infamiæ inurendos, qui fuerint sine dote conjuncti, ita ut nec matrimonium judicetur, nec legitimi ex his filii procreentur.* » Cette absurdité fut abolie par la novelle 1 de Sévère.

Le mariage est valablement contracté, et produit tous ses effets légaux, indépendamment de la cohabitation. La perfection du lien conjugal n'est pas su-

bordonnée à la consommation du mariage. C'est ce
que proclame la loi 15, D. *de condit. et demonstr.* :
« *Perficitur matrimonium, statim atque ducta est uxor,
quam vis nondum in cubiculum mari ti venerit. Nuptias
enim non concubitus, sed consensus facit.* »

La loi 6 *D. de Ritu nupt.* met ce principe en relief
par l'exemple suivant : Un mariage est convenu entre
Primus et *Prima.* La femme est conduite au domicile
conjugal en l'absence du mari. Ce dernier, en gagnant
le soir sa demeure, au sortir d'un festin, après quelques libations, *post pocula,* tombe dans le Tibre et se
noie. Sa femme est obligée de porter le deuil ; elle est
veuve d'un mari qu'elle n'a peut-être jamais vu.

Nuptias consensus non concubitus facit. Quel est le
sens de cette règle souvent exprimée par les jurisconsultes romains ? Faut-il répéter, avec la majorité des
auteurs, que le mariage est un contrat purement *consensuel,* se formant par le seul consentement ? Cette
question divise encore les romanistes les plus distin-
gués. J'adopte, pour ma part, l'opinion de M. Ortolan, suivant laquelle la formation du lien conjugal
est subordonnée à la tradition de la femme.

Je crois, avec le savant professeur (ce système ne
passe plus aujourd'hui pour paradoxal), que le mariage, en droit romain, est du nombre des contrats
réels, et qu'il ne peut y avoir qu'un projet de mariage,
tant que la femme n'a pas été mise à la disposition,
en la possession du mari.

M. de Fresquet l'a dit avec raison, ce me semble :
« Les Romains n'avaient pas un droit assez spiritua-
« liste, pour avoir donné au mariage ce caractère

« épuré qui le fait résulter de la simple réunion des
« deux volontés. »

Le caractère distinctif du droit romain était, en effet,
un formalisme, un symbolisme, je pourrais presque
dire un matérialisme, dont jamais cette législation ne
put complétement se dégager, alors même qu'elle
tendit à se *spiritualiser*, et qu'elle se fut dépouillée
de son rigorisme primitif. C'est ainsi que la transla-
tion de la propriété fut toujours subordonnée, en
règle générale, à un fait réel, extérieur, apparent, à
un signe matériel de ce transfert de propriété, c'est-à-
dire à la prise de possession, à la tradition. *Traditio-
nibus, non nudis pactis dominia rerum transferuntur.*

Qu'on ne dise pas que, par notre système, nous
abaissons le caractère du mariage, nous avilissons le
rôle de la femme, en la mettant sur la même ligne
que les *choses* susceptibles de livraison. Malgré le respect dont les lois environnaient le titre d'épouse, malgré ce *consortium omnis vitæ*, qui associait la femme
au rang et à la dignité du mari, le droit romain ne
croyait pas faire injure à l'épouse, en la soumettant
aux formalités de la *mancipation* ou vente solennelle,
par suite de laquelle elle semblait devenir en quelque sorte la *propriété* du mari, et en lui appliquant
les règles de la prescription annale comme aux *choses
mobilières*, lorsque le mariage avait été contracté sans
les solennités de la *mancipation* ou de la *cofarréation*.
Écartons donc une prévention qui pourrait naître de
nos mœurs et de nos idées modernes ; un tel scrupule ne doit pas nous arrêter.

Je suis tout d'abord frappé par la locution significative qu'employaient les Romains pour désigner le fait de contracter mariage ; *uxorem ducere.* Ne devons-nous pas tenir un grand compte de la portée de cette formule expressive, dans la langue toujours précise, rigoureuse et technique du droit romain ? Ce mot *ducere, conduire,* n'implique-t-il pas l'idée d'un fait matériel, comme complément nécessaire de l'accord des volontés ? Sera-t-il vrai de dire qu'il y a mariage entre un citoyen des bords du Tibre et une Romaine habitant les confins de *l'Orbis romanus,* dès qu'il y aura eu entre eux échange de consentement par l'entremise de messagers, ou au moyen de lettres missives ? Parlerons-nous la langue du droit romain en disant dans l'espèce : *Maritus uxorem duxit ?* — Non, assurément. Aussi avons-nous des textes qui décident, dans les termes les moins équivoques, que *la femme absente ne peut contracter mariage ni par lettre, ni par messager* (**Pauli sent.,** 2, 19, § 8. — L. 5, D. *de Ritu nupt.)*

Le mariage ne peut donc être rangé parmi les contrats consensuels, car ces contrats se forment par l'échange des consentements, de quelque manière que se manifeste l'accord des volontés.

Il n'y avait, en droit romain, que quatre classes de contrats : contrats réels, contrats verbaux, contrats littéraux, contrats consensuels. Le mariage n'était pas, nul ne le soutient, un contrat littéral ou verbal, il n'était pas consensuel ; il était donc réel, *re contrahebatur,* c'est-à-dire qu'il ne se formait que par la tradition.

Il me suffirait de citer à l'appui de mon système,

la loi 15, D. 35, 1, portant que le mariage est accompli aussitôt que la femme a été conduite au mari, *statim atque ducta est uxor*, et le rescrit d'Aurélien (L. 6, C, 4, 3), aux termes duquel « une donation faite le jour des noces à la fiancée qui se trouve encore dans sa maison, est antérieure au mariage, mais les dons qui sont faits à la femme après qu'elle a été conduite dans la maison du mari sont postérieurs au mariage. »

La solution que je propose pourra seule concilier les différents textes, où l'opinion contraire ne voit qu'antinomies.

Comment s'opérait la tradition ? — Elle se faisait suivant les règles ordinaires du droit. La tradition, c'est la mise en possession. Elle a lieu, soit lorsque le créancier vient en personne prendre physiquement et corporellement, d'une manière réelle et effective, l'objet qui lui a été promis, soit lorsque le débiteur va lui-même le remettre aux mains du créancier. C'est ce dernier mode que les mœurs avaient consacré pour le mariage : « La femme, dit M. Ortolan, dans une pompe nuptiale, avec des chants et des guirlandes, était conduite à son mari, et la joie du cortége, le charme de la poésie, le parfum des fleurs couvraient l'âpreté austère du droit. »

La tradition peut aussi s'opérer sans délivrance réelle et effective, sans la remise matérielle de la chose entre les mains ou dans la maison du créancier, lorsque de toute autre manière elle est mise à sa disposition. Ainsi, nous disent les textes, il y a tradition lorsque le débiteur dépose, *devant le créancier* l'argent

qu'il lui paye, ou lorsque le vendeur montre à son
acquéreur le fonds qu'il lui abandonne. Il suffit même,
nous dit la Loi 1. § 21. D. 41, 2, que les parties,
sans aucun déplacement, consentent à la tradition en
présence de la chose, *si in re præsenti consenserint*.
Le créancier prend alors possession, non *par le corps
et par le tact*, mais *par les yeux et par l'intention, non
corporeo tactu, sed oculis et affectu*.

En vertu de ces principes généraux, il n'était donc
pas indispensable, pour opérer la tradition de la
femme, que le mari se fût corporellement emparé
d'elle, ou qu'elle eût été conduite chez lui. La *deductio
in domum mariti* n'était pas essentielle; cette conduite dans la maison du mari n'étant pas une condition nécessaire de la tradition, n'était pas non plus un
élément constitutif de la célébration du mariage. La
loi 65, in pr., D., 24, 1, décide que la *deductio* peut
être postérieure au mariage, qui peut parfaitement
s'accomplir chez les parents de la fiancée. Il suffisait
que la femme eût été mise, ou, si elle était *sui juris*,
qu'elle se fût mise elle-même en la possession du mari : *si in re præsenti consenserint, solo affectu*.

Ainsi se résolvent un grand nombre de difficultés,
apparentes dans les textes.

C'est par ce principe que nous expliquerons les différents fragments qui parlent du seul consentement,
de la seule intention, *solus affectus*, comme pouvant
constituer le mariage. Le mari et la femme étant sup-
posés en présence au moment où intervient le consentement, en ce cas, mais en ce cas seulement, l'u-
nique accord des volontés emporte tradition.

Si l'on approfondit toutes les lois invoquées par les partisans de l'opinion contraire à celle que je soutiens, on reconnaîtra qu'elles n'excluent pas la nécessité de la tradition ; qu'au contraire, elles la supposent (par exemple, en parlant des enfants nés du mariage), ou bien que ces lois ne font qu'opposer le mot consentement, *consensus*, au mot cohabitation, *concubitus*, comme la loi précitée (L. 15 D., de cond. et demonstr.), aux termes de laquelle le mariage existe *statim atque ducta est uxor...... Nuptias enim consensus non concubitus facit.*

La nécessité de la tradition peut seule expliquer les textes décidant que le mariage peut se contracter en l'absence du mari, *pourvu que la femme soit conduite au domicile conjugal,* tandis qu'en l'absence de la femme, le mariage est impossible, bien que les consentements aient été échangés par lettres ou par messagers. (L. 5, D., 23, 2. *Pauli sent.,* 2, 19, § 8.) La tradition, en effet, s'est accomplie par la *deductio in domum mariti,* le mari étant toujours légalement réputé présent à son domicile.

L'interprétation que j'adopte se concilie parfaitement avec les lois romaines, posant en principe que le mariage peut être postérieur à la conduite de la femme au domicile du mari, comme il peut la précéder. Cette *deductio in domum mariti* accompagne souvent à la formation du lien juridique du mariage, par cela même qu'elle *peut être l'élément matériel* de la tradition, et qu'elle révèle ordinairement chez les parties, la volonté réciproque de se marier. Mais la tradition comprend deux éléments :

l'élément *matériel*, ou la mise en possession, et l'élément *intellectuel*, c'est-à-dire l'intention qui seule imprime à la tradition son efficacité, et seule en règle les effets. La jeune fille peut avoir été conduite en qualité de fiancée au domicile du mari, et n'être pour lui qu'un *dépôt*, avant la célébration du mariage. Le jurisconsulte Scævola (L. 66, § I, D., 24, 1), supposant qu'elle habite un appartement séparé, et qu'elle n'a pas encore été reçue par l'eau et le feu, *aqua et igni*, décide qu'elle ne sera *épouse* que *cum ad maritum transierit*, c'est-à-dire au moment où, joignant la volonté, le consentement au fait matériel, elle aura l'intention de commencer la vie conjugale.

Je termine la démonstration de ma théorie par une preuve qui me semble décisive:

Le concubinat romain, qui avait tant d'analogies avec les justes noces, ne pouvait, nul ne le prétend, être l'œuvre du seul accord des volontés. La formation de ce mariage du droit naturel était subordonnée à la tradition de la concubine; si le mariage avait pu se contracter par le seul effet du consentement, les jurisconsultes romains nous eussent assurément signalé cette notable différence entre le concubinat et les justes noces. Que lisons-nous, au contraire, dans tous les textes des lois? — Tous les jurisconsultes, assimilant le mariage et le concubinat sous le rapport du mode de formation du lien, nous déclarent que l'union avec une concubine ne diffère de l'union avec une épouse légitime, que par l'intention *(qui seule règle les conséquences de la tradition)*: *Concubina ab uxore solo dilectu separatur.* — *Concubinam ex sola*

animi destinatione œstimari oportet. (Pauli sent., L. 2,
t. 20, et L. 4, D., 25, 7.) (M. Demangeat).

Fort de ces textes, je conclurai, sous forme de syllogisme : le concubinat n'était pas un contrat *consensuel*, mais bien un contrat *réel* ; le mariage était sur
ce point assimilé au concubinat ; donc il ne pouvait
être lui-même qu'un contrat *réel*.

Quelles étaient les qualités et conditions requises
pour contracter le mariage du droit civil, le *justum
matrimonium*, les *justæ nuptiæ ?*

Cinq conditions étaient essentielles :

1° Il fallait être citoyen romain, 2° pubère,
3° n'être pas engagé dans les liens d'un précédent
mariage, 4° avoir le *connubium* avec la personne que
l'on voulait épouser, c'est-à-dire avoir la capacité
relative, 5° il fallait, outre le consentement des deux
futurs époux, celui des personnes sous la puissance
desquelles ils étaient placés.

Première condition. DROIT DE CITÉ.

Les citoyens jouissaient seuls de ces droits civils si
profondément marqués au coin de cet « exclusivisme »
étroit, de ce caractère orgueilleux et jaloux de la nationalité romaine. *Hospes hostis*, disaient les fiers
Quirites, confondant comme synonimes les mots
étranger et *ennemi*.

Les Pérégrins, qu'ils qualifiaient dédaigneusement

de Barbares, étaient exclus de toute participation aux droits civils. Rome réserva d'abord à ses seuls enfants, aux seuls habitants de son territoire primitif, le sanctuaire du *Jus quiritium*. Tous autres étaient hors la loi ; elle éleva entre elle et les villes voisines, même soumises à sa domination, une barrière infranchissable. Les peuples de l'Italie, après de longues luttes, finirent par arracher, les armes à la main, ce *jus civitatis* que Rome, après l'avoir longtemps marchandé, fut forcé de leur concéder pour les retenir sous le joug.

Sous l'empire, le titre de citoyen, dépouillé de son éclat, avait perdu une grande partie de son prestige ; il franchit bientôt les limites de l'Italie. Quand tout devint vénal dans le monde romain, les Césars vendirent et prodiguèrent le droit de cité, à charge de payer certaines redevances. Ce fut un moyen de battre monnaie. *Civitas promiscue data est.* Caracalla, dans un but fiscal, déclara citoyens tous les sujets de l'empire, vers l'an 212. Rome, accédant enfin à une pensée d'homogénéité qui lui avait si longtemps répugné, ouvrait son sein à tous les peuples soumis et se communiquait à l'*orbis romanus*, au monde romain tout entier. Mais la prohibition continua de frapper les *Barbares* (1). Une constitution de Valentinien et de Valens défendit, sous peine de mort, à tout sujet de l'empire, d'épouser une personne de condition bar-

(1) Gaïus nous apprend que le citoyen qui, par erreur avait épousé une Latine ou une Pérégrine, était admis à prouver qu'il y avait juste cause d'erreur, et à légitimer ainsi les enfants nés de cette union. (Gaïus 1, § 67.)

bare. Cette constitution n'a pas été insérée dans la compilation justinienne. J'en conclus que la pénalité exorbitante qu'elle prononçait a été supprimée par Justinien. Mais le texte des Institutes prouve que, même sous cet empereur, il ne pouvait y avoir de mariage valable, aux yeux du droit civil, entre deux personnes dont l'une était romaine ou *provincialis* et l'autre barbare.

Quant aux esclaves, ils étaient morts civilement. *Quod attinet ad jus civile, servi pro nullis habentur ; servitutem mortalitati fere comparamus,* disent les lois romaines. L'union des esclaves entre eux ou avec une personne libre, tolérée par les lois sous le nom de *contubernium,* était abandonnée à la nature et déshéritée de tout caractère légal, de tous effets juridiques. Le préteur lui-même, la *voix vivante du droit civil,* l'apôtre de l'équité et du progrès, resta toujours impuissant à mitiger sur ce point l'impitoyable dureté du droit des Quirites. L'esclave, n'ayant pas de personnalité, ne pouvait avoir de famille. Un abîme le séparait de l'homme libre. *Servi non tam viles quam nulli sunt.* L'Eglise seule viendra rendre à l'esclave sa dignité d'homme, reconnaître et consacrer son union et lui permettre d'avoir une famille.

Le premier pas dans cette voie fut fait par Constantin ; il défendit de séparer dans les partages opérés soit par le fisc, soit par les particuliers, les serfs de la glèbe unis par les liens du sang. Aux termes de ses constitutions, le mari et la femme, le père, la mère et les enfants, ainsi que le frère et la sœur doivent rester ensemble sous la même main. On ne brisera plus les liens de la famille ; la loi les prend désormais sous sa protection.

Si plus tard, les seigneurs du moyen âge viennent à violer ces prescriptions inspirées par le christianisme, les conciles les remettent en vigueur et luttent énergiquement pour les faire respecter.

Deuxième condition : — CAPACITÉ PHYSIQUE RÉSULTANT DE LA PUBERTÉ.

Pour pouvoir contracter mariage, il fallait être pubère, c'est-à-dire avoir atteint l'âge où le développement de l'organisation physique permet à l'homme et à la femme de s'unir pour donner des citoyens à l'État. *Pubes est qui generare potest.*

Cet âge de puberté était, en droit romain, le signal et le point de départ de toute vraie capacité juridique. Le droit *quiritaire*, dans sa rudesse primitive, suivant pas à pas la marche de la nature, ne s'était attaché, pour apprécier le moment du développement des facultés intellectuelles, qu'à un fait tout matériel, la puissance génératrice. L'âge de puberté ne se déterminait primitivement que d'après l'état extérieur du corps, *habitu corporis*. Chaque année, à la fête des *Liberalia*, un certain nombre de jeunes gens, d'après l'indication de leur père ou de leurs agnats, revêtaient solennellement la toge virile. Ils étaient dès lors considérés comme pubères, et par conséquent, comme capables de se marier, de tester, de faire les

actes de la vie civile, sans l'autorisation d'un tuteur.
Les jurisconsultes de l'école des Sabiniens voulaient encore examiner l'*habitus corporis*, le développement corporel devant seul à leurs yeux déterminer l'âge de puberté. Les Proculéiens, au contraire,
le fixaient invariablement pour l'homme à quatorze
ans. Depuis longtemps déjà on avait, par des motifs
de décence, fixé quant à la femme, l'époque de la puberté, à un âge précis, l'âge de douze ans. Justinien
déclare l'opinion des Sabiniens contraire à la pudeur,
consacre législativement l'avis des Proculéiens, fixe
uniformément l'âge de puberté et décide que l'homme
sera invariablement pubère à quatorze ans, et la
femme nubile, *viripotens*, à douze ans.

L'empereur Auguste, qui voyait dans le mariage
tout autre chose qu'une association contre l'infortune,
qu'une « école de perfectionnement mutuel », autre
chose que l'union de deux âmes, et qui, dans son
épicurisme grossier, ne considérait trop exclusivement l'union conjugale que comme un mode d'enfantement, devait être facilement amené à prohiber les
mariages stériles, en fixant une limite d'âge. Jugeant
que l'aptitude à la génération est perdue pour l'homme
à soixante ans, pour la femme à cinquante, il proscrivit le mariage entre les hommes sexagénaires et
les femmes quinquagénaires, (L. 27, C., *de Nuptiis. –
L. 12, C. de Legitimis hœredibus)*. Le sénatus-consulte
Calvitien déclara aussi illégal le mariage d'une femme
âgée de plus de cinquante ans avec un homme ayant
moins de soixante ans, de sorte qu'une femme de
cinquante ans ne pouvait se marier sans encourir de

pénalité. Une loi de Tibère défendit à un homme de plus de soixante ans d'épouser une femme de moins de cinquante, de telle sorte que l'homme de soixante ans se voyait ainsi interdire tout mariage. Claude abolit la loi de Tibère.

Sénèque critique malignement la loi d'Auguste. Il s'étonne que, de son temps, les poëtes n'attribuent plus d'enfants à Jupiter, et il demande ironiquement si ce dieu, *sexagenarius factus est, et illi lex Papia fibulam imposuit.*

La violation de la loi Papia entraînait la confiscation de la dot, *quæ, mortua muliere, caduca erat*; le mariage illégal ne relevait d'aucune des déchéances frappant les célibataires. Un sénatus-consulte, rendu sur le discours de l'empereur Marc-Antonin, sanctionna les lois d'Auguste par la nullité du mariage (*Esprit des lois*, L. xxvi, c. 9).

L'impuissant pouvait-il se remarier ? On distinguait deux sortes d'impuissances : d'une part, l'impuissance manifestée par des signes extérieurs, celle qui résulte de l'absence soit naturelle, soit accidentelle des organes de la génération ; d'autre part, l'impuissance non apparente, souvent appelée en médecine légale *frigidité naturelle*. Le droit romain avait des termes différents pour qualifier les individus affectés de l'une ou de l'autre de ces infirmités ; le premier était appelé *Castratus*, et quelquefois *Thlibias* ou *Thladias*, le second *Spado* (1) ; ils étaient assujettis à

(1) L. 6, pr. et § 1. D., *de Liberis et posthumis.* L. 128, *de Verb. signif.*

des règles différentes. Le mariage paraît toujours avoir
été interdit au *Castratus* et permis au *Spado.*

Un double motif justifiait cette différence : l'impuissance du *Castrat* est perpétuelle, et de plus la
preuve en est facile et pour ainsi dire palpable, tandis que l'impuissance du *Spado* peut n'être que temporaire, et la preuve en est sinon impossible au moins
fort difficile et scandaleuse (1).

Le droit du Bas-Empire s'arma de rigueurs excessives contre ceux qui violaient la défense de la loi :
une Novelle de Léon le phlosophe prononce les
peines sévères infligées au *stuprum* (ou union illicite)
contre les eunuques, c'est-à-dire les castrats, qui
auraient contracté mariage, et la dégradation, l'interdiction des fonctions sacerdotales contre les prêtres
qui auraient profané le sacrifice en bénissant leur
union (2).

(1) L. 39, § 1, *De jure dotium.* La loi 15, § 1. D., *de Manumissis
vindicta,* décide que l'impuissant, le *spado,* peut affranchir une esclave, pour l'épouser, à la différence du castrat. — Selon M. Ortolan,
t. 2, p. 82, le castrat, d'après le droit de Justinien, peut se marier,
pourvu que la femme l'épouse en connaissance de cause.

(2) Voir Nov. xcviii les curieuses justifications, les arguments
quelque peu ampoulés, les considérations philosophiques et morales,
peut-être sophistiques, de l'empereur Léon :

*Vir et mulier, — dit la constitution, — liquido scientes steriles
ad gignendum inutiles convenire, naturæ quasi insidiati sunt. Ac
sane ob hoc duntaxat odio etiam ambo digni sunt : mulier, quod
cum conjugalis consuetudinis cupida, fæcundo se jungere potuisset,
infæcundum et sterilem prætulerit; eunuchus vero, quod ut in va-
num Dominus benediceret, impotentia suâ effecerit. Si quis porro
fundum ex quo alius aliquis fructus metat, vastet et incultum relin-
quat, an hunc tanquam malum atque perniciosum odio habebimus,
ejusque si fieri potest institutum reprimemus : illi vero qui fundum
ex quo ratione præditum germen pullulet desolat, et inutilem reddit,*

Si deux personnes se sont mariées avant d'avoir atteint l'âge de puberté, le mariage est nul, tant qu'elles sont impubères. Si les parties persistent dans la volonté d'être unies, le mariage existera du jour où l'homme sera pubère et la femme nubile.

Troisième condition : NON EXISTENCE D'UN PREMIER MARIAGE

Il faut être libre des liens d'un précédent mariage, n'être pas engagé dans une première union. La polygamie n'a jamais été admise chez les Romains; la bigamie fut sévèrement punie. Suétone, dans la vie de César (ch. 52), prétend cependant que Jules César, tout plein sans doute de ses idées de suprématie et de domination militaire, préparait, au moment de sa mort, une constitution en vertu de laquelle tous les citoyens auraient pu prendre plusieurs femmes. Valentinien permit à chaque homme d'avoir deux femmes; mais sa loi fut repoussée par les mœurs (Allemand, *Mariage*, p. 7). Théodose, Arcadius et Honorius, abolirent la loi de Valentinien (L. 7, C. *de Judæis et cælicolis*).

La femme ne pouvait convoler en secondes noces qu'après l'expiration du délai fixé pour le deuil (1).

tanquam nihil indignitatis committat, id facere permittemus ? (Comparaison assez originale, mais manquant de vérité).

(1) Déjà Numa voulait que les veuves portassent le deuil de leur mari pendant dix mois, et si elles se remariaient avant ce terme, elles étaient obligées de sacrifier une vache pleine.

Ce délai était primitivement de dix mois, puis il fut porté à douze. Il fut imposé par les empereurs chrétiens, même à la femme divorcée.

Cette année de viduité était prescrite pour éviter *l'incertitude des lignées, la confusion de part: ad vitandam turbationem sanguinis*. La prohibition s'évanouissait, en effet, si la femme mettait au monde avant l'expiration de l'année. Justinien, corrigeant l'ancien droit, défendit à la femme d'un *absent*, à celle dont le mari était parti à la guerre, sans qu'on reçût de ses nouvelles, de convoler à un second mariage, à moins de rapporter la preuve du décès de son premier époux. Il en est de même dans notre droit français; Montesquieu (*Esprit des lois*, 1. 26, 1, 9), critique cette disposition.

Quatrième condition : CONNUBIUM OU CAPACITÉ RELATIVE.

Outre les conditions générales de l'aptitude au mariage, les deux époux devaient être capables, l'un par rapport à l'autre : il fallait, en un mot, la capacité relative, le *connubium*. Tel est le sens étymologique de ce mot (*cum nubere*), que les Romains prenaient aussi dans le sens générique de capacité légale.

Les empêchements au *connubium* dérivent de trois sources : 1° l'inégalité de condition ; 2° certaines considérations d'honnêteté, d'utilité publique ou privée; 3° la parenté ou l'alliance.

1° Obstacles naissants de l'inégalité de condition.

La loi des Douze-Tables, cette loi que Cicéron appelle la *Raison écrite*, interdisait d'unir par mariage le sang patricien et le sang plébéien.

« Cette loi, — dit Montesquieu, — n'avait d'autre effet que de rendre, d'un côté, les patriciens plus superbes, et de l'autre, plus odieux. »

Les patriciens, se donnant pour les interprètes directs de la divinité, voulant conserver intactes des traditions puissantes, se renfermaient dans un isolement orgueilleux.

Odi

Profanum vulgus et arceo.

Les mariages entre patriciens et plébéiens *troublaient les auspices*, déchiraient le voile qui cachait au peuple les mystères sacrés.

On sait combien cette interdiction outrageante révolta la juste fierté plébéienne ; on sait de quelles dissensions et de quels troubles civils elle fut la source, jusqu'à ce que cette plèbe si dédaignée, revendiquant noblement ses droits, eût conquis pied-à-pied, comme plus tard nos roturiers et nos vilains, l'égalité civile.

Un plébiscite proposé par le tribun Canuléius abrogea, en 309, la prohibition de la loi des XII tables. Ainsi tomba l'une des barrières qui séparait les deux castes. Une exclusion humiliante était effacée de la loi. Le mariage put dès lors se conclure entre les deux castes sur un pied d'égalité. Toutefois, l'application du senatus-consulte, ne fut pas immédiate. L'antagonisme et l'hostilité se prolongèrent longtemps encore entre les deux classes de citoyens ; et les préjugés

de caste étaient loin d'être détruits en 456, comme le
prouve l'histoire de la patricienne Virginia, mariée
au plébéien Volumnius, et repoussée par les matrones
du temple de la *Pudicitia Patricia* (Hist. de J. César,
par S. M. Napoléon III, Monit. du 18 mars 1865) (1).

La loi des XII tables interdisait aussi les mariages
entre *affranchis* et *ingénus*. Les lois Julia *de Maritan-
dis* (an 757), et Papia Poppœa abrogèrent cette disposition, sauf toutefois certaines restrictions : Ces lois
défendaient aux sénateurs et à leurs fils d'épouser des
affranchies ; un rescrit impérial pouvait lever la prohibition.

L'affranchi demeura incapable d'épouser la pa-
tronne ingénue ou sa fille, à moins qu'elles ne fussent
de basse extraction. On prononçait la peine des *travaux publics* contre l'ancien esclave qui violait cette
défense.

Les lois Julia et Papia, ayant pour but la considération du mariage, défendirent à tout ingénu
d'épouser une comédienne, une prostituée, une

---

(1) Les consuls s'indignaient en taxant d'audacieuse l'entreprise
de Canuléius : Il veut, disaient-ils, amener le mélange des races et
mettre le désordre dans les auspices publics et privés, afin de ne rien
conserver de pur, d'effacer toute distinction, de manière que personne ne puisse plus reconnaître ni lui-même ni les siens. A leurs
yeux les mariages mixtes entre patriciens et plébéiens étaient l'équivalent des amours des animaux qui s'accouplent au hasard ; car ceux
qui en seraient issus ne sauraient à quel sang ni à quels sacrifices
ils appartiennent ; à moitié plébéiens, à moitié patriciens, ils ne s'ac-
corderaient pas avec eux-mêmes. Autoriser l'alliance des patriciens
et des plébéiens, c'était donc, selon eux, bouleverser les choses divines
et humaines (Tite-Live, 11. 2).

femme faisant commerce de prostitution, surprise en adultère, ou condamnée sur une accusation publique. La sanction de ces défenses fut bientôt la nullité du mariage. Constantin étendit les lois d'Auguste, en interdisant aux sénateurs, sous peine d'infamie, d'épouser des filles d'affranchis ou de gladiateurs, des femmes d'auberge ou des filles d'aubergistes, des revendeuses, toutes personnes réputées viles et abjectes, *humiles abjectœve personœ*. On ne rangeait pas dans cette classe les femmes auxquelles on ne pouvait reprocher que leur pauvreté.

Les empereurs Valentinien et Marcien comprirent de nouveau les affranchies dans la liste des personnes viles et abjectes, que ne pouvaient épouser ni les sénateurs ni les grands dignitaires de l'Empire.

Justinien, épris de la fille d'un cocher, Théodora, qui avait servi le cirque, orné le théâtre de Constantinople et le fameux portique de prostitution, l'*Embolium*, obtint de son oncle Justin, une constitution par laquelle cet empereur, « ouvrant une voie au repentir en appliquant les principes chrétiens, » décida que, lorsqu'une comédienne aurait abandonné sa profession, tout le déshonneur qui l'avait frappée, serait effacé et qu'elle deviendrait capable de s'unir même aux personnes de dignité sénatoriale. « Nous devons, dit sentencieusement la constitution impériale, imiter, autant qu'il est possible à notre nature, la bonté et la clémence infinie envers les hommes de Dieu, qui chaque jour daigne nous pardonner nos fautes, recevoir notre repentir et nous ramener à une vie meilleure. »

Justinien, dans un système d'égalité encore plus libéral (nov. 117), permit, de quelque dignité que l'on l'on fût revêtu, d'épouser les femmes désignées comme abjectes par la constitution de Constantin.

Procope qualifie de détestable cette innovation confirmée à diverses reprises par Justinien : « Nul des sénateurs, nul des antistions ne songea, nous dit-il, à s'y opposer, et ceux qui naguère avaient été les spectateurs de Théodora au théâtre du peuple se prosternaient maintenant devant elle, les mains suppliantes comme des esclaves. » Montesquieu (L. 23, ch. 21)gémit aussi sur l'innovation de Justinien.

Je ne puis qu'applaudir à la pensée de l'Empereur; si, en fait, l'inégalité de condition peut engendrer des obstacles au mariage, fondés soit sur des préjugés, soit sur des motifs de décence et d'honneur, ces entraves ne peuvent avoir d'existence et de sanction que dans la conscience individuelle ; la loi doit faire passer sur toutes les têtes le niveau de l'égalité civile, et ne peut frapper de déchéance, soit la basse extraction contre laquelle elle n'a pas le droit de sévir, soit même l'exercice de certaines professions si humbles qu'elles soient, en tant au moins qu'elles n'ont rien de déshonorant.

2° *Source des empêchements au* connubium. — Certaines considérations d'honnêteté publique ou privée, *publica vel privata honestas*, ont dû produire des obstacles au mariage. C'est ainsi que, par une raison de pudeur, nul ne pouvait épouser les enfants d'un conjoint divorcé, nés depuis le divorce, non plus que la fiancée ou la concubine de son fils ou de son père, ni la mère de sa fiancée. Le ravisseur ne pouvait épouser la femme qu'il avait ravie. La femme condamnée pour adultère ne pouvait se marier à son complice. Les lois romaines défendaient à un homme de s'unir à la veuve de son beau-fils ou *privigne*, et à une femme d'épouser l'homme veuf de sa belle-fille.

Le mariage était encore prohibé entre le tuteur, le curateur, leur fils ou petit-fils et la pupille adulte, à moins que les fiançailles n'eussent précédé l'ouverture de la tutelle ou curatelle, ou que le mariage n'eût lieu qu'en conformité d'un désir exprimé par le testament du père de la jeune fille.

La violation par le tuteur ou curateur de cette prohibition, fondée sur la crainte que le tuteur ou curateur n'abusât de son ascendant pour se dispenser de rendre ses comptes, avait pour sanction l'infamie, et pouvait même entraîner la peine de la relégation : le mariage était nul. La prohibition subsistait tant que la pupille n'avait pas atteint l'âge de vingt-six ans ; jusque-là, elle pouvait se faire restituer contre la reddition de compte.

Les citoyens investis de fonctions publiques dans une province ne pouvaient se marier ou marier leur fils à une femme originaire de cette province, ou y ayant son domicile, à moins que les fiançailles ne fussent antérieures à l'entrée en fonctions. Le mariage contracté au mépris de cette prohibition était nul ; il devenait valable après la cessation des fonctions, si les parties persévéraient dans la volonté d'être ma-

riées. Cet empêchement reposait sur un double motif :
la loi voulait éviter les abus d'autorité, et les Romains,
comme nous l'explique Ulpien, redoutaient que le
fonctionnaire, une fois marié dans sa province, ne
devînt moins fidèlement dévoué et moins soumis au
Gouvernement impérial. Ils craignaient que, fort de
l'influence qu'il pouvait puiser dans son alliance,
il n'eût quelque velléité d'indépendance ou de révolte.

Sous les empereurs chrétiens, la loi civile, usur-
pant le domaine de la loi religieuse, défendit, sous
peine de mort, le mariage entre juifs et chrétiens, *ne
judæi christianos suis jungerent flagitiis.*

Il était une autre prohibition fondée sans doute sur
une nécessité politique : les soldats en campagne ne
pouvaient contracter mariage. Cette prohibition introduite vers la fin de la République, disparut dans la
législation du Bas-Empire.

Justinien, en l'an 530, rendit un décret par lequel
le mariage des prêtres était déclaré radicalement nul
et exposait les contractants à des peines corporelles.
Peu après, Justinien revint sur sa décision et se contenta d'ordonner que, si un prêtre contractait mariage
il dût renoncer au saint ministère.

La femme condamnée comme adultère était incapable de contracter un second mariage.

3° *empêchement au* connubium : *la parenté ou
l'alliance.* — Presque toutes les nations policées ont

eu horreur de l'inceste ; il est un sanctuaire où les désirs les plus légitimes ne sauraient pénétrer ; la pureté du foyer domestique est à ce prix.

Les Romains furent fidèles, dès les temps les plus anciens, à cette loi de la nature et de la morale, toute leur histoire dépose de leur aversion pour les noces incestueuses. Les empereurs chrétiens rendirent sur les mariages incestueux de nombreux édits plus spécialement adressés à l'Orient. En effet, sous le climat brûlant de l'Orient, la société païenne donnait le triste exemple des dérèglements de mœurs les plus effrénés. La famille était presque tombée en dissolution dans la Syrie et dans la Phénicie. Sur ce sol s'étaient introduits des usages contraires à la pudeur naturelle, dont les Romains ne s'écartèrent jamais dans leurs lois ; les femmes y étaient presque communes ; les enfants ignoraient le plus souvent leur père et leur famille ; on y offrait les jeunes filles aux étrangers. Les empereurs chrétiens portèrent leur plus grande attention du côté où le mal était le plus pressant ; ils lui firent une guerre continue, « voulant que dans tout l'Empire, la famille moralisée reposât sur la base d'affections pudiques et que le lien de la parenté fût en quelque sorte spiritualisé. »

Mais où doit s'arrêter la barrière, à quel degré l'amour a-t-il le droit se s'unir à l'amitié ? Rome se montra sur ce point plus rigoureuse que tous les autres peuples. Elle édicta, dès l'origine, de sages prohibitions ; le christianisme les crut insuffisantes et voulut en élargir le cercle ; les mœurs résistèrent, le droit civil dût leur céder.

Remarquons tout d'abord que les diverses prohibitions que nous allons passer en revue s'appliquent non seulement à la parenté ou à l'alliance civile dérivant du mariage légitime, mais encore à la parenté ou à l'alliance purement naturelle, — ou même servile, au moins en ligne directe, et en ligne collatérale entre frères et sœurs. — On consulte ici le droit naturel et les lois de la pudeur, on tient compte du lien de parenté résultant d'une union purement passagère. *Serviles quoque cognationes et affinitates*, dit Paul (1), *in hoc jure observandæ sunt, quoniam in contrahendis matrimoniis maxime naturæ jus et pudor inspiciendus est.*

Il ne faut pas, dit Modestin (2), s'attacher en cette matière aux principes rigoureux du droit, mais aux sentiments d'honnêteté, aux principes de la morale; *in conjunctionibus non solum quid liceat considerandum, sed quid honestius sit.*

Justinien prohibe le mariage entre parents en ligne directe à l'infini, et en ligne collatérale entre parents dont l'un est au premier degré de l'auteur commun, c'est-à-dire qu'il est défendu d'épouser son frère où sa sœur ou les descendants de son frère ou sa sœur.

Quand à l'obstacle produit par la parenté purement fictive résultant des liens civils de l'adoption, ils cessent par l'émancipation. Toutefois, en ligne directe, par une raison de haute convenance, l'anéantissement

(1) L. 14, §§ 2 et 3 D., *De ritu nupt.*
(2) L. 197, D., *De regulis juris.*

du lien civil ne peut jamais autoriser à épouser un descendant adoptif.

Les Romains défendaient, en les considérant comme contraires à l'honnêteté naturelle, les mariages entre oncle et nièce, neveu et tante, parce que l'oncle et la tante sont, comme le dit parfaitement Justinien, *loco parentum*; ils tiennent lieu de père et de mère.

L'empereur Claude, épris d'Agrippine, fille de son frère Germanicus, fit rendre un sénatus-consulte pour permettre le mariage entre l'oncle et la fille du frère. Domitien avait aussi épousé la fille de son frère Titus, et cet exemple fut suivi.

Mais le mariage restait toujours défendu entre l'oncle et la fille de la sœur. Constance crut devoir ramener le droit nouveau aux prohibitions absolues du droit ancien. Par une loi donnée à Antioche, en 339, et adressée à la province de Phénicie, il défendit, sous peine de mort, le mariage entre l'oncle et la fille du frère ou de la sœur. La sanction était exorbitante.

Le christianisme, tout en proclamant que la loi divine était muette à cet égard, proscrivit, non d'une manière absolue, mais sauf dispense, les mariages entre cousins. Cette prohibition a provoqué des critiques et presque même des satires. On y a vu un moyen de multiplier, non pas les obstacles au mariage, mais les occasions de dispense. Je crois cependant qu'au moment où cette prohibition facultative pour le clergé était édictée, elle pouvait trouver quelque explication. Il faut, selon le précepte de Montesquieu, « éclairer l'histoire par les lois et les lois par l'his-

« toire. » — Ce profond génie considère cette prohibition chrétienne, non comme une loi de la nature,
mais comme une loi contingente, accidentelle, locale,
pouvant se justifier par les circonstances qui lui donnèrent naissance. Le christianisme a été, à son
origine, une association dans laquelle tous ceux
qui avaient la même foi étaient unis ensemble par
le double nœud d'une parenté spirituelle et par la
communauté volontaire des biens. L'identité des
croyances, qui rapprochait les étrangers, resserrait,
à plus forte raison, les liens de la famille : elle
engendrait entre les parents des rapports de protection et d'affection réciproque plus nombreux et
plus étroits. « Dans les premiers temps, c'est-à-dire
dans les temps saints, dans les âges où le luxe n'existait pas, comme le dit Montesquieu, tous les enfants
demeuraient dans la même maison et s'y établissaient ;
c'est qu'il ne fallait qu'une maison très-petite pour
une grande famille. » Les enfants des deux frères vivant sous le même toit, dans une communauté plus
intime que ne vivent aujourd'hui les enfants du même
père, étaient regardés et se regardaient entre eux
comme frères. Les cousins-germains portaient le même
nom et étaient nommés *frères*. Le christianisme chercha à contenir ces rapports de fraternité dans les
bornes d'une familiarité austère, « voulant épurer
toutes les relations civiles et les assujettir, autant que
possible, à une règle de spiritualité. » C'était peut-être
entrer dans les vues d'une politique éclairée. On parlait
chez les Romains de la vie licencieuse des chrétiens, de
leurs incestes, de la promiscuité de leurs femmes. Les

chrétiens répondaient à ces calomnies par la sainteté
et la sévérité dans les mœurs et la rigueur dans les pratiques. Cette prohibition du mariage entre parents *vivant sous le même toit* eut pour but de préserver de
toute souillure la pureté du foyer : « Souvent l'espoir
du mariage enhardit la passion et fascine la faiblesse ;
la passion doit être privée de cette arme, la faiblesse
doit être prémunie contre cette embûche. »

La prohibition canonique du mariage entre cousins-
germains n'ayant d'autre fondement qu'une raison
contingente et spéciale aux premiers chrétiens, ne pouvait pénétrer dans les lois civiles. Théodose-le-Grand
fut le premier empereur chrétien qui voulut l'introduire dans la législation romaine, alors que les mœurs
qui lui avaient donné naissance n'existaient déjà plus
Théodose, pour violenter les mœurs, crut nécessaire
d'armer ses lois prohibitives d'un grand appareil d'in-
timidation ; il ne craignit pas de sanctionner sa défense
par les peines de la mort et du feu. Son successeur
Arcadius se vit forcé de les abolir et prononça seulement la nullité du mariage ; il dut même bientôt céder à l'opinion publique, en révoquant cette défense
éphémère, trop difficile à faire exécuter. Justinien a
inséré dans son code la constitution permissive d'Arcadius.

L'alliance est aussi un obstacle au mariage : 1° en
ligne directe à l'infini; les alliés en ligne directe sont
encore *loco parentum, loco liberorum*; 2° en ligne
collatérale, entre beau-frère et belle-sœur. Constance,
le premier, édicta cette défense. Les unions entre beau-
frère et belle-sœur étaient permises par les anciennes

coutumes et très-fréquentes, aussi bien en Occident
qu'en Orient ; l'Église les désapprouva. Constance
aussi les proscrivit, et déclara illégitimes les enfants
qui en naîtraient. Ses successeurs, à la voix du clergé, imitèrent son exemple; ils multiplièrent les constitutions, et le grand nombre d'édits qu'ils rendirent,
pour sanctionner par la loi les préceptes des conciles,
prouve que les mœurs, surtout les mœurs de l'Orient,
résistèrent longtemps à cette innovation. On sait
qu'Honorius épousa successivement Marie et Her-
mentie, filles de Stilicon.

Quatrième condition du mariage : LE CONSENTEMENT.
 Le consentement est de l'*essence* du mariage. Cet
acte, qui a pour but la fusion de deux cœurs et de deux
existences, cette association, pour être indissoluble,
ne saurait être l'œuvre que d'un consentement souverainement libre et spontané. Cette idée, qui s'impose
si irrésistiblement dans nos mœurs modernes, qu'elle
peut presque être considérée comme une vérité naïve,
ne s'est fait jour que fort tard dans toutes les législations. Une fois éclose, elle n'a fait son chemin dans
le monde qu'avec une extrême lenteur. La loi romaine, dans le principe, ne fut pas plus parfaite que
ses aînées. Voici quelles etaient les traditions qu'a-
vaient pu lui léguer les peuples de l'Italie :
 Montesquieu nous cite cette coutume des Samnites :
« A certaines époques, dit-il, ils assemblaient tous

les jeunes gens de leur contrée et les soumettaient à un jugement public; puis, le jugement porté, le jeune homme qui était déclaré le meilleur, prenait pour sa femme la fille qu'il voulait; celui qui avait les suffrages après lui choississait encore, et ainsi de suite. »

Montesquieu, ce grand esprit si voisin de nous, loin de flétrir cette odieuse livraison de la jeune fille, ne trouve pas de paroles assez élogieuses pour exalter cette coutume. « Peut-on trouver, s'écrie-t-il, une plus belle institution! » Quel que soit le profond respect que je professe pour l'illustre philosophe, je ne puis m'associer à son admiration. Je ne puis m'extasier devant ces jeunes Samnites qu'on met en montre comme les Danaïdes, et qu'on distribue ainsi que des parures, en les traitant plutôt comme des *choses* que comme des êtres humains capables de droits et de devoirs.

A l'origine de la législation romaine, alors que la puissance paternelle, constituant un vrai droit de domaine, avait encore ce caractère farouche qui ne s'effaça jamais entièrement, non-seulement un père romain mariait sa fille malgré elle, mais encore il avait le droit de rompre capricieusement l'union formée par lui-même, et de reprendre sa fille au mari. Cette énormité qui semble « moralement, humainement et paternellement impossible, » est historiquement incontestable. Les témoignages les plus positifs de l'antiquité en font foi. (L. des XII Tables). Lorsque le père, en mariant sa fille, n'avait pas abdiqué son pouvoir, soit en émancipant son enfant, soit en la faisant passer *sous la main* du mari, il restait propriétaire de sa fille durant le mariage, et il avait contre son gendre l'interdit *de exhibendis liberis*, pour le forcer, ainsi qu'un étranger, à lui restituer son enfant.

« Mon père, s'écrie une jeune fille romaine dans Plaute, si mon mari Cloresphonte était un malhonnête homme, pourquoi m'avoir donnée à lui ? S'il est honnête, pourquoi nous séparer malgré lui et malgré moi ? »

Une autre pièce de Plaute, le *Stichus*, nous fait voir deux jeunes femmes dont les maris sont absents depuis trois ans et que le père veut contraindre à se remarier : « Mon tourment, dit Pinacia, c'est que mon père veuille se conduire si déloyalement envers nos maris et nous arracher à eux ; voilà ce qui me déchire, me consume, me désespère ! » — « Ne crains rien, répond sa sœur, mon père ne voudra pas agir ainsi ; mais enfin, notre père ne ferait qu'user d'un droit ; nous sommes forcées d'accomplir ce qu'il ordonne. »

Ce droit inique, cet abus si excessif de la puissance paternelle, était tellement ancré dans les mœurs romaines, qu'on ne put l'en arracher brusquement. On n'osa le heurter de front, on ne l'attaqua qu'avec réserve et hésitation. Il fallut y revenir à différentes reprises. Antonin, qui songea le premier à y porter atteinte en accordant l'*exceptio doli mali*, pour paralyser l'interdit *de liberis exhibendis*, proposa cet innovation sous forme de conseil et de prière, et recommanda non pas d'exiger du père, mais de lui persuader qu'il voulût bien, sur ce point, se relâcher

de la puissance paternelle. Marc-Aurèle tendit au
même but qu'Antonin, au moins d'après l'interprétation que j'adopte de sa constitution. (Voir Pothier,
C. de mariage, n° 17.) Cette puissance paternelle,
cette tyrannie domestique fut la base de la constitution
romaine pendant la République, et se maintint longtemps encore sous l'Empire, *par la seule majesté des
souvenirs*. Sous Dioclétien, cette toute-puissance est
évanouie (1). Par un retour d'idées plus humaines,
c'est le mari qui, maintenant, a le droit de revendiquer
sa femme, quand le père la retient malgré sa volonté.
Ulpien et les sentences de Paul (L. 2, t. 19, § 2), déclarent l'ancien droit aboli.

La loi 2 D., *de Ritu nupt.* exige formellement le
consentement des parties contractantes comme une
condition du mariage. Par conséquent, toute personne
incapable de consentir et de manifester librement son
consentement, comme le dément, est incapable de se
marier. Le père de famille n'a plus, sous la législation
impériale, le droit d'exercer de contrainte sur la volonté de ses enfants, en leur imposant un mariage.
Toutefois, le mariage auquel le fils ou la fille a consenti ne peut être attaqué sous prétexte que le consentement a été l'œuvre d'une violence de la part du père :
« *Si, patre cogente, duxit uxorem quam non duceret si
sui arbitrii esset, contraxit tamen matrimonium : quod
inter invitos non contrahitur ; maluisse hoc videtur.* »

(1) « La puissance paternelle romaine, dit M. Laboulaye, ne se pouvait soutenir devant le despotisme impérial, à qui toute association
porte ombrage, parce que toute association est une résistance. »

(L. 22, D. *de ritu nupt.*) *Voluit coactus, sed tandem voluit*, disent les commentateurs.

Cependant, peut-être ce fragment de Celse doit-il être appliqué, non pas à l'hypothèse d'un consentement arraché par violence, mais seulement (et telle est l'interprétation de M. Du Caurroy) au cas où le consentement a été accordé par une crainte purement révérentielle. Il faut, en effet, une sanction aux différents textes qui proclament que le père de famille ne peut, en aucun cas, marier ses enfants malgré eux (L. 2, L. 12, L. 21, D., *de ritu nupt.*), mais lorsqu'ils accèdent par respect au désir paternel, cette déférence même prouve un choix et, par conséquent, une détermination qui suffit pour valider les noces.

Quelle que soit la subordination de l'affranchi relativement au patron, ce dernier ne peut, en principe, épouser la femme à laquelle il a donné la liberté, sans qu'elle y consente. La règle souffre exception, lorsque le maître n'a affranchi son esclave que pour l'épouser.

Outre le consentement de la partie contractante, il faut, quant aux personnes soumises à la puissance paternelle, le consentement du père à qui appartient cette puissance.

La puissance paternelle, à Rome, avait un caractère tout différent de celui que lui a assigné notre législation, bien plus conforme au droit naturel et conçue, sous ce rapport, dans des vues bien plus élevées, bien plus philosophiques. La puissance paternelle romaine « ayant pour sceptre un glaive sanglant, » était organisée toute dans l'intérêt égoïste du père, n'avait

d'autre terme que la vie de ce dernier ; elle ne
revêtait pas ce caractère tutélaire, n'avait pas ce but
de protection qu'elle a aujourd'hui dans notre législation. Elle constituait bien plus un droit qu'un
devoir ; ce dernier caractère était tout-à-fait secondaire. Le consentement du père de famille n'était
pas requis pour défendre et protéger l'enfant contre
les égarements, les faiblesses et les entraînements
de son âge ou l'ivresse de la passion, non plus que
comme sanction du devoir de respect dû à la mère et
au père à un égal degré. *Hoc civilis ratio suadet.* Il est
requis, nous dit Justinien, « par une raison de droit
civil, » dans l'unique intérêt du chef de famille, qui
seul est légalement appelé à le donner, *ne ei invito
suus hœres adgnascatur,* pour éviter que le père n'ait
malgré lui des héritiers pouvant entraver sa liberté
de tester.

Le droit du père, considéré comme une suite de
cette sorte de droit de propriété s'étendant sur
les membres de la famille soumis à sa puissance,
ne survivait pas à l'extinction de cette puissance, mais
s'éteignait avec elle ; de même que l'enfant en puissance devait, à tout âge, obtenir le consentement paternel, de même l'enfant émancipé, devenu *sui juris,*
pouvait, quel que fût son âge, se marier sans le consentement de ses ascendants. Cependant Valens et
Valentinien, et après eux Honorius et Théodose exigè-
rent que la fille mineure de vingt-cinq ans, bien qu'é-
mancipée, obtînt encore le consentement de son père,
et, si ce dernier était mort, le consentement de la mère
et des proches parents. Enfin, si elle n'avait ni père ni

mère, si elle-même n'osait choisir entre les prétendants honorables par qui elle était recherchée, le juge
devait choisir lui-même *coram propinquis.*

Hors ce cas exceptionnel, l'enfant qui voulait se marier n'avait pas besoin de demander le consentement
de sa mère. Le point de départ, le fondement du droit
romain primitif était que les enfants nés du mariage
ne se trouvaient pas *dans la famille* de la mère, qu'ils
n'étaient fils de famille que dans la famille et à l'é-
gard de leur père ; que la mère n'était pas capable de
puissance, même à l'égard de ses enfants naturels.
Mulier familiæ caput et finis.

Les nouvelles idées religieuses eurent assurément
pour résultat d'introduire de graves modifications
dans un système si étranger aux notions naturelles de
respect et d'affection pour la mère. Mais ce n'est pas
en ce qui concerne le consentement au mariage que
les droits imprescriptibles de la maternité furent ré-
tablis. Ceux qui donnaient l'impulsion morale à la
société paraissent avoir hésité eux-mêmes, avant de
formuler des règles complètes sur l'intervention du
consentement maternel. Saint-Augustin ne l'exige que
pour les filles qui ne sont pas arrivées à un âge assez
avancé pour se guider elles-mêmes. C'est déjà un premier hommage rendu à l'autorité de la mère. Quant
aux filles dont l'âge est un suffisant indice de prudence
et de discernement, Saint-Augustin leur reconnaît une
liberté absolue de faire choix d'un époux. On peut
dire que c'est seulement vers le sixième siècle que ce
sont produites à cet égard, dans l'Église, les règles qui
sont devenues la base du droit moderne. Justinien au-

rait pu en profiter ; mais ne comptons pas ici sur ses
réformes. L'époux de la comédienne Théodora, celui
qui avait préféré la main de cette femme du cirque
aux larmes et aux prières de sa mère, Vigilantia, n'eut
garde de toucher à des lois qui avaient protégé sa passion. Le vieux droit subsista donc jusqu'à la fin. Il
était réservé aux législations écloses sous l'influence
immédiate du christianisme de consacrer en faveur de
la mère les prérogatives qu'elle tient de la nature.

Lorsque la puissance paternelle appartient, non au
père, mais à l'aïeul, il faut faire une distinction : le
consentement de l'aïeul suffit pour le mariage de la
petite-fille. S'il s'agit, au contraire, du mariage d'un
petit-fils ou arrière-petit-fils, il faut, non plus seulement l'agrément du chef de famille, mais encore celui
des ascendants des degrés intermédiaires, du père,
de l'aïeul.

Cette différence repose sur le principe *ne ei invito
suus hæres adgnascatur :* l'aïeul pouvait bien, de sa
propre autorité, renvoyer de sa famille ses petits-fils
sans le consentement du fils leur père, et diminuer
ainsi la famille que ce dernier devait avoir un jour
en sa puissance ; mais il ne pouvait pas, sans le consentement du fils, introduire parmi les enfants de ce
dernier de nouvelles personnes et augmenter ainsi
sa famille future, *de peur de lui donner malgré lui de
nouveaux héritiers siens.* Or l'aïeul, en autorisant
par sa seule volonté le mariage de son petit-fils, aurait
exposé le père, éventuellement appelé à devenir à son
tour chef de famille, à avoir un jour sous sa puissance les enfants issus de ce mariage. Ce danger n'é-

tait pas à craindre pour la petite-fille ou arrière-petite-fille : car les enfants suivent la condition de leur père et sont toujours, ou sous sa puissance, ou sous la puissance du chef de famille auquel ce père est lui-même soumis, et n'entrent jamais dans la famille de leur mère.

Le consentement paternel doit être spécial pour un mariage déterminé avec une personne nominativement désignée (L. 31, D., *de ritu nupt.*).

Le consentement du père ou aïeul, lorsqu'il est requis, doit précéder le mariage ; les Institutes de Justinien l'exigent. S'il est postérieur à la formation de l'union, il ne produit pas d'effet rétroactif, il ne la valide que pour l'avenir, sans la ratifier *in præteritum*. On ne ratifie pas le néant ; et Paul (L. 16, § 1, D., *de ritu nupt.*) nous dit formellement qu'à défaut du consentement paternel nécessaire au mariage, il y a nullité radicale, les noces n'ont aucune existence, *nuptiæ consistere non possunt*. On peut assimiler ce cas à celui où l'un des époux n'a atteint l'âge de puberté que depuis le mariage. Il y a alors une fin de non recevoir contre la nullité, de même que dans le cas de ratification ; mais ce n'est qu'à partir de ce moment qu'il y a *justes noces*. Cette solution toutefois est contestée. Quelques auteurs pensent que si le consentement du père n'est pas intervenu, la puissance paternelle ne peut faire prononcer la nullité : « Quelque grande que soit la puissance paternelle en droit romain, dit M. Laferrière (*Hist. du droit français)*, elle s'arrête devant l'intérêt public des mariages ; elle a une action purement préventive, elle

peut s'opposer et non anéantir ; en un mot, pour employer une locution moderne, le défaut de consentement du père est un empêchement prohibitif, que le
magistrat peut écarter, et non un empêchement dirimant. »

On a argumenté d'un fragment des sentences de
Paul (II, 19) : *Eorum qui in potestate patris sunt sine
voluntate ejus matrimonia jure non contrahuntur, sed
contracta non solvuntur.* Mais ces derniers mots peuvent ainsi s'interpréter : le père n'a plus, comme autrefois, le droit de rompre par son seul caprice le mariage de ses enfants.

Le consentement ne doit pas être nécessairement
exprès ; il peut n'être que tacite ; il suffit, par exemple,
que le père de famille n'ait pas formé opposition au
mariage accompli sous ses yeux. Son silence est considéré comme une approbation ; *qui videt et fieri pa-
titur, consentire videtur* (L. 5. C. de nuptiis.). On
exige moins un consentement formel qu'une absence
de refus. *Non tam velle patrem oportet quam non nolle,*
disent les docteurs.

Dans certains cas exceptionnels, le mariage est
valable, bien que les époux n'aient pas obtenu le consentement des personnes qui, en principe, doivent
consentir.

1° Le père ne peut condamner l'enfant à un
célibat absolu. Si le père refuse sytématiquement de
consentir au mariage convenable que l'enfant voudrait contracter, la loi protège l'enfant contre cet
abus de la puissance paternelle. Les magistrats inter-
viendront pour contraindre le père à marier et même

10

à doter ses enfants ; et la loi romaine ajoute : *Prohibere autem pater videtur et qui conditionem non quærit.* Celui-là est réputé s'opposer au mariage de ses enfants, qui ne leur *cherche* pas un mariage sortable.

2° Quelquefois on se contente d'un consentement fictif et présumé ; ainsi, après trois ans de captivité ou de disparition de l'ascendant, rien n'empêche les fils de famille de l'un ou de l'autre sexe de contracter un mariage convenable que les pères n'auraient aucune raison pour désapprouver.

Il arrive bien alors qu'au retour de l'absent ou du captif, les enfants de ses fils se trouvent sous sa puissance indépendamment de sa volonté ; mais l'intérêt public veut que l'on facilite les mariages, et, si le père de famille n'a point approuvé les noces contractées en son absence et à son insu, on peut dire au moins, avec Tryphoninus, qu'il ne les a point désapprouvées.

3° La même faveur est appliquée par Justinien aux enfants d'un père de famille atteint de démence ou de folie, l'homme frappé d'aliénation mentale étant incapable de consentir.

Déjà, dans l'ancien droit, on admettait que la fille du *furiosus* pouvait se marier sans l'intervention du père ; mais quant au fils du *furiosus*, on hésitait davantage. *Super filio variabatur*, nous dit Justinien. Le mariage du fils avait, en effet, pour le père, comme je l'ai dit plus haut, des conséquences plus graves que le mariage de la fille, puisqu'il pouvait faire tomber sous sa puissance de nouveaux héritiers. Plusieurs jurisconsultes voulaient respecter la règle *ne patri invito suus hœres adgnascatur.* Justinien dé-

cide que le fils sera traité à cet égard comme la fille.
Il exige que l'enfant du *furiosus* fasse agréer la personne qu'il veut épouser, et déterminer le chiffre de la
dot ou de la donation nuptiale par un conseil composé du préfet de la ville, à Constantinople, du pré-
sident ou de l'Évêque dans les provinces, du curateur
du fou ou de ses parents les plus notables.

Je viens de supposer que le père est *furiosus*, c'est-
à-dire dans un état habituel de démence. Du *furiosus*
il faut distinguer le *mente captus*, celui qui est dans
un état habituel ou plutôt permanent d'imbécillité.
Une constitution de Marc-Aurèle avait décidé que les
enfants du *mente captus* pourraient se marier, *etiam
non adito principe*, même sans permission spéciale
de l'empereur. Cette différence qui existait dans l'ancien droit entre le *furiosus* et le *mente captus* s'explique facilement, si l'on considère que la démence est
un état comportant des intermittences, des intervalles
lucides, tandisque l'imbécillité, la faiblesse des facultés intellectuelles subsiste constamment au même degré. Pour le fils du *furiosus*, on peut attendre un moment où le père sera capable de consentir, tandisque
pour le fils d'un *mente captus*, il est à peu près certain que ce moment d'intervalle lucide n'arrivera jamais.

Du reste, de même que Justinien ne distingue plus
entre le fils et la fille, de même il ne peut plus distinguer entre les enfants du *furiosus* et les enfants du
mente captus. Dans tous les cas désormais, l'enfant
pourra contracter un mariage valable sans le consentement de son père.

Si le père de famille est mort après avoir consenti
aux fiançailles de son enfant, celui-ci n'a pas besoin
d'un nouveau consentement pour célébrer le mariage.

Le mariage, lorsqu'il y manque une des conditions
dont la réunion forme les *justes noces*, est dépourvu
de tout effet civil ; il n'y a pas *justæ nuptiæ*, il n'y a
ni *dos* ni *matrimonium* ; le père n'a pas la puissance
paternelle ; il ne peut non plus être question de puissance maritale ; les enfants qui ne sont pas conçus *ex
justis nuptiis* n'ont pas le bénéfice de la légitimité ; ils
n'ont pas de famille ; ils sont même assimilés aux enfants nés sans père connu, aux *spurii, vulgo concepti*.
Il en serait autrement, si l'obstacle au mariage ne résultait que d'une prohibition *purement civile* ne s'étendant pas au concubinat. Par exemple, un gouverneur
peut prendre une concubine dans la province qu'il administre, bien qu'il ne puisse y prendre une épouse.

DISSOLUTION DU MARIAGE. — Quelques mots sur la
dissolution du mariage. — *Dirimitur matrimonium*,
dit Paul, *divortio, morte, captivitate, vel alia contingente servitute utrius eorum.*

Dès que l'un des époux perd la liberté, le mariage
est dissous. Il ne peut subsister entre deux personnes
dont l'une est esclave. Le mariage à Rome est une
institution de droit civil.

Le fiction du *jus postliminii* qui avait pour effet, lorsque le captif revenait dans ses foyers, d'effacer rétroactivement toutes les incapacités et déchéances dont il avait été frappé, était inapplicable au mariage. La captivité rompait jadis complétement les justes noces. Justinien abolit cet ancien droit, et voulut que la captivité laissât subsister le mariage. Si, toutefois, il y avait incertitude sur l'existence de l'époux emmené en captivité, cet état d'incertitude, cet état *d'absence* prolongé pendant cinq ans opérait la dissolution du mariage; son conjoint avait le droit de convoler à de secondes noces. La Novelle 117 de Justinien, ch. 2, abolit encore ce mode de dissolution.

D'après le témoignage de Plutarque, une loi de Romulus, tout en défendant à la femme de divorcer de son propre mouvement, permettait au mari de la répudier, quand elle s'était rendue coupable de certains crimes (1). S'il la répudiait sans raison, il était voué aux dieux infernaux et était puni par la perte de sa fortune, dont la moitié était attribuée à sa femme et l'autre moitié consacrée à Cérès.

D'un passage de Cicéron, il est permis de conclure que la loi des douze tables admettait non-seulement la répudiation, mais même le divorce. (Cic. phil. 2, *De oratore*, 1, 407.)

(1) Voici dans quels cas : si elle avait falsifié les clefs, empoisonné ses enfants, commis un adultère, ou simplement, bu du vin fermenté. Valère-Maxime explique cette dernière cause en disant qu'il n'y a qu'un pas de l'intempérance à l'impudicité.

Aux temps héroïques, le mari ayant droit de vie et de mort sur sa femme, il était logique de lui accorder le droit de répudiation.

Cependant, si l'on en croit l'histoire, le mariage trouva son égide dans les mœurs; « la loi du divorce fut longtemps voilée par la pudeur publique. » Pendant plus de cinq cent ans nul mari n'osa donner l'exemple du divorce, qui resta à l'état de lettre morte jusqu'à Sp. Carvilius Ruga. Celui-ci, n'obéissant peut-être qu'à une injonction des censeurs, répudia sa femme pour cause de stérilité (1).

Sans discuter l'authenticité de cette tradition, on peut affirmer que les Romains n'ont pas abusé du divorce jusqu'aux dernières années de la République; l'austérité des mœurs, les rudes travaux de la guerre et de l'agriculture, les peines de la confiscation, furent un frein contre les séparations capricieuses (2).

Quels maux pouvait causer la tolérance du divorce, disait Savoie-Rollin, au milieu de ces hommes simples, pour qui les occupations domestiques étaient les plus doux plaisirs? Que leur importait qu'on pût répudier une épouse infidèle, quand la chasteté n'était pas un effort, mais une habitude de la vie? Que leur importait qu'on pût rompre un lien par le même con-

(1) Cette anecdote de Carvilius Ruga, dit M. Laboulaye, peu d'accord avec les autres monuments de l'époque, suppose chez les Romains une sévérité de mœurs qui est cruellement démentie par la suite de leur histoire.

(2) La célébrité attachée au nom de Carvilius Ruga rappelle, dit un écrivain, l'exécration vouée au nom du premier meurtrier. Comme chez les grecs, dit Plutarque, les gens versés dans l'antiquité, peuvent nommer le premier homme qui tua son père ou sa mère, de même tous les Romains savent que Sp. Carvilius fut le premier qui répudia sa femme.

sentement qui l'avait formé, quand l'indissolubilité était la croyance du cœur ?

Sous les lois de Numa, lorsque quelque discorde menaçait d'éclater entre les deux époux, ce n'était pas au *forum*, rapporte l'histoire, ce n'était pas devant le tribunal du préteur, que les amis, les parents, les enfants entraînaient ces époux malheureux, c'était devant les autels de Junon conciliatrice, qui présidait à l'union conjugale ; c'était à l'aspect de ces mêmes flambeaux qui avaient éclairé les pompes de leur hymen, sous les mêmes voûtes qui avaient retenti de leurs premiers serments, qu'on les conjurait, au nom de tout ce qu'il y avait de saint et de sacré, de se désister de leur malheureux dessein (Carion-Nisas).

Dans les premiers siècles de Rome, bien que Romulus eût permis au mari la répudiation, les matrones romaines étaient entourées de respect et d'honneur, légitime hommage dû à leur vertu : la sainteté du foyer domestique était honorée d'une sorte de culte. Il régnait, dit Denys d'Halicarnasse, une harmonie admirable entre les époux, produite par l'union inséparable des intérêts ; mais, dans les trois derniers siècles de la république, Rome fut envahie par la licence et la corruption. (1) Cinq cents ans après la fondation de Rome, le divorce fit dans les mœurs une effroyable irruption. Les femmes admises au dangereux privilège du divorce dépassèrent, s'il se peut,

(1) *Qui labores, pericula, dubias atque asperas res facile tolera-verant, eis otium, divitiæ, optandæ aliis oneri miseriæque fuere* (Salluste, Catil., C. 10).

tous les désordres de leurs maris. Dépouillant toute
pudeur, partageant les orgies et les saturnales des
hommes, rivalisant avec eux de débauches, elles se
livraient sans retenue aux plus épouvantables déportements; l'adultère ne semblait plus un crime. Plus
puissante que le glaive, la luxure, suivant l'expression de Juvénal, vengea le monde asservi.

Luxuria incubuit utrumque ulciscitur orbem.

Tous les peintres de la société romaine nous la représentent comme un infâme lieu de prostitution. Les
femmes, loin de craindre le divorce, le désiraient autant
que leurs maris. Ce n'était plus un dernier remède
pour d'extrêmes douleurs; c'était, dans beaucoup de
cas, une émancipation et non une injure, une bonne
fortune et non pas un deuil; c'était un plaisir, un caprice d'inconstance et d'immoralité. Des citoyens,
par une indigne spéculation, épousaient des femmes
impudiques, afin de gagner leur dot, en les répudiant
sous l'accusation d'impudicité.

La femme divorcée, après un second, un troisième mariage, pouvait revenir à son premier mari,
sans fermer encore le cercle de ses inconstances. « Le
divorce, disait Tertullien, est le vœu et comme le
fruit du mariage. »

« La multitude des coupables, disait Sénèque,
étouffe l'ignominie; la honte de chacun disparaît
dans la honte commune. Quelle femme rougit à présent de divorcer, depuis que les dames illustres ne
comptent plus leurs années par le nombre des con-

suls, mais par le nombre de leurs maris? Elles di-
vorcent pour se remarier, elles se marient pour
divorcer. » Le divorce n'était qu'une polygamie
successive. Le mariage n'était plus qu'un essai
passager, une courte fantaisie, un bail à brève
échéance. Les philosophes, les historiens, les sati-
riques nous ont dépeint en traits de feu ces débordements de mauvaises mœurs. Le théâtre, ce reflet
véridique, quoiqu'exagéré des mœurs nationales,
les a flagellés.

Le mariage n'est plus qu'un adultère légal, dit
Martial :

> Quæ nubit toties non nubit, adultera lege est ;
> Aut minus, aut certe non plus, tricesima, lux est,
> Et nubit decimo jam Thelesina viro :
> Offendar mœcha simpliciore minus (L. 6, ép. 7).

« Partez, dit dans la satire, l'esclave chargé de
porter le libelle de répudiation, partez, votre aspect
nous dégoûte ; vous vous mouchez si souvent ! partez, vous dis-je, et sans délai, nous attendons un
nez moins humide que le vôtre (1). »

Saint Jérôme rapporte avoir vu enterrer une
femme qui avait eu vingt-deux maris ; le divorce
n'était plus qu'une prostitution légale.

Une ancienne loi, rapportée par Plutarque, permettait au mari, non seulement de divorcer, mais

(1) Collige sarcinulas, dicet libertus, et exi :
Jam gravis et nobis, et sæpe emungeris, exi
Ocius et propera, sicco venit altera naso.
                              (Juvénal, sat. 6, 5, 142).

de céder solennellement sa femme, à perpétuité ou
à temps, à l'ami ou au rival qui convoitait sa main,
avec faculté pour le mari de la reprendre quand
il lui plairait. Caton s'en prévalut pour transférer
Marcia, son épouse, à son ami Hortensius, qui la
reçut en légitime mariage.

Auguste, qui avait profité du divorce pour lui-même,
sentit cependant, comme empereur, la nécessité de
le contenir dans de justes bornes ; il chercha à réfré-
ner l'adultère, en punissant de peines sévères les in-
fracteurs de la loi conjugale ; il assigna au divorce
certaines formes solennelles ; il établit des peines
contre l'époux qui donnait lieu au divorce par ses
mauvaises mœurs. La femme perdait une partie de sa
dot ; le mari était tenu de rendre la dot dans des délais rigoureux. Les affranchies qui avaient épousé leurs
patrons furent privées du droit de provoquer le divorce ; mais la faiblesse de ces palliatifs est palpable,
et, d'ailleurs, les excès déplorés par Sénèque, stig-
matisés par Juvénal et Martial, disent combien les
tentatives d'Auguste furent infructueuses et ses barrières impuissantes. L'entreprise de guérir une société
profondément gangrénée était trop au-dessus des
forces d'un empereur épicurien. Les grands hommes du
Portique qui inspirèrent le droit jusqu'à Constantin,
durent eux-mêmes y échouer. Le divorce et l'adultère
continuaient de dissoudre journellement le lien conjugal. La philosophie ne pouvait conjurer le mal. Il
y avait au-dessus des lois et de la philosophie, une
puissance qui devait tendre la main à l'humanité dégradée. L'autorité des principes du christianisme pou-

vait seule sauver le mariage et la famille. Il introduisit dans le monde la loi de l'indissolubilité du mariage (1).

Le Christianisme, « cherchant à restreindre, par la
réforme du mal moral, l'empire du mal physique,
voulut atteindre à la fois le divorce qui provoque
l'adultère, et l'adultère qui provoque le divorce. »
Après avoir sanctifié le lien conjugal, il voulut le
mettre au dessus des caprices de l'homme. Il releva
la femme humiliée et la rendit à ses devoirs et aux
respects de l'homme, en restituant à l'époux sa dignité,
sans lui rendre le pouvoir absolu de l'ancien chef de
famille ; il créa la puissance maritale, en la fondant
sur l'amour et la nécessité d'un chef dans une société
indivisible. *Il rétablit le lien nécessaire entre l'ordre
civil et l'ordre moral,* il régénéra l'esprit de famille,
principe de vie pour la société domestique. Ce lien
qui unit les époux, considéré par la loi chrétienne
comme un lien spirituel et non comme une chaîne
matérielle et terrestre, ne pouvait plus être regardé
comme dépendant de la volonté humaine. Ainsi s'or-
ganisa dans la société romaine *un droit contre le
droit.*

(1). Cette loi de l'indissolubilité avait été formulée, dans cet anathème lancé contre le divorce, assimilant le second mariage de l'époux
divorcé à un adultère. (Saint Mathieu, ch. xix, nº 8.) *Quicumque
dimiserit uxorem suam, nisi ob fornicationem et aliam duxerit,
mœchatur ; et qui dimissam duxerit mœchatur.*

« Celui qui fit l'homme au commencement, le fit mâle et femelle,
et par l'organe d'Adam son prophète, il dit : A cause de cela,
l'homme quittera son père et s'attachera à sa femme, et ils seront
deux dans une seule chair : donc ce que Dieu a uni, que l'homme
se garde bien de le séparer. »

Le Christianisme, une fois armé de la puissance séculière, imprima son caractère à la jurisprudence ; mais il ne crut cependant pas devoir promulguer dans les Codes de l'Empire, ses maximes sur l'indissolubilité du mariage. On l'a dit avec vérité, les ré- révolutions radicales dans l'ordre moral ne s'opèrent pas par un coup d'État ; un pouvoir sage ne les brusque pas, il les prépare par des essais et des tentatives partielles. A l'époque de transition à laquelle nous assistons, le Christianisme a plutôt négocié et transigé avec la Société qu'il ne l'a complètement dominée.

La politique de Constantin sur la répudiation en est une preuve éclatante. Il ne se crut pas assez fort pour imposer brusquement à ces peuples si divers d'origine, de religion, d'habitudes et de mœurs la prohibition absolue du divorce, « cette excroissance de l'idolâtrie. » Quand un pouvoir veut agir par voie de fusion, a-t-on dit encore avec sagesse, il doit s'adresser à toutes les consciences et les ménager toutes par des tempéraments.

Plusieurs auteurs ont même pensé que Constantin n'a fait qu'obéir aux conseils des évêques, en promulguant sa Constitution de 331 sur les causes du divorce. Par cette loi, l'Empereur enlève aux époux tous les prétextes frivoles ou peu graves de répudiation. Trois causes de divorce seulement restent admises : 1° le divorce peut être demandé contre le mari, s'il est homicide, magicien ou violateur de tombeaux. Hors ces cas, la femme qui aura divorcé, perdra sa dot, ses joyaux, les donations qui lui sont faites, et

elle sera déportée dans une île. 2° Le divorce peut
avoir lieu contre la femme, si elle est adultère, adon-
née aux maléfices, proxénète ; le mari gagnera alors
la dot et pourra se remarier. Mais si la femme prouve
son innocence, elle aura le droit de s'emparer de
tous les biens du mari et même de la dot de la seconde
épouse.

La loi faisait une large part aux idées et aux mœurs
qu'elle voulait renverser ; elle n'aimait pas le divorce
qu'elle considérait même comme un mal ; elle l'inti-
midait par des restrictions et des peines ; mais enfin,
quand il venait briser le lien conjugal, même par
suite d'une passion aveugle, elle le sanctionnait, dans
une certaine mesure, comme un fait accompli. En
effet, le divorce signifié par le mari ou par la femme,
au mépris des prohibitions légales, dissolvait le mariage à leurs risques et périls et sauf l'application de
peines pécuniaires.

Malgré ces concessions, cette législation parut trop
dure ; Théodose-le-Jeune l'abrogea et remit en vigueur
le droit des Prudents (nov. 17.). On admit même le
divorce par consentement mutuel. (L. 9, C. *Just.*, *de
repudiis.*)

L'œuvre de Constantin, après avoir été glorifiée
dans le code Théodosien, périt par une novelle Théo-
dosienne.

Justinien vit l'abus, et tout en s'efforçant de le réformer par de sages restrictions, il dut encore en
subir le joug. « Ici l'ancien droit l'emporte sur le
nouveau, dit un éminent juriste, et la civilisation fait
un pas rétrograde ; elle reculera bien plus encore au

début du moyen-âge, lorsque les barbares souilleront
le lit nuptial et troubleront les familles par l'inceste,
par le divorce et même par la polygamie. Mais de
l'excès du mal surgira une salutaire réaction, et le
mariage tel que l'a conçu la doctrine chrétienne, sor-
tira victorieux de cette lutte et servira de type aux
législations modernes. »

(Voir dans M. Demangeat des détails sur certains
modes de dissolution du mariage, constituant une
sorte de répudiation tacite.)

SECONDES NOCES. — Les secondes noces, comme nous
le voyions plus haut, avaient été commandées et en-
couragées par Auguste, s'éloignant en ce point de
l'austérité des premières coutumes grecques et romaines qui, du moins pour la femme, voyaient avec
regret une seconde union (1).

Le christianisme naissant, tout en déconseillant les
secondes noces (Paul *ad Corynth.* VII, 39), ne les avait
pas condamnées ; les plus grands docteurs en procla-
mèrent la légitimité. Il est vrai que l'on considérait

---

(1) Valère Maxime donne en exemple aux dames romaines l'épouse
de Drusus, Antonia. qui, dans la fleur de l'âge et de la beauté, voua
une fidélité inaltérable à la mémoire de son mari. Chez nos aïeux,
dit-il, la femme qui s'était contentée d'un seul mariage, était honorée
de la couronne de la pudicité. Ils regardaient l'expérience de plusieurs
mariages, comme le signe d'une intempérance illégitime. (Voir aussi
l'Enéide, IV, 28.) — Sur les monuments funéraires de l'ancienne
Rome, on lit encore, comme suprême éloge pour la femme. comme
témoignage d'admiration pour l'unité du mariage : *Conjugi piæ, inclytæ, univiræ !* A l'épouse qui n'a eu qu'un seul époux !

comme plus méritants ceux qui se contentaient d'un premier mariage. La résolution, après un veuvage, de passer le reste de sa vie dans la continence témoignait de sentiments plus épurés. Une fidélité se prolongeant au-delà du tombeau, un amour si ardent et si désintéressé qu'il survivait à la mort même, était le gage d'un plus haut degré d'abnégation. Quant à ceux qui se remariaient, on les considérait comme plus faibles, et l'on retrempait leur courage par des pénitences publiques.

La veuve, vraiment veuve, dit saint Paul, est un être délaissé sur la terre, passant la nuit et les jours dans la prière, n'ayant plus qu'à ensevelir tout amour humain avec les cendres de son époux ; si elle se livre encore aux plaisirs, c'est une morte vive.

Mais enfin les secondes noces ne sont plus ni commandées ni proscrites ; les secondes noces ne sont plus un moyen de gagner des successions. On sera libre de suivre son affection ou ses sentiments religieux.

Ainsi s'était évanouie la pensée qu'Auguste avait transmise à ses successeurs et que ceux-ci avaient sévèrement gardée.

L'Église d'Occident n'outre-passa jamais le conseil de saint Paul. Elle toléra toujours les seconds mariages en se contentant de leur refuser la bénédiction nuptiale (Buchardi decret., L. IX, C. 23-24).

L'Église d'Orient, beaucoup plus rigide, institua des peines canoniques contre les seconds mariages, et de plus sévères encore contre une troisième union. Ces peines furent adoptées par la loi civile ; et l'em-

pereur Léon, répétant dans la Novelle 90 les dispositions du concile de Néocésarée, punit le second mariage et prohiba le troisième, sur ce motif singulier
qu'il est honteux à l'homme de se laisser vaincre par
les brutes, parmi lesquelles il en est plusieurs (les
tourtereaux, dit naïvement Godefroy) qui ne veulent
point ensevelir une première union sous une seconde.
Enfin, après que le quatrième mariage de l'empereur
Léon eut mis en feu l'Eglise grecque, l'acte d'union
de Constantin Porphyrogénète défendit le quatrième
mariage d'une manière absolue, et le troisième, quand
l'un des époux avait plus de quarante ans, et qu'il
existait des enfants d'une précédente union.

Les lois publiées par les empereurs chrétiens d'Occident sur les secondes noces, furent empreintes d'une
grande sagesse, en ce qui concerne les enfants du
premier lit. Elles eurent pour but de conserver la
famille existante, de lui assurer son patrimoine, de la
préserver des orages que font naître les querelles
d'intérêt entre les différents lits. Le peu de faveur
avec lequel le christianisme envisageait les secondes
noces lui permit, en effet, de porter sa sollicitude
sur les enfants de la première union, jusqu'à ce jour
oubliés pour des considérations politiques et trop
souvent sacrifiés à de jalouses marâtres. Théodose-
le-Grand et ses successeurs les entourèrent de leur
protection et ne permirent pas de les dépouiller.

CONCUBINAT. — Après avoir parlé du mariage romain, je ne puis passer complètement sous silence l'institution du concubinat.

Pour juger cette institution, il faut d'abord se mettre en garde contre un préjugé tiré de notre langue et contre l'idée que peut éveiller aujourd'hui ce mot : Le concubinat n'était pas une de ces unions vagues, éphémères, illicites, nées de la seule débauche, flétries par notre langue sous le nom de concubinages, condamnées par la morale et dénuées de tout caractère légal, n'ayant d'autre frein, d'autres règles et d'autre durée que la passion qui les engendre. Le concubinat romain avait un caractère licite et légal ; c'était une union contractée pour la vie dans l'intention des parties, c'était un mariage de second ordre, semblable au mariage *morganatique* qui se retrouve encore en Allemagne.

La civilisation romaine s'est développée sous l'empire de deux éléments, le *Jus civile* et l'*Æquitas*, le droit civil ou droit strict, et le droit naturel, qui ont vécu ensemble dans une longue alternative de luttes et de rapprochements, jusqu'à ce que le temps en ait opéré la fusion plus ou moins complète. Ce *dualisme* se retrouve à l'occasion du mariage : on distinguait le mariage civil, *justæ nuptiæ*, et le mariage naturel, sorte d'union du droit des gens, ou concubinat.

Avant Auguste, cette union naturelle n'avait pas de dénomination légale, et tout porte à croire qu'elle se confondait avec les commerces illicites et non avouables ; mais sous ce prince, elle s'en sépara complètement. Ce fut, dit-on, une transaction entre

11

la licence des mœurs de la fin de la République et
les lois d'Auguste contre les adultères et le concubinage, entre l'aversion des Romains de cette époque
pour le mariage et les lois de cet empereur pour
le rendre plus fréquent.

Dans ses lois célèbres, dont le but était de re-
hausser la dignité du mariage, Auguste, comme nous
l'avons vu, avait défendu aux citoyens d'épouser
certaines femmes qui, quoiqu'ingénues, étaient cependant déshonorées, comme les prostituées, les
proxénètes, celles qui, retenues par l'esclavage dans
des lieux de débauche, en étaient sorties par l'affranchissement, les condamnées, les adultères, les comé-
diennes. On sait aussi qu'il avait défendu aux sénateurs, à leurs fils et petits-fils, d'épouser des affranchies. Mais l'empereur, pour concilier certaines faiblesses avec la nécessité de donner à la République
des sujets qui n'eussent pas à rougir de leur naissance, crut devoir autoriser avec ces femmes un commerce licite, qui, sans être le mariage légal, en était
une imitation, il l'appela concubinat. Cette union
mettait à l'abri des rigueurs de la loi contre les mauvaises mœurs ; mais elle ne produisait pas les avantages attribués aux justes noces par les lois d'Auguste;
aussi étaient-elles souvent la ressource de ceux qui,
devenus veufs après avoir payé leur dette à la patrie,
ne voulaient pas, comme, par exemple, l'empereur
Marc-Aurèle, donner des marâtres à leurs enfants.

Peu à peu le concubinat prit une grande extension : on le fit servir à jeter le voile de l'honnêteté
sur les unions libres de personnes ingénues, irrépro-

chables, qui ne voulaient pas s'engager dans des liens trop pesants. Des plébeiennes pauvres et d'une naissance obscure, des affranchies consentaient à partager sous le nom de concubines la couche d'un homme qui n'aurait pas voulu se mésallier par un mariage.

Depuis Auguste, le concubinat n'avait rien de déshonnête; mais il n'engendrait pas d'effets civils. Il ne produisait pas la puissance paternelle. Formé par le nu consentement, c'est-à-dire indépendamment de toute solennité, il pouvait se dissoudre de la même manière; la dot ne s'y appliquait pas; il n'y avait ni *vir* ni *uxor*. La femme, appelée *concubina*, *amica*, *convictrix*, n'avait pas le titre honorable de *mère de famille*; elle ne participait pas aux honneurs du mari; il y avait seulement communauté de vie et de domicile; mais la femme ne s'élevait pas jusqu'à la dignité du mari. Le trait caractéristique du concubinat était l'inégalité de condition. Le *consortium omnis vitæ* était inapplicable. Du reste, puisque le concubinat était une imitation naturelle du mariage, il était gouverné par les règles que le droit naturel impose au mariage. Il était défendu d'avoir deux ou plusieurs concubines à la fois; c'eût été une polygamie contre laquelle la morale publique aurait protesté. De même, l'homme qui avait une épouse légitime ne pouvait prendre une concubine; c'eût été un adultère, une bigamie. La concubine, comme l'épouse, devait avoir au moins douze ans. Toute union entachée d'inceste, de violence, de corruption sur une personne honnête, était non pas un concubinat, mais un *stuprum*, un *incestum*. En un mot, le concubinat n'était affranchi que des prohibitions purement civiles fondées sur des considérations purement politiques, par exemple l'inégalité de condition. Les Pérégrines pouvaient vivre en concubinat ; l'administrateur d'une province pouvait y prendre une concubine.

Les enfants issus du concubinat (*liberi naturales*) n'étaient pas bâtards ; mais, quoiqu'ils eussent un père certain, ils n'étaient pas à son égard enfants légitimes : on les appelait enfants naturels, parce que c'était une union naturelle qui leur avait donné le jour. Nés hors mariage, ils ne pouvaient prétendre aux avantages du droit civil ; ils ne succédaient pas à leur père, ils n'avaient que le droit de lui réclamer des aliments ; ils ne portaient pas son nom ; ils n'étaient pas dans sa famille. On pourrait les comparer, sous ce point de vue, à nos enfants naturels reconnus. Mais, à l'égard de la mère, les enfants naturels avaient des droits de succession aussi étendus que les enfant légitimes. Ainsi le voulait la logique du droit romain ; car la mère ne tenait aux enfants que par les droits du sang. Entre eux et elle il n'y avait qu'une parenté naturelle ; dès lors l'égalité régnait entre l'enfant issu du concubinat et l'enfant né de justes noces.

Nulle formalité n'étant observée pour s'unir à une concubine, de même que pour s'unir à une épouse légitime ; il en résultait que la concubine ne différait de l'épouse que d'après l'intention des parties (*sola animi destinatione*), la seule affection de l'homme (*solo dilectu*), la seule dignité de la femme (*nisi dignitate*). En fait, la possession d'état, la manière d'être dans la famille et la société distinguait le concubinat des justes noces. S'agissait-il d'une femme qu'on n'aurait pu épouser? Aucun doute n'était possible, elle n'était que concubine. S'agissait-il d'une femme ingénue, honnête? pas de doute encore; car elle ne pouvait vivre en concubinat, sans que ce fût attesté par un acte manifeste. S'agissait-il d'une femme de mauvaises mœurs; l'union était-elle contractée entre personnes de condition inégale, *inter impares honestate personas?* Le concubinat se présumait, sauf la preuve contraire, pouvant résulter d'un acte dotal. La dot était, dans l'usage, le cachet distinctif du mariage légitime. La femme qui jouissait des avantages de la fortune et de la considération publique, consentait bien difficilement à renoncer au titre plus relevé d'épouse.

Tel était l'état de la législation, quand Constantin monta sur le trône. Le concubinat heurtait trop directement les idées chrétiennes sur le mariage, pour que ce prince ne cherchât pas à lui susciter des entraves. Le mariage est un aux yeux du christianisme : tout commerce que la bénédiction de l'Église n'a pas légitimé est pour elle une débauche.

Mais comment réformer une coutume qui avait jeté de si profondes racines? Comment ramener la législation à l'unité sur une matière si fortement dominée par l'empire de l'habitude et des préjugés?

Constantin n'osa pas attaquer de front l'ordre de choses existant; il recourut à des mesures indirectes.

Sa première pensée fut de convertir le concubinat en mariage légitime ; et, pour y parvenir il donna la légitime comme récompense aux enfants déjà nés dont les parents renonceraient, pour se marier, à un commerce non illicite mais illégitime. Puis, s'armant de sévérité contre les enfants naturels, pour mieux arriver au cœur des pères, il défendit de leur donner à eux ou à leur mère par donation ou testament. Enfin, il ne permit pas aux personnes élevées en dignité de donner au public le spectacle scandaleux du concubinat, voulant agir par l'exemple sur les classes inférieures. Ainsi il attaqua cette institution par la triple influence des récompenses, des peines et de l'exemple.

Mais les polythéistes, encore si nombreux, murmuraient de ces innovations ; elles blessaient leurs affections et leurs habitudes, et aigrissaient leurs ressentiments. C'est sans doute par ces raisons que Valentinien I donna à l'Occident sa constitution de 371, qui accordait aux enfants naturels et à leur mère, une capacité plus grande de recueillir par le testament du père. Valens la ratifia. Valentinien III entreprit de retirer ces concessions et de restaurer la législation de Constantin. Théodose le jeune, en Orient, s'en tint à la contitution de Valentinien I.

La légitimation que Constantin n'avait accordée que comme un remède transitoire, pour les enfants déjà nés, fut convertie par Justinien en un moyen permanent applicable même à tous les concubinats à venir. C'était encourager le mal que l'on voulait prévenir. Aussi le concubinat continua-t-il avec l'extension qu'il avait prise, jusqu'à ce que Léon le Philosophe l'abolît en Orient, en considérant les lois qui l'avaient permis, comme une erreur honteuse du législateur, contraire à la religion, à la décence naturelle : « Pourquoi, dit-il, en faisant allusion au mariage, tandis que vous pouvez boire à une source pure, aimeriez-vous mieux vous abreuver à un bourbier ? »

Mais le concubinat se perpétua en Occident avec une sorte de recrudescence. Les Francs, les Lombards, et les autres Germains le firent servir aux plus grands désordres. Il ne fallut rien moins qu'une partie du moyen-âge pour le combattre et l'extirper. Il fallut que le pouvoir spirituel, fortement centralisé, s'emparât de la tête de la société, et que des hommes d'une volonté énergique, tels que Grégoire VII, employassent à cette œuvre réformatrice leur génie et leur ascendant (M. Troplong).

CHAPITRE III.

§ 1.

ORIGINES CELTIQUES.

Abordant l'histoire de notre droit national, je chercherai à suivre, à travers les principales périodes de cette histoire, la filiation de notre propre législation.

J'étudierai d'abord les origines celtiques, la famille gauloise (1).

(1) Ces origines, quoique entourées de mystères, méritent assurément l'intérêt de tout Français. Nous sommes bien les fils des Gaulois, malgré l'opinion de l'auguste historien de Jules César, tenté de féliciter son héros de la victoire d'Alésia, et proclamant que « nous sommes bien plus les fils des vainqueurs que ceux des vaincus. » (Monit. du 13 mai 1866.) La race gauloise, bien qu'asservie au joug odieux des Césars, ne nous en a pas moins légué tous les traits indé-

L'insuffisance des documents me forcera de me
borner à quelques traits caractéristiques de la famille
gauloise. Nous sommes réduits à rechercher les vestiges de la savante organisation que le collége des
Druides avait enfantée dans le silence de ses forêts
séculaires, les restes informes du droit de nos ancêtres, premiers germes de nos institutions civiles, dans
le journal des conquêtes de leur impitoyable vainqueur.

Un des caractères distinctifs de la race des Celtes,

lébiles de notre caractère national ; je crois au mot profond d'Étienne
Pasquier: « La Gaule fait des Gaulois. »

La nationalité gauloise, en succombant, s'est transformée par l'alliance d'une autre civilisation ; mais ne nous hâtons pas de dire que
cette catastrophe fut heureuse, par cela seul qu'elle devait avoir son
utilité. Qui sait ce que la science druidique et la liberté gauloise recé-
laient de germes de progrès étouffés en naissant?

Loin de nous les systèmes fatalistes de quelques écrivains, qui ab-
solvent imperturbablement dans le passé tous les crimes heureux, en
immolant la religion du devoir au culte de la nécessité. Inclinons-nous
devant cette loi de la Providence, qui permet aux fautes et aux erreurs
des peuples de produire leurs conséquences logiques et méritées ; mais
proclamons-la, non pour faire de l'histoire la glorification dangereuse
des faits accomplis, par l'annihilation de la conscience, mais seulement
pour mieux en faire ressortir les leçons de l'expérience et les su-
prêmes enseignements de la responsabilité.

L'influence du droit celtique sur le droit postérieur, a été établie
par d'éminents auteurs : « Comment, en effet, dit M. Bertauld,
Introd. à l'hist. des sources du droit), les Gaulois n'auraient-ils pas
communiqué aux races étrangères quelque chose de la vieille sève,
qu'une longue indépendance avait développée en eux ; comment la
tige primitive n'aurait-elle pas mêlé sa vie aux greffes qu'elle a reçues? »

Ces origines celtiques ont surtout un vif intérêt pour les fils de
l'Armorique, cette terre vierge et indomptée qui, retranchée derrière
ses rochers, défendue par la nature elle-même, a conservé, dans leur
pureté native, ses mœurs, sa langue, l'originalité et la probité de son
caractère, son patriotisme et sa fière indépendance.

c'est l'esprit de famille, l'autorité des liens du sang, la solidarité qu'ils engendrent. On peut appliquer au droit gallique la remarque d'Augustin Thierry, observant que les liens de parenté étaient la base de l'état social des Bretons. On peut dire aussi que, chez les Gaulois, les liens de parenté formaient l'une des bases du droit privé. — César nous apprend quel fut, dans un moment solennel, le serment des chevaliers gaulois ; c'est l'esprit de famille qui en fait toute l'énergie : « Ils jurèrent, *sanctissimo jurejurando*, disent les *Commentaires*, de ne pas revoir leur maison, leurs enfants, leurs parents, *leur épouse*, avant d'avoir traversé deux fois les rangs ennemis. » Ils juraient par ce qu'ils avaient de plus cher, par les liens du foyer domestique ! Ils sentaient même le besoin de se défier, dans l'ordre politique des affections, des intérêts de famille, et la parenté devenait, pour les membres de la même famille, une des causes d'exclusion des charges publiques ou du sénat de la même cité.

La parenté ne reposait pas en Gaule comme à Rome, sur la base factice et artificielle de la puissance civile du chef de clan. La solidarité des membres de la famille naturelle ressort, au contraire, de l'ensemble des usages nationaux.

Ce qui distingue le clan celtique, dont l'organisation rappelle celle de la tribu patriarcale de l'Asie, c'est l'extension des liens du sang et des degrés de parenté qui se comptent jusqu'au dix-huitième degré, ou même indéfiniment.

Ce caractère se retrouve dans la Cambrie, l'Irlande,

la Basse-Bretagne, et même dans plusieurs autres contrées de France, comme dans les anciens clans des montagnes d'Écosse : « Pour la race celtique, dit M. Lé-
huërou, la parenté se prolonge indéfiniment et n'a
point d'autres limites que celles du nombre des familles, qui remontent à travers le cours des âges à un
père commun. »

On sait la durée indéfinie des familles bretonnes,
aux milles rameaux, et l'instinct généalogique de ce
peuple, habile à suivre de génération en génération
toutes les sinuosités de la parenté.

Dans les mœurs galliques, c'était le mariage allié
aux idées religieuses, et conforme au droit naturel
qui constituait la base de la famille.

La polygamie n'était pas admise en Gaule. Je m'empare, pour le prouver, du serment gaulois, rappelé
par J. César, *ad uxorem. (V. supra).* L'usage permettait cependant aux chefs d'avoir des concubines.
César a cru reconnaître, dans l'île de Bretagne, la
communauté des femmes, l'inceste souillant le foyer
domestique. Mais son autorité, pour les mœurs de la
Bretagne, qu'il avait peu observés par lui-même, ne
peut être aussi imposante que pour les mœurs de la
Gaule, qu'il avait habitée pendant dix ans. Aussi,
M. de Courson (Hist. des orig. de la Bret. Armoric.)
n'a-t-il pas craint d'affirmer que César avait été trompé
par de fausses apparences et par un mode d'habitation
commune, qui est encore pratiqué chez les paysans
de la Basse-Bretagne, sans qu'il y ait porté atteinte
à la sainteté du foyer domestique. Strabon n'attribue
pas l'usage de la promiscuité des femmes et de l'inceste

aux habitants de l'île de Bretagne. Il l'attribue à ceux
de l'Irlande, mais, en prenant le soin d'avertir qu'il
n'avance cette assertion que d'après des relations peu
dignes de confiance. Si des désordres de ce genre ont
pu exister en Gaule, nous devons croire qu'ils n'eurent, tout au plus, qu'un caractère partiel et local.

Le caractère élevé de la doctrine druidique et son
alliance intime avec le droit civil donnent à penser
que l'union conjugale était consacrée par des cérémonies religieuses imposantes. Dans un chant gallois du
vıᵉ siècle (chant de Merzin), le ministère du barde
cambrien qui représente l'ancien druide du continent,
est déclaré nécessaire au mariage d'une princesse de
Bretagne. D'après les lois d'Howel, les bardes devaient
intervenir nécessairement au mariage des filles nobles ;
et, de nos jours, dans la Bretagne armoricaine où l'i-
dée de mariage ne saurait se séparer des idées religieuses, le *Barz*, image dégénérée du *Barde*, est présent encore et entouré des soins de la fiancée aux noces
des villageois (1).

La puissance paternelle en Gaule avait un caractère absolu ; elle était armée de prérogatives redoutables. La famille, on l'a dit, est la première unité sociale, l'image primitive de la cité. Tous les pouvoirs
concentrés dans la main du chef lui permettaient
d'assurer l'ordre entre ses membres et de défendre
leur solidarité. Le père, au dire de César, avait droit
de vie et de mort sur ses enfants. Le consentement du
chef de famille était sans doute nécessaire pour le ma-

(1) V. Barzas — Breiz, par M. de la Villemarqué.

riage des enfants soumis à sa puissance. Il était exigé
par le droit breton.

C'était l'aïeul, le vieillard, vénéré qui présidait à
tous les actes privés, à ceux concernant la famille.
L'enfant n'était pas abandonné à lui-même, au moment de fonder une famille : d'après la loi du pays
de Galles, le fils né d'une mère qui s'était mariée sans
le consentement de sa famille, ne pouvait hériter
d'aucune terre.

La puissance paternelle n'avait pas cependant ce
caractère d'égoïsme et de perpétuité qui distinguait la
puissance paternelle à Rome : l'émancipation par
mariage est un principe d'origine gallique.

On peut conjecturer que, suivant un usage reçu
chez d'autres peuples, le jeune homme admis à faire
partie de l'assemblée des guerriers, et jugé apte à soutenir l'honneur de la famille (ce qui semblait présager
une sorte d'émancipation), ne pouvait cependant se
marier qu'après avoir fait ses preuves de bravoure sur
le champ de bataille. Le mariage devenait ainsi le
prix de la victoire.

Nous avons vu comment les peuples de l'antiquité
entendaient le droit de la femme sur sa personne.
Tous lui ravissaient le droit de consentir à son propre
mariage. Au milieu de cette série de siècles et de peuples oppresseurs de la jeune fille, s'élève un exemple
frappant de liberté et de dignité humaine ; cet exemple, nous pouvons en être fiers, nous est donné
par un peuple de la Gaule. En Ligurie, pays qui n'é-
tait qu'un rameau des terres celtiques, quand plusieurs prétendants demandaient la main d'une jeune

fille, ses parents les réunissaient dans une salle de
festin. A la fin du repas, la jeune Ligurienne parais-
4ait sur le seuil, tenant à la main une coupe pleine
d'un doux breuvage ; elle s'approchait de celui qu'elle
avait préféré et lui versait à boire : elle avait choisi,
ils étaient époux.

J'aime à croire que cet exemple fut suivi dans toute
la Gaule. On ne voit nullement que l'achat de la
femme ait été pratiqué parmi les Gaulois, comme
chez les autres peuples de l'histoire.

D'après les lois de l'ancienne Bretagne, la femme
est majeure à douze ans, et doit, à cet âge, être pour-
vue d'un mari qui devient son *seigneur-propriétaire*.

La fille séduite est crue dans ses affirmations sur les
promesses du séducteur. On sait combien le Code
Napoléon a fait bon marché de cette tradition.

Le régime matrimonial gaulois contient un germe
d'association, de communauté ; je traduis ainsi les
commentaires de César décrivant les conventions matrimoniales des Gaulois : « Quand les maris ont reçu
de leurs femmes des biens à titre de dot, ils y réunissent, pour former une seule masse, des biens tirés de
leur propre patrimoine et d'une valeur égale fixée au
moyen d'une estimation : le tout forme un capital
dont on fait un compte unique, et dont les revenus
sont mis en réserve. Quel que soit le survivant, c'est à
lui que reviennent l'une et l'autre portion de ce capital, avec les revenus du temps écoulé pendant le
mariage. »

Ce régime, en faisant profiter le survivant des
époux, quel qu'il soit, de la conservation du capital

apporté de part et d'autre, intéresse la femme à la bonne gestion des biens qui servent de gage à sa créance éventuelle.

La puissance maritale était identique à la puissance paternelle. Le mari avait, selon César, droit de vie et de mort sur la personne de sa femme, comme sur celle de ses enfants ; le mari qui frappait injustement sa femme lui devait cependant une amende. Quand un Gaulois des bords du Rhin soupçonnait sa femme d'infidélité, il la contraignait d'exposer le nouveau-né sur un bouclier, et de le lancer dans le fleuve. Si l'enfant était submergé, la femme était livrée à la mort ; s'il surnageait, la femme était reconnue innocente : le Rhin décidait de son sort (1).

Un tribunal de famille était convoqué, lorsque le mari, d'une haute naissance, venait à mourir inopinément ; si la femme pouvait être accusée de sa mort, la question lui était infligée comme aux esclaves. Était-elle convaincue de crime, elle périssait par le feu et les plus cruels tourments. Les parents les plus proches du mari, composaient ce redoutable tribunal.

La puissance domestique, bien que concentrée entre les mains de l'époux, n'empêchait pas les rapports de la vie de famille inconnue à l'Orient, si ce n'est dans

(1) Voici ce que décide aussi une loi galloise fort extravagante. (Probert L. galloises, p. 33) : « Si le nouvel époux trouve que la fiancée n'est pas vierge, et qu'elle ne puisse prouver son innocence, la chemise lui sera coupée... La queue d'un bouvillon lui sera mise dans la main, après avoir été enduite de graisse ; si elle peut la retenir, qu'elle soit mise en possession de ses biens paraphernaux ; si elle ne le peut, qu'elle ne réclame rien. »

l'âge patriarcal. Les enfants, jusqu'à leur puberté, restaient sous la direction de leur mère ; or les soins, la surveillance et la sollicitude de l'amour maternel forment un des éléments les plus précieux de la vie de famille, et supposent que la femme ainsi chargée de la direction de ses enfants, n'est pas abaissée au rang vil de l'esclave. Les femmes gauloises étaient entourées d'une grande considération, dont elles se rendirent dignes par des actes héroïques : Cent-cinquante ans avant la conquête de César, dans le traité d'Annibal avec les Celtes, lors du passage des Alpes, il fut convenu que, si les Carthaginois avaient à se plaindre, le jugement des sujets de plaintes serait déféré aux femmes gauloises.

César ne parle que d'un seul mode d'extinction du mariage, la mort de l'un des conjoints. On n'en a pas induit cependant l'indissolubilité absolue du mariage gaulois. On a pensé que le mari, qui avait sur l'épouse une grande supériorité de puissance, avait à son égard un privilège de répudiation, comme dans les mœurs primitives de Rome. Les lois d'Howel prévoient la séparation résultant de la répudiation exercée par le mari, et Wotton regarde cette faculté de répudiation comme un un usage celtique, ayant résisté jusqu'au dixième siècle à l'influence chrétienne. Le mari, d'après les lois galloises, pouvait *se repentir* de la répudiation, et reprendre sa femme ; mais, s'il en avait épousé une autre après la répudiation de la première, celle-ci devenait libre de se marier une seconde fois. La liberté de la femme était subordonnée à l'usage que le mari ferait de sa propre liberté : c'est bien là le caractère d'une institution primitive où domine le pouvoir de l'homme (1).

D'ailleurs, le premier mariage était le plus honoré dans les mœurs. L'honneur dû à la première union et à l'épouse répudiée, se réfléchissait dans une disposition remarquable des lois galloises : si la seconde épouse était admise dans la même couche que la première, une réparation était accordée à la femme répudiée dont le souvenir n'avait pas été respecté. La coutume, qui ne pouvait maintenir l'indissolubilité du lien, donnait du moins à l'honneur de la première épouse, une pudique et naïve protection.

Les lois galloises ne refusaient pas complètement le divorce à l'épouse ; elles l'accordaient pour causes *physiques* et *déterminées;* la femme pouvait abandonner son mari pour cause d'hydrophobie, d'haleine infecté ou d'impuissance. Le mariage ne s'était pas élevé dans les mœurs des peuples primitifs jusqu'à cette notion sublime, ce *consortium omnis vitæ*, où l'union des âmes domine l'union corporelle.

(1) La femme, suivant la loi du pays de Galles, n'est que le tiers de l'homme.

Si un homme est séparé de sa femme, et qu'elle se marie à un autre, s'il se repent de s'être séparé d'elle, et qu'il la surprenne un pied dans le lit du nouveau marié, et l'autre pied dehors, il doit la reprendre.

§ 2.

FAMILLE GERMANIQUE.

« Fille de l'Orient et mère de la civilisation européenne, la Germanie, dit M. Rathery (*Histoire de la
succession des femmes*), est le lien naturel entre l'antiquité et le moyen âge. Au milieu des traits particuliers
à l'enfance des peuples, elle présente des germes féconds de régénération sociale. Ce n'est qu'un crépuscule sans doute, mais c'est celui qui précède le jour
et non celui que la nuit doit suivre. Ainsi, dans les
mœurs germaines, telles qu'elles nous apparaissent
dans l'éloquent pamphlet de Tacite, nous retrouve-
rons des réminiscences du passé, mais plus encore
des points de départ pour l'avenir. »

Trois *principaux* éléments ont, par leur fusion,
formé notre droit français : l'élément romain, l'élément canonique ou chrétien et l'élément germanique (1), la féodalité n'étant, pour plusieurs, que le

_____

(1) La famille, comme on l'a remarqué, est le premier pas vers la
vie sociale, la première réunion d'individus; elle est l'image et le
berceau de l'État qui se forme plus tard. Les premiers usages se ré-
fèrent donc nécessairement aux droits et devoirs des divers membres de la famille. Ces premières règles sur la constitution de
la famille forment le noyau du droit privé des nations et c'est
ainsi que cette partie du droit, qui demeure presqu'invariablement
la même au fond de toutes les législations des peuples issus de la
même souche, sert à distinguer, aujourd'hui encore, les différentes
nations appartenant à cette race germanique, qui brisa Rome an-

développement du germe fécond, apporté par les Barbares sur cette terre où le génie romain s'était épuisé.

Les droits de famille ne reposent plus, chez les Germains, sur une base artificielle, sur le seul lien de puissance, comme à Rome. Tous ces droits viennent de la naissance et du sang. Mais le sang n'est cependant pas le seul élément de la famille germanique ; elle contient aussi un élément politique. Elle n'est pas seulement une agrégation de personnes unies par la communauté d'origine, c'est encore une organisation politique, une sainte fédération qui a pour but de défendre par le conseil, par le serment, par les armes, et les personnes et les biens de l'association.

La famille avait en Germanie un tout autre principe que la famille romaine. Le père y était chef, mais dans l'intérêt seul de la famille, et non, comme à Rome, dans l'intérêt et pour l'extension de sa propre puissance. Les familles barbares, sans cesse en guerre les unes contre les autres, avaient forcément besoin d'un maître qui fût dictateur pour être protecteur. De là, la réunion de toutes les forces dans

cienne, fonda les empires et les royaumes de l'Europe centrale et occidentale. Tous ces peuples vainqueurs qui, au v⁰ et vi⁰ siècles, mus par un besoin simultané, rédigèrent leurs anciennes coutumes, déposèrent, malgré la différence des détails, des principes identiques dans leurs diverses lois; un même esprit anime tous ces monuments législatifs de la race germanique ; la famille est instituée chez eux sur des bases presque indentiques. De nos jours encore, subsistent entre les peuples qu'on a voulu appeler romano-germaniques, des traits marqués de ressemblance qui paraissent rappeler une communauté d'origine.

une seule main, et dans une main virile ; de là, toutes les propriétés territoriales léguées au fils ou, à son
défaut, au plus proche parent mâle ; de là les vêtements de guerre, l'argent, les esclaves, le prix de
l'insulte, réservés à l'héritier mâle ; de là, enfin, l'exclusion des filles de l'hérédité de l'alleu, mais ce
n'était, pour ainsi dire, qu'une législation *d'État de
siége.* Que la guerre cessât et la loi devait tomber (1).

Un caractère saillant des mœurs germaines, un
principe appliqué par toutes les lois barbares, c'est la
solidarité de toutes les personnes unies par les liens
du sang. Cette solidarité, faisant peser sur toute la famille la responsabilité de l'injure commise par un seul
de ses membres, fait aussi considérer l'injure reçue
par un seul des parents comme une injure s'adressant
à tous. En un mot, l'être collectif est victime ou coupable des délits dont l'un des membres de la famille
est l'auteur ou la victime. Embrasser les haines aussi
bien que les amitiés d'un père ou d'un parent, dit
Tacite, est une nécessité. Chacun des individus composant la société domestique doit, à peine d'infamie,
poursuivre jusqu'à la mort du coupable, la vengeance

---

(1) Les priviléges de sexe et d'âge, dit M. Laboulaye, odieux à une
époque où rien ne justifie cette préférence, parce que l'État garantit à
tous égale sécurité, égale protection, ne sont que justes à une époque
où la famille est un petit État isolé, indépendant, qui se protége et
s'administre lui-même, et dont les chefs sont les premiers soldats.
Prendre la famille sous sa garde, c'est une rude fonction qui mérite
sa récompense ; car c'est l'épée au poing que s'exerce cette péril-
leuse protection, et le privilége des mâles, des *Parents du glaive,*
comme les nomment les coutumes du moyen âge, n'est souvent que
le droit mourir en défendant la famille.

et la réparation des crimes dirigés contre l'un d'eux, et partager la défense commune.

La solidarité dans la famille germanique peut être caractérisée en peu de mots : au point de vue moral et social tout à la fois, elle transformait le crime en fait de guerre, substituait la vengeance à la justice; organisait les vengeances collectives des parents, fomentait et perpétuait les guerres privées. Mais sous les vices de son application dans les mœurs barbares, elle contenait cependant une vertu pour les sociétés civilisées, l'esprit de famille, le sentiment de l'honneur collectif (Laferrière, *Hist. du Dr. fr.*).

Cet esprit de famille ne se renfermait pas dans le cercle des descendants ; il s'étendait aux proches des lignes paternelles et maternelles, et il produisait une communauté d'intérêts réelle, qui se manifestait sous plusieurs formes : le partage des compositions, la copropriété des biens dans la famille directe et collatérale, et le concours des parents à l'aliénation de ces mêmes biens.

Le mariage reposait sur sa véritable base, la monogamie. Tacite nous a représenté sous le jour le plus favorable la sévérité des mœurs germaines. La polygamie ne fut permise qu'aux principaux chefs de la nation : « Les Germains, dit l'auteur romain, se contentaient d'une seule femme, à l'exception de quelques Grands qui en prenaient plusieurs, non par dérèglement, mais parce que la noblesse de leur alliance était recherchée (*Esprit des lois*, liv. XVIII.). »

Cependant les passions brutales du conquérant ne pouvaient manquer d'assombrir le tableau tracé par

Tacite. L'histoire nous a légué bien des témoignages
de barbarie. Augustin Thierry raconte une anecdote
qui peut caractériser une époque : « Clotaire Ier, nous
dit-il, dont il n'est pas facile de compter et de classer les mariages, avait épousé une fille de la plus
basse naissance, appelée Ingonde, sans renoncer
d'ailleurs à ses habitudes déréglées. Il l'aimait beaucoup et vivait avec elle en parfaite intelligence. Un
jour, elle lui dit : Le roi mon seigneur a appelé sa servante à son lit ; il mettrait le comble à ses bonnes grâces,
en accueillant ma requête. J'ai une sœur nommée Aregonde. Daignez lui procurer, je vous prie, un mari
qui soit vaillant et qui ait du bien, afin que je n'é-
prouve pas d'humiliation à cause d'elle. Cette demande, en piquant la curiosité du roi, éveilla son
humeur libertine. Il partit le jour même pour le domaine sur lequel habitait Aregonde, et trouvant qu'elle
était, pour le moins, aussi belle que sa sœur, il la prit
avec lui, l'installa dans la chambre royale et lui donna le titre d'épouse. »

Les rois Francs eurent plusieurs femmes. Clovis, après sa conversion, eut plusieurs épouses.
Dagobert en eut trois à la fois. Charlemagne épousa
les deux sœurs.

L'élément politique de la famille germanique lui
donne une physionomie un peu romaine. Elle aussi
se personnifie dans le chef qui protége et défend les
siens. Néanmoins, il faut se garder de confondre la
patria potestas des Romains primitifs et le *mundium*
des barbares : il y a un abîme entre ces deux pouvoirs.
A l'origine, il y eut peut-être quelqu'affinité entre les

deux institutions; mais, dès l'époque de la conquête, la puissance paternelle des Germains a dépouillé sa dureté; la législation contemporaine de l'invasion, la législation d'état de siége s'adoucira elle-même, dès qu'aura cessé le tumulte de la guerre. Les droits du sang ne seront plus sacrifiés comme *dans le crépuscule des temps barbares.*

Le chef de famille germain ne sera point comme le *paterfamilias,* le *maître* de la femme et des enfants; il ne sera que leur gardien, mundwaldus. Sa puissance sera toute de protection, dans l'intérêt du protégé et non dans l'intérêt du protecteur. A Rome, la puissance paternelle représente le système despotique, chez les barbares, le chef de famille n'a qu'une autorité tutélaire, il n'est, comme le souverain constitutionnel moderne, que le premier magistrat. La protection spéciale accordée au faible, dit M. Pardessus, est un caractère des Codes germaniques. L'homme de guerre estime avant tout le courage et la force; mais aussi, dans le sentiment de sa force et de son courage, il puise le sentiment et l'idée généreuse de défense et de protection à l'égard des faibles. Telle est la noble origine du *mundium,* qui cessait avec le mariage de l'enfant.

Originairement, toutefois, selon les plus anciennes mœurs de toutes les races du nord et des peuples de l'Asie, le père avait, on ne peut le nier, le droit de recevoir le prix du *mundium* qu'il transmettait à l'époux, c'est-à-dire le prix de sa fille. Quelquefois la loi tarifait à l'avance le taux légal du prix de vente.

« Rien ne proclame si énergiquement, remarque

M. Legouvé, que la fille est une esclave et le mariage
un marché ; c'est la mesure de la barbarie d'un peuple. Recevoir le prix de son enfant, se faire payer
pour les soins dont on l'a entourée, donner à un autre homme plein pouvoir sur elle, comme sur une
chose, être intéressé personnellement à la confier,
non au meilleur, mais au plus riche, il se trouve là
un calcul qui révolte tous les sentiments du cœur et
qui désenchante jusqu'à la présence de la jeune fille
dans la maison paternelle ; elle n'y a plus été élevée
comme un être que l'on aime, mais comme un produit que l'on exploite. »

L'émancipation de la fille, dit encore le même auteur, était tellement dans les droits de l'humanité et
dans les desseins de Dieu, que ce prix du *mundium*,
après avoir souillé les mains paternelles, devint l'un
des premiers instruments d'indépendance de la femme, qui se fit une arme de ses chaînes. Admirable
transformation du mal en bien. Pour la produire, la
Providence tourne contre nous ou plutôt à notre profit, nos vices eux-mêmes ; ici vivait une coutume barbare, elle la métamorphose en un bienfait, et, pour
ainsi dire, greffé par elle, l'arbre sauvage nourrit de
ses fruits et protége de son ombre les fils de ceux que
ses épines déchiraient et qu'empoisonnaient ses baies
amères. Ainsi du *mundium* .

Cette coutume ne fut pas abolie ; elle se transfor-
ma. On rencontre une loi de *Canut*, qui défendit de
vendre la femme à l'époux. Le *mundium* fut respecté.
L'achat demeura à titre de forme symbolique, trans-
férant la *mainbour* comme autorité de protection au

futur mari. À la fin du cinquième siècle, dans la pratique des Francs, le *mundium* sur la jeune vierge était payé par le futur mari *un sol et un denier* seulement, usage encore suivi par Clovis, lors de son mariage avec Clotilde. Le prix du *mundium* fut encore, en réalité, payé par l'époux; seulement, au lieu de le remettre au père, il le donna à la fille.

Plus d'acheteur, plus d'esclave, c'est maintenant une fiancée qui reçoit, non de la main d'un maître, mais d'un époux, le don d'actions de grâces.

Ce progrès est déjà peut-être *en partie* opéré au temps de Tacite : *Dotem non uxor marito sed uxori maritus offert.* Les parents et les proches assistent la jeune fille , nous rapporte l'historien ; ils agréent les présents. Ces présents ne sont pas des frivolités pour charmer les femmes, des parures de mariées, *delicias muliebres*, dit dédaigneusement Tacite. Ce sont des bœufs accouplés sous le joug, un cheval tout équipé, le bouclier , la framée , le glaive. Sous ces auspices, la jeune fille devient épouse ; elle donne elle-même quelques armes au mari, et déclare par ces dons symboliques, par ces emblêmes guerriers, qu'elle se soumet aux vertus d'une existence active et belliqueuse. Ces présents, — dit encore Tacite épris de la simplicité germaine, accusé de céder aux séductions du poëte,—ce sont leurs sacrés liens, leurs mystérieux symboles, leurs dieux d'hymenée. Qu'ainsi la femme ne ne se croie pas hors des pensées héroïques, hors des hasards de la guerre, les auspices de l'hymen le lui disent déjà ; elle vient comme compagne des travaux et des périls de son mari ; sa loi, en paix comme au combat, c'est d'oser et de souffrir comme lui *(idem ausuram et passuram)* ; voilà ce que lui dénoncent l'attelage des bœufs, le cheval préparé et les armes. Ainsi il lui faudra vivre, ainsi mourir (1).

Plus tard, au milieu des richesses de la Gaule, les armes et les chevaux disparurent pour faire place à de belles terres, à de riches parures, à l'or et à l'argent des provinces conquises.

Cette innovation, dont parlait déjà Tacite, revêtit, chez les peuples barbares, les formes les plus affectueuses qui respirent comme le parfum d'un âge primitif. « Chacun des pas de la fiancée hors de la maison paternelle rencontre un hommage ; chaque fleur qu'elle détache de sa couronne de vierge, renaît, pour ainsi dire, en un présent plein de grâce et de tendresse. »

L'offrande de l'époux se faisait sous le nom de *sponsalitium, dos, douaire, metha, oscle, morgengabe*, etc. L'oscle était le don accordé à la jeune fille pour le premier baiser qu'elle laissait prendre à son fiancé, comme consécration des fiançailles (2). Ce

(1) Selon M. Troplong, Tacite n'a pas une véritable intelligence de ce qu'il raconte : « Il ne s'agit pas du tout d'une dot dans le sens des Romains, dit-il : *C'est un achat, c'est un prix*, ce n'est pas une dot. Sans doute, quand les idées se seront modifiées et adoucies, ce prix d'achat se transformera en une dot honorable. Mais, à l'époque de Tacite, la férocité germaine n'y voit que le prix d'un droit qu'on achète. De plus, Tacite n'a pas l'air de se douter pourquoi ces présents consistent dans des objets qui ne sont pas à l'usage d'une femme ; des bœufs, un cheval bridé, une framée et un glaive ; il ne trouve là que le sujet d'une satirique allusion au luxe des Romains, sans s'apercevoir que ce genre de cadeaux serait inexplicable, si c'était un simple présent de noces adressé à l'épouse. » (Préf. du *Cont. de Mariage*).

(2) On trouve le témoignage de cette coutume dans les lois espa-

baiser anténuptial était considéré comme une condition de la célébration des fiançailles. Il avait pour
effet de rendre irrévocables les présents faits à la fiancée, *osculo interveniente*, comme le le décident les
anciens diplômes du Midi, le Bréviaire d'Alaric, la
loi des Visigoths, la Coutume de Castille, à l'exemple
d'un rescrit de Constantin. (C. Théod. III, T. 5, L. 5.)

Le *morgengabe*, ou don du matin (le *theoretrum*
des Grecs, αναχαλυπτηρια, *pretium defloratœ virginis*,
hommage naïf de l'amour, était offert à la jeune
épouse au moment du réveil, prix et témoignage de sa
virginité (1).

Si le mari mourait et que ses héritiers contestas-
sent le *morgengabe* à la veuve, il lui suffisait de jurer
par son sein *per pectus suum*, que son mari lui avait
alloué telle somme pour don du matin, et aussitôt
on lui en confirmait la possession (2). « Cette

gnoles. Dona Elvire était fiancée à un cavalier qui lui donna en présent des habits, des bijoux, et une mule harnachée ; mais le mariage
étant venu à manquer, le cavalier redemanda ses dons. De là, procès
devant l'*adelantado* de Castille, qui décida que, si la dame avait em-
brassé le cavalier, elle garderait les présents : la dame aima mieux
tout rendre.

(1) « Tous les peuples primitifs, remarque M. Troplong, obéissent à
cette pensée inhérente à la barbarie, de se glorifier, comme d'une
conquête, des prémices de la femme, et de manifester leur joie par
des libéralités. »

(2) Cet usage se retrouve jusqu'au quinzième siècle dans une coutume de la Suisse, où le droit germanique s'est longtemps conservé
pur de toute alliance avec le droit romain. Si l'on ne veut pas croire
la femme, disent ces coutumes, elle doit prendre dans sa main
gauche sa tresse de cheveux, poser cette main sur son sein droit, et
avec sa main droite, jurer par Dieu et les saints, et ce quelle aura
affirmé aura pleine valeur ; personne ne pourra lui contester son
morgengabe.

torité sans appel accordée à la femme, dit un
historien, pour le présent de l'affection, ce corps
pris à témoin, quand il s'agissait de l'abandon de
soi-même, ont un caractère singulier de grandeur et
de grâce. »

La dot ou donation nuptiale des Germains, qui n'é-
tait autre chose qu'un *douaire*, devint l'accessoire
nécessaire et caractéristique du mariage légitime, d'a-
près même les décisions des conciles.

Dans le principe, et tant que l'achat de la femme
resta en usage, le père qui vendait sa fille pouvait
disposer souverainement de sa main ; il la livrait,
sans qu'elle eût le droit d'élever la voix contre cet
odieux marché. Une seule restriction était primitivement imposée au pouvoir du Germain, pour maintenir dans toute sa pureté la race des guerriers : il ne
pouvait livrer sa fille qu'à un homme libre (3). A défaut des pères, ce droit appartenait au plus proche
parent, et si la femme était veuve, aux héritiers du
premier mari, comme si, achetée par ce dernier,
elle fût entrée dans l'ensemble de ses biens et fît
partie de son patrimonie et de son hérédité. Cette loi
inique et barbare qui excluait la fiancée de ses propres fiançailles, fit naître plus d'un sombre drame,
comme le témoigne dans les récits des *nials-saga*, la
sanglante légende d'Halgerda, la *mâle-vierge*, se déli-
vrant, par la hache, de l'époux qui l'avait achetée
comme une vile esclave.

La bienfaisante influence du christianisme qui sut

(3) *Leges Luitprandi*, l. vii, t. i, et *Rotharis*. 66, 181, 199.

tendre la main à toutes les faiblesses, émanciper l'esclave et briser les chaînes injustes, vint fléchir la rudesse et le despotisme des pères ; les atrocités disparurent devant cette grande lumière.

Quelques lois barbares résistèrent cependant à l'influence civilisatrice, et conservèrent toute leur dureté native. Elles firent dépendre le mariage de la fille de l'unique volonté du père qui n'était pas tenu de consulter son enfant, par ce motif : *Quia non est credibile ut pater filiam suam aut frater sororem suam, doloso animo, aut contra rationem cuiquam homini darc debeat* (1) ; mauvais raisonnement qui, par cette confiance illimitée en la sagesse et le désintéressement du père ou du frère, conclut de la perfection idéale à la la réalité, en faisant abstraction des passions humaines.

A part ces quelques lois réfractaires, la liberté du consentement de la femme fut partout assurée contre la puissance paternelle. Le rapt, dont la fréquence nous est attestée par la multiplicité des dispositions législatives destinées à le réprimer, fut sévèrement puni par toutes les lois barbares ; la loi des Ostrogoths prononçait même la peine de mort contre le ravisseur.

L'affranchissement de la fille ne détruisit pas la puissance paternelle, qui subsista, tempérée, humanisée, dépouillée d'un attribut qui la déshonorait. La volonté de la femme était devenue la condition de son mariage. Mais cette volonté devait

(1) Leges Luitprandi, L. vii, C. 1 et Rotharis, 66, 181, 199.

elle-même s'appuyer sur le consentement du père ou du plus proche parent paternel (1). Si le père n'avait pas consenti, il pouvait reprendre sa fille, et il recevait en outre une composition. Si la fille mourait avant que le ravisseur eût acquis le *mundium*, en composant avec le père, les enfants étaient bâtards. Lorsque le consentement devait être donné par un autre parent ayant le *mundium* à défaut du père, il paraît vraisemblable que, le respect dû à l'autorité paternelle n'ayant pas été violé, il y avait lieu seulement à composition, et non à rupture du lien conjugal.

Lorsque la fille *majeure* demandait inutilement le consentement du mainbour, elle en appelait au magistrat qui, suivant les circonstances, lui accordait le droit de se marier. Il y avait un progrès réel dans la création d'une autorité impartiale, capable de corriger les caprices du pouvoir paternel, *alors que l'enfant avait atteint l'âge de majorité.* Le fils devait aussi, jusqu'à un certain âge, obtenir le consentement de son père. Cependant le pouvoir paternel subit une atteinte regrettable ; le sacrement jouant le principal rôle dans le mariage, il fallut que le droit du père cédât devant le fait accompli, ce fait ayant été consacré par l'Église : « Quand un jeune homme a quatorze ans accomplis, il peut prendre femme sans le consentement de son père, et s'il n'a pas de père, mais bien un tuteur, il peut prendre femme sans le consentement du tuteur. Si le mariage a été

---

(1) 455ᵉ et 463ᵉ Capitulaires du L. vii de la collection d'Ansegise.

consommé, il est indissoluble, autrement, on peut séparer les deux époux. »

« A douze ans, la jeune fille est nubile, et le mariage
subsiste, quoique contracté malgré la volonté du père
et des autres parents. »

Ainsi s'exprimera le *Miroir de Souabe*, écho fidèle
des idées canoniques. L'Église condamnait, il est vrai,
énergiquement les mariages contractés sans le consentement des parents. Le Concile d'Orléans (541) et le
deuxième Concile de Paris (557) défendirent, sous peine
d'excommunication, d'épouser une fille sans le consentement du père. Saint Basile, avait déjà qualifié de fornication l'union contractée en violation de ce commandement. L'Église flétrit tout manquement à l'autorité
des père et mère : *adulteria, contubernia, stupra et
fornicationes sunt matrimonia facta sine consensu parentum.* Mais, en présence de l'intérêt public des mariages, elle n'osa sanctionner, par la rupture du lien,
le mépris de l'autorité paternelle.

Dès que la femme eut acquis le droit de consentir
à son mariage, les fiançailles eurent réellement leur
raison d'être, leur but moral, leur sainteté.

Toutes les lois des peuples germaniques, établis en
France, reconnurent aux fiançailles un caractère obligatoire. Elles devinrent un engagement d'honneur librement contracté. Des arrhes déposées aux mains
d'un tiers, un anneau mis au doigt de la jeune fille,
consacraient matériellement l'union (1). La perte de

(1) Chez quelques tribus on forçait de plus le fiancé à jurer que,
s'il retirait sa parole et refusait de consommer le mariage, ce n'était
pas qu'il eût découvert dans sa fiancée aucun vice rédhibitoire, mais

ces arrhes avait moins pour objet de dédommager la
fiancée délaissée, que de punir le parjure.

Au-dessus du tort personnel, les peuples germaniques voyaient la morale publique à venger. De là
toute une série de peines afflictives. La rigueur de
l'engagement était telle qu'une infirmité éternelle,
comme la perte d'un membre, ou mortelle, comme la
lèpre, un déshonneur public, comme la prostitution
de la fiancée, un abandon de plus de trois ans, pouvaient seuls le briser. En dehors de ces causes légitimes de rupture, toute atteinte à la foi jurée
était rigoureusement punie : partout d'abord perte
des arrhes ; chez quelques tribus barbares, amende
considérable ; chez quelques autres moins éclairées,
condamnation à remplir la promesse ; chez les Bourguignons, peine de mort. Une veuve libre se fiance
à Frédégésile ; les présents sont donnés, puis soudain, sans autre motif que la passion, Frédégésile
rompt ce lien, et se fiance de nouveau à Balthamo-
dus : « Que les coupables, dit Gondebaud, *capitis
amissione plectantur*, soient punis par la perte de la
tête. »

L'Église, prolongeant les effets des fiançailles,
même après leur rupture, établit entre les deux
fiancés une sorte de parenté désormais ineffaçable,
comme la parenté naturelle. Épouser le frère ou le
père de celui ou de celle à qui l'on avait été fiancé,
c'était commettre un inceste ; les époux, ainsi unis

que l'amour avait été plus fort que lui, et avait entraîné sa pensée et
son cœur, vers un objet plus aimé.

étaient excommuniés, leurs enfants naissaient illégitimes. Si excessives que paraissent de telles conséquences, il y a dans cette religion de la promesse
une extrême grandeur qui émeut. Quoi de plus
propre à maintenir dans les âmes le respect de
soi-même et la probité de la parole ! Quelle leçon plus éloquente de déférence envers la femme !
Quelle protection plus salutaire que cette assimilation des promesses qui lui sont faites aux plus sérieux
et aux plus inébranlables contrats ! La femme alors,
on l'a très-bien dit, est un être sacré, le mariage une
chose sainte.

Chez les Germains, le mariage était un contrat *réel*,
ne se formant que par la tradition de la fiancée.
L'influence de l'Église introduisit la nécessité de la
publicité et de la bénédiction du prêtre qui accompa-
gnait le mariage comme les fiançailles. Le mariage
n'était légalement formé que par la cohabitation ;
d'où la nécessité de recourir à des symboles à une
époque où le droit se personnifiait, pour ainsi dire,
dans une suite non interrompue d'actes symboliques.
Voici comment un pape, saint Æneas Silvius nous
raconte le mariage de l'empereur Frédéric et
d'Eléonore de Portugal ; c'est la coutume germanique dans tout son naturel. Le récit latin, dans
sa naïve simplicité, rendra mieux la bonhomie de
ces usages ; une pruderie mal placée pourrait seule
s'offenser de ce genre de citations.

*Jussit imperator teutonico more stratum apparari
jacentique sibi Eleonoram in ulnas amplexusque dari,
ac, præsente rege, cunctisque proceribus adstantibus,*

13

*superduci culcitram, neque aliud actum esse nisi da-
tum osculum, fuisse enim ambos vestitos, moxque
inde surrexisse.* L'historien ajoute : *Sic consuetudines
Teutonicorum se habere, cum principes primum jun-
gantur, mulieres vero hispanas quæ adfuerint arbitra-
tas res serio geri, cum superduci culcitram vidissent,
exclamasse indignum fieri facinus, regemque qui talia
permitteret increpasse. Hunc autem non sine risu
et jucunditate spectasse peregrinos mores.*

L'âge de la majorité que les anciens Germains faisaient dépendre du développement des forces physiques, fut plus tard fixé d'une manière certaine ;
mais cet âge n'était pas uniforme, il variait selon les
lois des différents peuples ; chez les uns, il était porté
à douze ans, chez la plupart à quinze ans. Selon Jules
César, la minorité chez les premiers Germains, se pro-
longeait à l'égard du mariage ; on voyait du moins
avec défaveur les jeunes gens se marier avant l'âge
de vingt ans. Le germe de la distinction qui existe
dans notre droit français, entre la minorité ordinaire
et celle relative au mariage, pourrait ainsi remonter
à une bien haute antiquité germanique.

Les races barbares songent peu à garantir la pureté
des mœurs qui doit présider à l'union conjugale. Les
lois barbares primitives semblent n'avoir rien réglé
formellement sur les empêchements pour cause de
parenté. Le plus ancien texte de la loi salique n'en fait
pas mention.

On sait jusqu'où l'Église porta sur ce point ses ombrageux scrupules, et quels abus devait engendrer cette multiplicité des prohibitions de mariage pour cause de parenté. En voulant inspirer une juste horreur de l'inceste, la réaction fut excessive. Sans craindre de porter la perturbation dans toutes les consciences et toutes les familles, quelques papes et quelques conciles interdirent le mariage entre parents ou alliés, à quelque degré que ce fût. On était sacrilége à son insu ; la stabilité de toutes les unions était compromise au grand péril de la société. Combien y a-t-il de mariages, en effet, où une minutieuse investigation ne puisse découvrir quelque lien de parenté ou d'alliance depuis longtemps oublié ? La parenté spirituelle était aussi un obstacle au mariage. Les décisions des conciles et des papes varièrent souvent sur les limites à imposer aux mariages entre parents. Les lois barbares reflétant les idées canoniques, soumises à mille variations, témoignent d'une prodigieuse instabilité sur laquelle je n'ai point à m'arrêter.

Le mariage fut défendu par plusieurs lois entre le ravisseur et la personne ravie.

Les juifs et les hérétiques devinrent des parias incapables de contracter le mariage civil. L'engagement dans les ordres sacrés et la profession dans un ordre religieux, y firent également obstacle.

Un mariage régulier ne pouvait avoir lieu qu'entre personnes de même condition. Toutes les lois de la race germanique, dictées par l'orgueil héréditaire des races, si fières de leur ingénuité, s'opposèrent avec une grande énergie au mariage entre personnes de

classes différentes. Quelques-unes les défendaient sous
les peines les plus sévères, comme celles des Wisigoths,
des Burgondes, des Saxons : toutes attachaient à ces
mariages des incapacités et déchéances civiles. La plus
grave de ces déchéances, la plus féconde en conséquences est inscrite dans les lois franques. Chez les
Francs, l'enfant issu de ces liens irréguliers suivait
le sort de celui de ses parents qui avait la pire condition. Ainsi le fils d'un serf et d'une femme libre
était fatalement serf ; *en formariage le pire emporte le
bon*, dira un adage féodal déjà applicable. Le droit
romain, qui avait consacré une règle différente, faisait suivre à l'enfant, en pareil cas, la condition de sa
mère. La mésalliance ou *mariage disproportionné* était
considéré comme une souillure, surtout lorsque c'é-
tait la femme qui dérogeait en s'alliant en dehors de
sa classe. La loi des Burgondes frappe de mort les
deux coupables ; la loi des Wisigoths, qui a uni une
sévérité particulière aux barbares à l'endroit de leurs
esclaves à la sévérité plus inexorable encore de la loi
romaine, condamne indistinctement à la peine du feu
et celle qui s'est abandonnée à son esclave ou à son
affranchi et celle qui l'a épousé. Elle se contente d'infliger le fouet à celle qui s'abandonne à l'esclave d'autrui, de même qu'à l'ingénu qui épouse l'esclave d'un
autre. La loi lombarde est déjà moins barbare. Elle
ne fait mourir que l'esclave et laisse aux parents de la
femme le choix de la tuer ou de la vendre à l'étranger ; mais s'ils négligent, pendant une année, d'infliger
le châtiment, les gens du roi auront le droit de la renfermer parmi les esclaves du gynécée. La loi des Bava-

rois déclare qu'il suffira de livrer l'esclave aux parents
de la femme, qui disposeront souverainement de lui.
Celle des Allemands laisse à la femme sa liberté, si
elle la revendique dans le délai de trois ans, et ne condamne à l'esclavage que les enfants. Mais les lois salique et ripuaire ont gardé leur férocité primitive. La
première condamne à la servitude l'ingénu qui
épouse publiquement l'esclave d'un autre. Un capitulaire de Clovis renchérissant sur cette disposition, con-
fisque les biens de la femme, accorde aux parents la
liberté de la tuer, défend même à ses proches, sous
peine d'une amende de quinze sols, de lui donner du
pain ou un asile, et condamne l'esclave au supplice
de la roue. La loi des Ripuaires emploie un symbolisme fort expressif. Le comte doit présenter à la jeune
fille un glaive et une quenouille. Si elle prend le
glaive, elle doit le plonger dans le corps de l'esclave ;
si elle choisit la quenouille, elle reste serve avec lui.

Les *fiscalini*, membres les plus infimes de la domes-
ticité royale, serfs royaux, eurent, dès Charlemagne, le
privilége de s'unir à des personnes libres, sans que
la condition de ces personnes en souffrît : « Ainsi le
voulait l'honneur du roi. »

Cette faveur dont les capitulaires entouraient le
mariage des personnes libres et des *fiscalins*, avait un
but tout égoïste, l'augmentation du nombre des serfs
royaux.

Les premiers Germains, races de mœurs sévères,
dont Tacite exalte la pudicité comme un vivant reproche de la dissolution romaine, pénétrés d'une pen-

sée d'unité dans l'union conjugale, voyaient, si l'on
en croit le peintre de leurs mœurs, d'un œil défavo-
rable les seconds mariages. Ils étaient même interdits
dans certaines tribus. « Plus heureuses et plus sages
encore, écrit Tacite, sont les cités où les seules vierges
peuvent former les nœuds d'hyménée, et une fois
seulement ouvrir leur cœur et leurs désirs aux espérances de l'époux. La femme n'a jamais qu'un mari,
comme elle n'a qu'un corps et qu'une âme. Sa pensée
ni sa passion ne peuvent rien rêver au-delà de cette
première union, et ce qu'il lui faut aimer dans l'époux
qu'on lui a choisi, c'est moins le mari que le mariage. »

Chez les Hérules et les Scandinaves, ce respect d'une
première union était poussé si loin, que les veuves,
comme aujourd'hui encore les femmes indiennes,
se laissaient brûler ou ensevelir avec les dépouilles
mortelles de leurs maris (1).

(1) Ces sentiments de respect pour l'unité conjugale, s'allièrent
avec une bizarre coutume :

» Une coutume étrange, rapporte M. Ozanam, se conserva jusqu'au moyen
âge dans certains cantons de l'Allemagne. L'époux qui vieillissait sans enfant, pouvait, disait-on, appeler à sa place un voisin qui lui donnât un fils.
Un tel usage qu'on retrouve chez plusieurs peuples de l'antiquité et qui
viole cependant toutes les lois de la nature, ne pouvait tenir qu'à une
croyance superstitieuse, c'est que l'homme avait besoin d'un fils, quoi qu'il
coûtât, pour continuer la famille, pour représenter, pour honorer, peut-être
pour racheter les ancêtres. En effet, l'enfant n'entrait dans le monde, qu'à
la condition d'accomplir des expiations et des sacrifices. Voilà pourquoi l'on
plongeait le nouveau-né dans l'eau lustrale, comme s'il avait eu quelque
souillure héréditaire. Voilà pourquoi on lui faisait faire une libation, en
mettant sur ses lèvres le lait et le miel qui étaient des mets purs et sacrés.
Après qu'il y avait goûté, qu'il avait pris sa place sur la terre par cet acte
religieux, il n'était plus permis de l'exposer, il avait droit de vivre ; il gran-
dissait dans la maison et craignait son père comme un maître, il le respec-
tait comme le représentant de la divinité ; car le père était prêtre chez lui,
il présidait au culte domestique, il consultait la volonté du ciel en agitant
les bâtons divinatoires. »

Les lois barbares se contentaient, en général, de punir la femme qui se remariait par la perte des gains nuptiaux. La loi des Bavarois, celle des Alemanni, celle des Wisigoths ont sur ce point des dispositions qui semblent une imitation du Code Théodosien (lequel donnait aux enfants du premier lit toutes les libéralités que la femme avait reçues de son premier époux, à quelque titre que ce fût). Cet emprunt à la loi romaine est plus visible encore dans la loi des Bourguignons (dont le titre IV est calqué sur la Loi I, C. Théod., de sec. nupt., 3, 19).

« Toutes ces lois, dit M. Laboulaye, sont romaines dans leur esprit, et l'on ne peut affirmer que la défaveur des secondes noces fût réellement dans le génie barbare. »

Cependant un capitulaire de Clovis où nous voyons le droit de famille paraître dans toute son énergie, et où la coutume germanique se réfléchit dans toute sa pureté, nous montre la veuve obligée de composer avec les parents de son mari et de leur abandonner une partie de sa dot et le lit nuptial ; cette dernière coutume, que nous avons rencontrée dans les lois galloises, a quelque chose de chaste et de naïf qui rappelle les beaux usages de l'antiquité.

La veuve qui voulait cesser de l'être, rassemblait dans sa chambre nuptiale neuf témoins et les parents de son mari ; puis, les mains étendues sur son lit qu'elle avait recouvert de sa courte-pointe et de son tapis, elle disait : « Je vous prends tous à témoins, que, pour avoir la paix de la part des parents de mon mari, je leur ai donné l'Achasius, prix du *mundium*,

et que je leur rends le lit conjugal avec son marche-
pied pour y monter, les couvertures pour le déco-
rer, et même les sièges que j'ai tirés de la maison
de mon père. » — Après cette cérémonie, on descen-
dait dans le mail ; d'un côté étaient les nouveaux
époux, de l'autre, le plus proche parent du mari mort,
portant à la main une épée et une chlamyde ; au
milieu, l'homme de la loi : Approchez-vous, leur dit-
sait-il. Toi, Reparius (c'était le titre du parent du
mari mort), promets-tu de donner ta pupille, celle
que tu diriges et défends, promets-tu de la donner
à cet homme de race franque ici présent ? — Je le
promets. — Remets-lui donc avec ton droit de direction et de défense, l'épée et le vêtement de guerre.—
Et toi, homme de race franque, qui a reçu cette épée
et ce vêtement, reçois en même temps sous le *mundium* marital Sempronia avec ses meubles, ses im-
meubles et tout ce qui lui appartient. »

Une disposition des lois barbares prouve aussi le
peu de faveur des secondes unions. Les premières
noces durent seules recevoir la bénédiction nuptiale
interdite pour les secondes. (*Lex Sal.* t. 44. — Pardessus, texte I. — *Lex Lang. Rotharis*, c. 205.)
Le concile d'Épaone, en 517, défendit aux veuves
des prêtres et des diacres de se remarier ; le deuxième
concile de Mâcon, en 585, étendit cette défense jusqu'aux veuves des moindres clercs. Une assemblée
nationale convoquée à Verberie, en 753, par le roi
Pépin, défendit d'épouser celle qui avait été la femme
légitime et même la concubine d'un prêtre.

La mère qui se remarie perd la tutelle de ses en-

fants et voit diminuer la confiance que la loi avait en
elle, comme si, en dépouillant ses habits de deuil,
elle perdait quelque chose du prestige que lui prêtait sa fidélité envers la mémoire de son premier
époux.

Chez les tribus vertueuses des premiers Germains,
le divorce devait être à peu près inconnu, l'adultère
y était fort rare (1). Aussi, Tacite, aimait-il à opposer
aux désordres de la famille romaine, l'unité, la
chasteté du mariage germanique. Mais les lois barbares ne permettant pas d'appliquer aux Germains du
temps de l'invasion toute la pureté du tableau primitif. Le divorce et la répudiation « ce sacrifice de la
passion qui s'éteint à la passion qui s'allume,» furent
admis par la plupart des coutumes barbares. La Nial-
Saga nous donne un exemple du pouvoir despotique
accordé au mari. Un des hommes de la haute-terre,
arrive avec sa femme à un festin nuptial. Le hasard
place le mari auprès d'une jeune fille d'une rare
beauté ; ses yeux ne la quittent pas. Sa femme le rail-
lant sur l'ardeur de ses regards : « Cette femme m'est
insupportable, s'écrie-t-il, je la répudie, et j'épouse
cette jeune fille. » Il l'épousa.
    Quant à la femme, elle n'avait pas le droit de
quitter arbitrairement son mari ; le *mundium* s'y
opposait, et si elle essayait de se soustraire à la puissance de l'époux, elle était punie de la peine des

(1) Les Barbares inventèrent contre l'adultère une peine en rapport
avec les mœurs de l'époque : le mari rasait la tête de la femme
adultère, lui ôtait sa robe et la promenait à coups de fouet.

traîtres. des lâches, peine également réservée à l'adultère. Elle était noyée dans la boue : *In luto necetur*.

Chez les Francs et les Allemands, le divorce par consentement mutuel était en vigueur.

Quand les désordres de la conquête eurent cessé, la sévérité naturelle des mœurs des Germains reprit son empire, les rendit plus accessibles aux idées chrétiennes et facilita le triomphe des doctrines évangéliques.

On sait de quel œil le christianisme envisageait le divorce ; le mariage est pour lui un sacrement, symbole de l'union *perpétuelle* de Jésus-Christ et de son Église. Saint Augustin, dans sa brûlante éloquence, avait déclaré coupable d'adultère, d'après l'Évangile, l'époux divorcé qui se remariait. Le clergé, dont la main bienfaisante se fait sentir dans la rédaction de la plupart des lois barbares, manifesta une tendance constante à y faire régner et prévaloir les idées chrétiennes. Tout en tolérant le divorce, on l'entrava par des peines pécuniaires. La loi des Bourguignons prononce une pénalité d'une extrême rigueur. Elle ne laisse au mari qui veut divorcer sans motif, d'autre parti que d'abandonner la maison conjugale, en laissant sa femme et ses enfants seuls maîtres de ses biens.

L'Église ne se contenta pas des peines civiles édictées dans les coutumes barbares rendant plus difficile la répudiation arbitraire, sans l'empêcher absolument. Elle prononça l'excommunication contre le mari qui sans motif répudiait sa femme. Cette arme terrible qui équivalait à une mort civile, en même temps qu'à une mort religieuse, devait forcément faire tomber la loi civile dans le domaine de la loi religieuse, résultat qui ne fut consommé que plus tard.

Quant au divorce fondé sur un juste motif, les lois barbares se sont contentées de copier la constitution de Constantin. L'édit de Théodoric, la loi des Bourguignons, le Papianus, les Capitulaires parlent à peu près exactement comme le code Théodosien : Si le divorce est prononcé contre le mari, la femme innocente profite immédiatement de ses avantages nuptiaux ; la propriété en est réservée aux enfants communs.

L'Église, gagnant du terrain pied-à-pied, attaqua même le divorce fondé sur un motif légitime, en s'armant encore des décrets des conciles et des foudres de l'excommunication. Non seulement elle ne l'admit plus qu'en cas d'adultère prouvé, mais en outre, fidèle aux plus pures doctrines chrétiennes, elle défendit à l'époux même innocent de se remarier tant que vivrait l'autre époux ; en d'autres termes elle substitua la séparation de corps au divorce.

« Cette influence de l'Église est visible dit M. Laboulaye, dans les Capitulaires, dans la loi des Wisigoths, dans les additions que Charlemagne fit à la loi lombarde, et il est impossible de nier que c'est à la sagesse et à la persévérance du clergé des Gaules qu'on doit cette législation si pure du mariage, qui, encore aujourd'hui, fait la gloire et la supériorité des unions catholiques. »

Quod si quis propriam expulerit conjugem, dit un capitulaire, *si christianus esse voluerit, nulli alteri*

copuletur, sed aut ita permaneat, aut propriæ recon-
cilietur conjugi. »

Quelle que soit l'idée qu'on se forme sur la convenance ou la nécessité du divorce, observe l'auteur
précité, il y a, il faut le reconnaître, une bien haute
idée dans ce capitulaire qui, fidèle aux paroles de
l'apôtre, défend un second mariage, parce qu'il prévoit le pardon possible de l'autre époux, et qu'il veut
en quelque sorte l'y amener par la solitude : « Qu'il
reste seul ou qu'il pardonne! » N'est-ce pas le langage de la charité chrétienne ?

Du reste, cette doctrine sévère qui, en assurant la
perpétuité du mariage, assurait la grandeur de la
femme et sa juste considération dans le mariage, ne
pénétra que lentement chez les Barbares, et il fallut
plusieurs siècles à l'Église, pour faire triompher complètement ces nobles principes.

Charlemagne prohiba le divorce d'une manière absolue, tout en donnant lui-même l'exemple de la répudiation. Un contraste frappant éclata entre les
mœurs et la législation ; celle-ci réprima le divorce,
tandis que les mœurs luttaient encore. Les princes
qui le condamnaient, en donnaient eux-mêmes de
fréquents et scandaleux exemples.

La victoire de l'Église ne sera complète que lorsque
ses lois deviendront définitivement la loi générale pour
les questions de mariage.

Chez les Germains, la femme, soumise à une tutelle perpétuelle, passait, par l'effet du mariage, sous

la *mainbour* du mari, pouvoir d'abord absolu (1), qui se tempéra pour devenir essentiellement protecteur et tutélaire. « Il était réservé au droit germain, sous l'influence des idées chrétiennes et du droit canonique, dit Montesquieu, de donner à la femme sa véritable place dans la famille, d'en faire une associée et non point une esclave, ni une étrangère, de réaliser en un mot, la belle définition du jurisconsulte : *Nuptiæ sunt... consortium omnis vitæ;* sous l'empire de cette idée d'égalité de la femme, l'union des personnes, en confondant les besoins, les travaux, les désirs, a conduit naturellement à l'union des biens. »

L'épouse germaine n'était pas annihilée et désarmée devant le pouvoir marital. La loi prit sous son égide la personnalité et la fortune de la femme. Le mari était bien, au dehors, le représentant de l'association conjugale; c'était lui qui défendait sa femme en justice, et s'il le fallait même, par le glaive, mais son pouvoir n'était que celui d'un chef et non celui d'un maître.

Quant au régime des biens, nous y trouvons un germe, une ébauche de communauté. Outre le douaire, le *morgengabe*, la loi assure à la veuve une part dans les produits de l'industrie commune, un droit successif que la féodalité lui ravira temporairement au profit du seigneur. Le mari est l'administrateur des

(1) La loi des Allemands fait foi de l'énergie primitive du *mundium*. Si l'épouse est ravie, les enfants nés de cette union adultère appartiennent au mari, non au père; s'ils viennent à mourir, le père est obligé de payer pour eux le Wehrgeld au mundwaldus. La postérité de la femme appartient au mari, comme les enfants d'une esclave appartiennent au maître de celle-ci.

biens de la femme. Chez les Germains, habitués à
considérer leurs femmes comme les compagnes et les
associées naturelles de leurs travaux et de leurs dangers (*laborum periculorumque sociam, idem ausuram,
idem passuram*), les idées d'égalité chrétienne devaient
trouver un accès plus facile qu'à Rome.

Sous l'influence directe ou latente de ces idées,
auxquelles la femme est redevable du rôle élevé qui
lui appartient dans la famille, il se forma, en ce qui
concerne le régime des biens conjugaux, un système
qui tient le milieu entre les deux régimes romains,
la *manus* et le mariage dotal, plus libre que le premier, plus intime que le second. Quelques lois, mettant en relief le caractère d'associée attribué à la
femme, allèrent jusqu'à exiger le consentement de la
femme pour la validité de l'aliénation des biens du
mari lui-même. « Le mari et la femme sont un corps
et une vie; » dit le Miroir de Souabe, « Ils ne peuvent avoir aucun bien dédoublé, » ajoute-t-il avec le
Miroir de Saxe ; et une naïve image caractérise l'identité d'existence des époux : « Quand la même cou-
verture est étendue sur eux, l'homme et la femme
sont également riches. »

Le vieux levain germanique devait fermenter.
« Les Germains, disait déjà Tacite, ont un grand respect pour les femmes; ils voient même dans leur sexe
quelque chose de sacré et de prophétique, ils ne dé-
daignent point leurs conseils et ajoutent foi à leurs pré-
dictions, bien qu'ils n'adorent pas de divinités du
sexe féminin. »

Quelques lois barbares fixaient le *Wehrgeld* de la

femme ou prix de la composition de l'outrage qui
lui était fait, au double du *Wehrgeld* de l'homme. On
peut y voir la mesure de la considération dont jouissait la femme. On protégeait par une pénalité double, la faiblesse d'un sexe qui ne saurait se défendre.

« Chez les Germains, dit M. Rathery, les mœurs ont
établi entre les deux sexes plus d'égalité pratique
qu'en Orient, en Grèce ou même à Rome. Peut-être
le climat, en tempérant les désirs de l'homme, amè-
ne-t-il entre les deux sexes une austérité de mœurs
impossible sous des cieux plus brûlants ; quoiqu'il en
soit, le respect pour les femmes et pour l'unité du
lien conjugal distingue les Germains de tous les autres
peuples barbares. Un sentiment inconnu aux anciens
a pris naissance dans leurs forêts ; épuré par le christianisme, propagé par la chevalerie, il traversera le
moyen âge, et formera le fond de la galanterie moderne. Les conseils de ce sexe jusqu'alors méprisé, sont
devenus l'oracle de la paix, l'aiguillon du combat. »

Un auteur allemand s'enthousiasmant des origines
germaniques est allé jusqu'à dire : « Qu'avec le
monde germanique commence une nouvelle éducation du genre humain. »

§ 3.

FÉODALITÉ ET COUTUMES (1).

« C'est un beau spectacle, dit Montesquieu, que celui des lois féodales : Un chêne antique s'élève, l'œil en voit au loin les feuillages ; il approche, il en voit la tige ; mais il n'en aperçoit pas les racines ; il faut percer la terre pour les trouver. »

(1) Je n'entreprendrai pas un examen détaillé du droit coutumier proprement dit. Une étude approfondie des théories et controverses auquel il donna naissance dans sa dernière période appelée période monarchique, nécessiterait à elle seule un volume. Les patientes et consciencieuses élucubrations, les longues et savantes discussions auxquelles se sont livrés Pothier et ses prédécesseurs sur le droit antérieur à la Révolution, manqueraient peut-être aujourd'hui d'intérêt, et ne pourraient trouver place dans un cadre aussi restreint que celui qui m'est tracé. Qu'il me suffise d'avoir indiqué à grands traits la marche générale du droit, les caractères saillants des principales phases de l'histoire, les progrès dont nous sommes redevables à chacune d'elle ; nous aurons ainsi recherché l'origine et la génération de notre propre législation. En négligeant certains détails, j'essaierai de mieux mettre en relief les grandes lignes que je veux m'attacher à faire ressortir dans ce tableau historique. On a dit, non sans quelque vérité :« L'histoire est surtout une leçon et une morale et non pas un problème. » Je me dispenserai donc de traiter une infinité de petites questions vieillies, aujourd'hui tranchées. Sans consacrer de chapitre spécial à la période monarchique, proprement dite j'indiquerai sous ce titre, les principales réformes qui relient la féodalité à la Révolution. L'étude du code Napoléon, lui-même, me conduira à des retours sur le passé, à des rapprochements entre la législation actuelle et le droit antérieur, entre l'esprit et le caractère des deux législations, dont les points de contact sont si nombreux.

Plusieurs auteurs ont cru voir ces racines dans l'é-
lément barbare (1). M. Troplong appelle la féodalité
une amplification hardie de l'idée germanique. Cette
amplification, je serais plutôt tenté de dire cette dé-
viation, éveille en moi, je l'avoue, bien peu d'admiration. Les temps féodaux ont assurément leurs beaux
titres de gloire ; je n'entends ni les nier, ni les déni-
grer ; mais toutes ces gloires n'ont-elles pas été ter-
nies ? Je ne puis m'associer aux louanges excessives
qu'on a prodiguées au moyen âge et venir l'encenser
à mon tour. L'imagination du poète peut y trouver
de riants tableaux auxquels le jurisconsulte n'a pas
le droit de s'arrêter ; il entre plus avant dans cette
société et apprécie les institutions. Au point de vue de
l'organisation domestique, le seul dont je doive m'oc-
cuper en ce moment, on a vanté « l'imposante majesté de ces familles qui ne s'éteignent jamais et qui,
par leur ancienneté et leurs richesses marchent de pair
avec des maisons souveraines. » Je reste froid devant
cette *imposante majesté;* tous ces brillants dehors re-
cèlent de profondes misères ; cet arbre gigantesque
dont parle Montesquieu, est rongé par des plaies hideuses. L'esprit de famille, étouffé sous des institutions aristocratiques, des priviléges d'aînesse et de
masculinité qui substituent un vil égoïsme aux sentiments de la plus pure affection dans le cœur de ce

(1) Selon M. Lehuërou, l'esprit germanique avait été vainement
comprimé par les institutions romaines, sous les Mérovingiens,
et tout aussi vainement attaquée par les institutions impériales de
Charlemagne; il devait se dégager de ces entraves hétérogènes, et
son expression la plus libre et la plus simple devait être la féodalité.

14

nouveau personnage monstrueux, le premier-né, en
dégradant ses frères par l'envie ; l'égalité, la justice
domestique, l'amour paternel, immolés à l'intérêt de
caste ; la femme, malgré le respect officiel dont l'af-
fuble la chevalerie, victime odieusement sacrifiée ;
le droit naturel partout violé ; la force régnant sans
partage, l'anarchie malgré la théocratie, des corvées,
des tailles, des dîmes, le servage, les droits du seigneur, triste cortége de ces hobereaux ; la privation
de ces libertés primordiales qui sont aujourd'hui
tellement inhérentes à notre manière d'être, qu'une
constitution politique croirait puéril de les enregis-
trer ; « un amoncellement de servitudes entassées
les unes sur les autres, une réunion d'esclaves se
dédommageant d'être serfs en étant tyrans, une prison à mille étages ; » tel est le tableau qu'évoque le
seul mot féodalité ; tel est le résumé, telle est l'essence de ce régime qui révolte tous mes instincts.

Le flambeau du droit romain christianisé qui avait
donné pour base à la famille l'égalité, l'affection, les
liens du sang, est éclipsé par les ténèbres des temps
féodaux qu'il ne percera qu'avec peine, sous l'influence des légistes. L'Église est contrainte de transi-
ger sur bien des points avec ces farouches seigneurs
qu'elle ne peut encore complètement dominer ; ils
consentent bien à appliquer au mariage les dispositions du droit canonique ; mais ces dispositions doivent s'allier avec des lois empreintes de toute la barbarie féodale. L'étude de ces lois m'inspire la même
réflexion qu'à M. Troplong.

Cette curiosité de l'érudit, nous dit-il, qui reporte

l'esprit avec tant d'ardeur vers les antiquités du berceau national, n'est pas l'unique sentiment qui doive présider à l'investigation des débris de notre passé. Il y a une comparaison instructive et féconde à faire entre ce qui fut et ce qui est, et quand on met en présence les lois informes, grossières, dont nos aïeux furent cependant si jaloux, et nos lois si douces et si humaines, on se sent plus heureux d'être de son siècle, on aime avec plus d'amour son temps et sa patrie, et l'on éprouve cette joie philosophique dont parle Lucrèce et qu'inspire le spectacle des maux dont on est affranchi.

> Non quia vexari quemquam est jucunda voluptas,
> Sed quibus ipse malis careas, quia cernere suave est.

Un principe général qui domine toutes les lois féodales, est celui qui lie intimement l'homme à la terre, l'organisation domestique, comme l'organisation politique, à la propriété territoriale. La condition du puissant comme celle du faible s'enchaîne indissolublement à la condition du sol qui forme le noble domaine des ducs et des comtes, et la glèbe servile des vassaux et des mainmortables ; « l'homme ne possède pas seulement la terre, selon l'énergique expression d'un historien, il en est possédé. »

Cette autorité de la terre sur l'homme circonscrit dans l'étroite enceinte du fief, ne caractérise plus seulement une certaine classe de personnes, comme au temps du colonat romain, c'est une loi *réelle* qui, à tous les degrés de la hiérarchie féodale, assujettit la personne à la terre, incorpore l'homme au fief, *im-*

mobilise, *matérialise* la condition sociale dans l'Europe du moyen âge. Subordination de la *personnalité* à la *réalité*, tel est le caractère distinctif de la féodalité absolue. Ce principe nous donnera la clef d'un grand nombre de lois féodales.

Passons successivement en revue les différentes conditions requises pour contracter le mariage. Recherchons quelle fut cette institution, et dans le château féodal et sous le toit de chaume de l'humble serf ou du vilain.

1° *Consentement.* Nous n'allons rencontrer ici que vexation et tyrannie. Nous avons vu que, sous l'empire des Capitulaires, le consentement paternel était une condition du mariage. Les Assises de Jérusalem, œuvre déjà progresive, image des anciennes coutumes de France, exigent aussi, outre le consentement des futurs, celui de leurs parents. La légitimité des droits du sang en la personne du père de famille ne saurait assurément être contestée, et l'intérêt de l'enfant en est la meilleure justification; le cœur du père peut en prévenir les abus, quand la loi ne l'enivre pas en le constituant despote.

L'intérieur des familles féodales fut le théâtre de bien des scandales. Le frère succédait, ce semble, à l'autorité paternelle : « *Si un héritier a une sœur*, disent les *Établissements normands* (où il faut voir, moins une victoire de l'équité sur la rigueur féodale qu'un souvenir du *mundium* qui faisait du frère le représentant du père décédé), *il doit la marier, mais à son pouvoir, raisonnablement, et pourvu qu'elle n'ait pas fait esclandre à son lignage.* » On entendait par ce mot *faire esclandre à son lignage,* non-seulement vivre d'une façon déshonnête, mais se marier contre la volonté du testateur ou même faire folle largesse. Ainsi, que le fils aîné, dit un commentateur, se déshonorât par des rapts et des adultères, que celui qui portait le nom de la famille et restait chargé de sa dignité s'avilît en honteux excès, il était fils, il était aîné, il demeurait héritier. Mais que la jeune fille, qui comptait si peu dans cette famille dont elle allait quitter le nom, fût coupable d'un défaut qui touche à une vertu, la prodigalité, soudain, la voilà déchue de ses droits, privée de son bien et réduite à aller s'ensevelir dans quelque couvent. Et qui la jugeait? Son frère. Qui lui succédait? Son juge. N'est-ce pas l'oubli des plus saintes lois de la justice? N'est-ce pas dépraver ce frère même par la facilité de la tentation. Aussi la spoliation ne se bornait-elle pas là. On vit des pères et des frères forcer les jeunes fiancées, la veille de leur mariage, à jurer sur le salut de leur âme, sur leur part dans le paradis, qu'elles ne prétendraient jamais à l'héritage paternel ; et les coutumes consacraient ce serment devant lequel tout fléchissait au moyen âge. Une coutume empruntée à une loi lombarde viendra d'ailleurs nous déclarer qu'une fille mariée et apanagée n'aura plus le droit de venir au partage de la succession paternelle, que sa dot formera tout son bien, cette dot ne fût-elle qu'un *chapel de roses.* Sans doute tous les frères n'usaient pas de ces moyens odieux ; on en vit, qui, généreux, par cela même qu'ils étaient forts, et puisant dans la gran-

deur de leur position une idée héroïque de leur rôle
de protecteurs, étendaient sur leur famille, sur leurs
sœurs, une main paternelle donnant souvent plus
qu'elle n'avait reçu. Mais, en dépit de ces exceptions,
le principe était là pour encourager les faibles et armer les corrompus. On en vit qui, pour s'enrichir,
non-seulement attentèrent à la fortune de leurs sœurs,
mais encore vendirent l'honneur de celles qui portaient leur nom ; et l'autorité du fils dans l'époque
féodale, était si absolue, que souvent le père et la
mère eux-mêmes se taisaient en face de ce hideux
trafic (1).

(1) Une ballade bretonne du quatorzième siècle témoigne ce fait
d'une manière saisissante. Je cède au désir de citer ce chant populaire
empreint de tout le caractère de nos poésies bretonnes.

LE BARON DE JAUIOZ.

I. Comme j'étais à la rivière à laver, j'entendis soupirer l'oiseau de la
mort. — Bonne petite Jina, vous ne savez pas, vous êtes vendue au baron
de Jauioz — Est-ce vrai, ma mère, ce que j'ai appris ? est-il vrai que je
sois vendue au vieux Jauioz ? — Ma pauvre petite, je n'en sais rien ; demandez à votre père. — Mon petit père, dites-moi, est-il vrai que je sois
vendue à Loys de Jauioz ? — Ma chère enfant, je n'en sais rien ; demandez
à votre frère. — Lannik, mon frère, dites-moi, suis-je vendue à ce sei-
gneur-là ? — Oui, vous êtes vendue au baron, et vous allez partir à l'instant ; le prix de la vente est reçu : cinquante écus d'argent blanc et autant
d'or brillant.

II. Elle n'était pas loin du hameau, qu'elle entendit sonner les cloches.
Alors elle se mit à pleurer : « Adieu, sainte Anne, adieu, cloches de mon
pays, cloches de ma paroisse, adieu ! »

III. Prenez un siége, asseyez-vous, en attendant l'heure du repas.

Le seigneur était près du feu, la barbe et les cheveux tout blancs, les
yeux comme deux tisons. — Voici une jeune fille que je demande depuis
bien longtemps... Allons, mon enfant, que je vous fasse apprécier une à
une toutes mes richesses. Venez avec moi, ma belle, compter mon or et
mon argent. — J'aimerais mieux être chez ma mère à compter les copeaux
à jeter au feu. — Descendons au cellier goûter du vin doux comme miel.
— J'aimerais mieux boire de l'eau de la prairie, dont boivent les chevaux de
mon père. — Venez avec moi, de boutique en boutique, acheter un man-

A côté du pouvoir du père ou du frère, apparaît un instrument de despotisme et d'oppression, l'autorité seigneuriale. Le consentement de la jeune fille ne sera plus qu'un vain mot ; elle devra obtenir le bon plaisir de son seigneur féodal ; et, de plus, si elle est vassale d'un fief royal, l'adhésion du roi lui sera nécescessaire.

Cette autorité du seigneur pouvait s'expliquer, à l'origine, alors que le fief, selon sa destination primitive, n'était qu'une concession temporaire faite à charge de service militaire.

Les seigneurs avaient un intérêt sérieux à défendre; il leur importait fort que la fille du vassal épousât un homme fidèle et dévoué. Le seigneur fit prévaloir cet intérêt sur le droit de famille ; ce fut le suzerain qui maria la fille du vassal, « pour que les hoirs

---

teau de fête. — J'aimerais mieux une jupe de toile, si ma mère me l'avait faite. — Que n'ai-je eu un abcès à la langue le jour où j'ai été assez fou de vous acheter, quand rien ne peut vous consoler !

IV. Chers petits oiseaux, dans votre vol, je vous en prie, écoutez ma voix. Vous allez au village, et moi je n'y vais pas ; vous êtes joyeux, moi bien triste. Faites mes compliments à tous mes compatriotes, à la bonne mère qui m'a mise au jour, au père qui m'a nourrie, et dites à mon frère que je lui pardonne.

V. Deux ou trois mois après, sa famille était couchée, on entendit à la porte une voix douce : — « Mon père, ma mère, pour l'amour de Dieu, faites prier pour moi.... Votre fille est sur les tréteaux funèbres... » (*Chants populaires de la Bretagne*, publiés par M. de La Villemarqué, t. 1, p. 340.)

Cette touchante et amère légende en dit plus contre la famille féodale que l'éloquence la plus indignée. Qui oserait encore nous proposer comme type idéal une organisation où trouvent place de telles souillures ? Mais c'est la destinée des idées d'égalité, dit un jurisconsulte, qu'une fois semées dans la législation, elles germent et se développent tôt ou tard, et qu'une fois développées, elles ne disparaissent plus. La loi romaine fut l'arche sainte où ces idées se conservèrent dans les premières agitations de la barbarie ; c'est avec la protection du nom romain, que nous les verrons reparaître dans les lois du moyenâge et finir par énerver la féodalité.

femelles de notre terre ne se mariassent pas à nos ennemis. » La loi domestique plia devant la loi féodale.

Cette coutume, si dure en apparence, remarque un
historien, contribua puissamment à la patrimonialité
des fiefs. Quoi de plus convenable, dit-il, que de marier la fille d'un ancien vassal, et de conférer au gendre d'un fidèle serviteur, cette terre que le défunt
avait enrichie par son labeur ou défendue par son
courage? Donc, conclut le même écrivain, l'institution, à l'origine, fut juste et éminemment favorable
aux droits des filles, puisque le seigneur, libre de ce
choisir un vassal, en mariant la pupille à l'un de ses
fidèles compagnons d'armes, n'avait plus d'intérêt majeur à s'opposer à l'hérédité du fief.

Quoi qu'il en soit de cette remarque, quand le fief
fut devenu un patrimoine, et que l'idée d'héritage
l'eut emporté sur celle de concession, le droit du
suzerain sur le mariage de la vassale, devenu sans
objet ou plutôt sans utilité pour la femme, ne fut
plus entre les mains des barons, de même que le droit
de garde sur la personne du mineur, qu'une des plus
lourdes vexations de la féodalité.

Le suzerain ne se borna pas à approuver et à consacrer un choix. Il confisqua le libre arbitre de sa vassale et s'arrogea le droit exorbitant de lui dicter ses
volontés, en lui imposant un mari.

« Le seigneur, disent les Assises de Jérusalem,
pourra semondre la fille héritière d'un fief et l'obliger
de prendre un mari, dès qu'elle aura *douze ans accomplis.* »

La liberté celtique n'est plus ; la coupe d'élection, qui en était le poétique symbole, est brisée ; la jeune fille doit subir à genoux l'époux qu'on lui destine, et plier sa volonté devant celle du suzerain.

Les femmes étaient majeures à douze ans ; leur majorité était fixée à un âge bien plus tendre que ne l'était celle des hommes, parce que, dit la très-ancienne coutume de Bretagne, *toutes malices, peuvent être plus tôt en femmes qu'en hommes.*

« Si le seigneur négligeait de marier sa vassale âgée de douze ans, elle pouvait demander au seigneur en sa cour, trois personnes de sa qualité afférents en parage, pour choisir celui des trois qui lui conviendrait le mieux. Si le seigneur ne lui octroyait pas sa demande, elle se pouvait marier sans méfaire. »

La veuve était, comme la vierge, obligée de se marier, au gré de son seigneur, sauf certains cas exceptionnels où elle se pouvait excuser, et *défendre à la semonce.*

Les Assises de Jérusalem et plusieurs chartes refusèrent aux seigneurs le droit de contraindre les veuves leurs vassales, à se marier malgré elles. Une des premières libertés conquises par la grande charte fut le droit accordé aux veuves de ne pas être forcées à se remarier : « *Nulla vidua adstringatur ad se maritandum, dum vivere voluerit sine marito, ita tamen quod securitatem faciat, quod se non maritabit sine assensu nostro, si de nobis tenuerit, vel sine assensu domini sui de quo tenuerit, si de alio tenuerit.* »

Une restriction était aussi apportée au pouvoir du suzerain. La femme âgée de soixante ans était dispensée

de se marier, et ce pour deux raisons, l'une toute féodale et digne de remarque, « parce quand la gent
qui service doibvent de leur corps ont passé soixante
ans d'âge, ils sont quittes d'iceluy service (1). »

L'autre raison était tirée des idées chrétiennes :
« parce que le mariage ne fut établi que pour multiplier le siècle sans péché, et si est bien chose certaine au temps qui court ores et qui a couru longtemps, que la femme qui a passé soixante ans, a perdu
sa porture selon nature, si serait bien contre Dieu
et contre raison de la contraindre de prendre baron
contre son gré, et surtout si elle veut tenir chasteté,
et soi garder sans péché. »

Ainsi le mariage était bien considéré comme un
service de corps dû à raison du fief, comme tout autre
service féodal, et dont on ne pouvait s'affranchir que
par l'abandon de la terre, « car femme n'est mie
serve pour son fief qu'elle ne se puisse marier sans le
congé de son seigneur, là où elle voudra, et si elle le
fait, et le seigneur veuille avoir le fief, si le fasse. »
Le mariage était si bien un service féodal, que le vassal qui, après avoir épousé une tenancière sans le
congé de son seigneur, s'était mis en possession du
fief, était considéré comme coupable de haute trahison, et de *foi mentie* envers son seigneur, crime qui
emportait la confiscation et la mort (Assises).

(1) L'Assise ajoute une réflexion plus que brutale, surtout dans la
bouche du défenseur de la femme. Voici le texte dans toute sa cru-
dité : « Et spécialement semble-t-il chose impossible, car ce serait
contre Dieu et contre raison, si le seigneur pût marier les femmes
qui auraient quatre-vingts ou quatre-vingt-dix ou cent ans, qui seraient si déchues, comme si elles fussent à moitié pourries. »

Le droit de mariage n'était pas particulier au royaume de Jérusalem ou au royaume d'Angleterre. Beaumanoir en parle aussi bien que Littleton. En France, les vassaux ne pouvaient ni se marier ni marier leurs héritiers sans le consentement du supérieur féodal. (Établissements de Saint-Louis.) Les exemples en sont fréquents dans nos recueils diplomatiques, et le mariage fut un des moyens dont nos rois surent le plus habilement se servir pour assurer leur puissance.

Ce droit fut partout une charge fort lourde, mais en Angleterre surtout, il se signala par ses exactions; il fut exercé par les barons avec cette rapacité qui, au moyen âge, a plus d'une fois flétri le nom normand. La main d'une riche héritière fut mise à l'encan. Femmes et hommes durent payer pour épouser qui leur convenait, ou pour n'être pas forcés d'accepter l'époux que leur imposait l'avidité du seigneur. Combien ne fût pas hideux le spectacle de ces unions vendues, achetées, offertes ou repoussées à prix d'argent, et que la famille dut perdre de liberté, d'indépendance et de pureté à ce honteux trafic, digne objet de tant de haine et de mépris !

L'introduction en Angleterre des fidéicommis connus sous le nom de *uses* et *trust*, servit à paralyser le droit du seigneur.

En France où, disons-le à l'honneur de nos pères, ce droit odieux fut exercé avec moins de rigueur et où le mariage n'emportait pas la perte du fief, cette coutume disparut, ce semble, d'assez bonne heure, sans qu'on puisse fixer l'époque précise de sa dispari-

tion. Le Concile de Trente prononce l'excommunication encourue *ipso facto* contre les seigneurs et magistrats qui obligeraient leurs justiciables à se marier contre leur gré.

Si du vassal nous descendons un échelon, nous rencontrons les violentes exactions auxquelles furent soumis les serfs et les vilains, ces misérables aïeux des nations modernes, qui, à force de sang versé pour la défendre et de sueurs répandues pour la fertiliser, nous ont
conquis cette glèbe qui ne leur appartenait pas. Cette
race, trop longtemps abrutie par l'oppression, et dans la
possession de laquelle, les seigneurs se prétendaient
levants et *couchants*, est bien loin d'avoir conquis la
réalisation de cette pensée d'égalité et de fraternité
universelle, prêchée par l'Évangile comme le dernier
terme du progrès humain.

Le serf est considéré comme un être de nature inférieure ; on l'estime, comme le dit le *Miroir de justice*,
*à l'égal du poisson dans le vivier et du bœuf dans
l'étable.*

En ce qui concerne le droit de mariage, les serfs et
les vilains sont mis sur la même ligne. A leur égard,
les seigneurs ont encore des priviléges exorbitants.

Dans cette égalité de misère, le vilain se distinguait
néanmoins du serf par un droit précieux, la faculté
de se soustraire à des charges trop lourdes, en renonçant à la terre qui faisait son esclavage ; tandis que
les malheureux serfs, traqués par le seigneur, partout
où ils voulaient se réfugier, *emportaient avec eux la
servitude attachée à leurs os, qui ne pouvait tomber par
secouer*, suivant l'expression de Guy Coquille.

Le *formariage* découlant des mêmes principes féodaux qui remettaient au seigneur le mariage de l'héritière du fief, était le droit d'empêcher le serf ou le vilain de se marier sans le consentement du seigneur, prohibition limitée plus tard aux mariages contractés avec des personnes qui ne seraient point de la même condition et de la même seigneurie (1).

Une coutume suisse assimile le mariage contracté sans l'aveu du seigneur à la trahison et à l'assassinat. Les Assises raisonnent de même façon. Le grand Coutumier porte que « formariage est à dire que telles personnes serves ne se peuvent marier avec une personne d'autre condition et en autre juridiction, sans le congé de leur seigneur. »

Cette chaîne qui rivait l'homme aux limites du manoir était d'origine germanique, car on la trouve indiquée dans la loi salique. Le droit exercé par le seigneur dérivait du *mundium* appartenant au maître du domaine sur toutes les personnes libres ou non libres qui vivaient sous sa protection. Ce droit d'ailleurs existera partout où l'on considérera l'espèce humaine *comme un bétail dont on veut se réserver le croît.* A l'époque carlovingienne, le maître de la femme serve, afin de garder les enfants, cassait le mariage contracté avec le serf du voisinage, et il fallut, pour attaquer cette infamie, l'autorité des conciles invoquant la parole de l'Évangile : *Quod Deus conjunxit homo non separet.*

---

(1) En cas de mariage d'une personne libre avec une personne serve, il était de principe que « main libre emporte main non libre. » — « si tu montes, ma poule, tu deviens mon coq. »

Cette réprobation de l'Église, encore bien que timi-
dement formulée, fit pénétrer un nouvel esprit dans
la législation, et, par exemple, à Jérusalem, quand un
serf épousait une femme d'une autre seigneurie, sans
que le maître de la femme eût consenti à cette union,
on contraignait seulement le seigneur du mari à rendre une femme de même valeur que celle dont s'était
enrichi son domaine.

En d'autres pays, la convention réalisa ce qu'à Jérusalem avait établi la coutume; les seigneurs stipu-
lèrent entre eux des mariages par échange, c'est-à-dire
qu'ils s'entre-donnèrent des serfs de même valeur, de
façon que le domaine ne fût point appauvri par le
mariage de leurs colons.

Souvent aussi, quant un seigneur permettait à une
femme de son domaine d'épouser un homme d'une
autre seigneurie, sans recevoir pour prix de cette permission une autre femme en échange, il stipulait
avec le seigneur du serf que les enfants, issus de cette
union, seraient partagés entre le seigneur du mari et
le seigneur de la femme ; ce dernier choisissait ordinairement le premier, préférence empruntée à la
cent-soixante-deuxième novelle de Justinien , qui
l'explique ainsi : « Δεῖ γὰρ ταύτην ἀξιῶσαι πλείονος σπουδῆς,
τὴν τε ὠδινάσαν καὶ τεκοῦσαν καὶ θρεψασαν, παρὰ τὸν τῆς ἡδονῆς
πάρεργον τὴν τοῦ παιδὸς ποιησαμένον γενέσιν » La loi des Wisigoths, et, avant elle, un capitulaire de Charlemagne
de 803, partageaient également les enfants entre les
deux maîtres, et plus d'un diplôme du moyen âge
reproduit la même disposition. Cette séparation vio-
lente était l'annihilation barbare de la famille du

serf ou du vilain. Plus tard le formariage se trans-
forma en redevance.

Ces redevances que nos pères abolirent comme
un reste odieux de la féodalité, avaient été au
douzième siècle, le prix dont nos aïeux avaient payé
l'affranchissement de leurs personnes et de leurs biens.

Les conventions de *mariage par échange* se rencontrent souvent dans les diplômes du quatorzième
et du quinzième siècles. L'un d'eux, du quinzième
siècle, nous apprend qu'avant l'échange, on s'assurait
du consentement mutuel des serfs échangés. Cette
bienveillance devait être toute nouvelle, car il est
peu probable qu'à une époque plus reculée, les seigneurs, si peu soucieux des inclinations de leurs
nobles vassales, fussent plus humains quand il
s'agissait des femmes de leurs serfs. Ces usages se
perpétuèrent même après l'affranchissement des serfs,
et au moment de la Révolution, plusieurs coutumes
en conservaient encore des vestiges.

En Angleterre, le droit de formariage se changea
également en une simple redevance imposée à la
terre comme toutes les charges féodales et payée
aussi bien par l'homme libre, possesseur d'une terre
vilaine, que par le serf attaché au sol.

Longtemps avant cet adoucissement des lois anglaises, le pape saint Grégoire-le-Grand, qui, toute
sa vie, s'occupa de la condition des serfs, avait défendu
qu'on exigeât des redevances exorbitantes pour le
mariage des malheureux, et il avait établi qu'elles
n'excéderaient pas la valeur d'un *solidus*.

Nous venons de jeter les yeux sur un des privilèges

assurément odieux et justement abhorrés par l'histoire ; mais il exista au moyen âge dans l'Europe féodale un prétendu droit immonde, monstrueux outrage à la dignité de l'homme et à la morale évangélique, que la langue humaine n'a pas d'épithète assez flétrissante pour stigmatiser, droit dont la pensée fait encore frémir d'indignation et qui eût suffi pour légitimer et sanctifier une révolution, je veux parler de l'infâme *droit du seigneur*, aussi appelé prélibation, marquette. C'est en vain qu'à l'honneur de l'humanité, les défenseurs du passé voudraient le nier comme une fable ou l'expliquer comme un pur symbole. Le grave Ducange, Boétius et plusieurs auteurs les plus dignes de foi l'établissent comme un fait dans des termes qu'il suffit de citer sans traduire ;

Le latin, dans les mots, brave l'honnêteté (1).

Les titres des siècles derniers en contiennent des traces irrécusables. Servius, dans un de ses plaidoyers, nous en atteste l'existence. Une sentence de la sénéchaussée de Guyenne du 18 juillet 1302, ordonna la profanation du lit nuptial avec un raffinement de cynisme révoltant. Je craindrais de salir ma plume en rapportant cette sentence. Ce droit fut réclamé par les seigneurs, non-seulement à l'occasion du mariage des serfs, mais quelquefois même à l'occasion de celui de leurs nobles tenancières. Cette étrange lé-

(1) Du Cange : « Marcheto, marchetum, marcheto mulieris dicitur virginalis pudicitiæ violatio et delibatio. » — Boetius : « Quidam dominus quem vidi, primam sponsarum carnalem cognitionem ut suam petebat (Lib. XVII). »

galité de l'adultère n'était qu'une conséquence forcée
de tout le système féodal qui faisait avant tout repo-
ser le vasselage sur la personne. Les jeunes gens
payaient de leurs corps en allant à la guerre, les
jeunes filles, en allant à l'autel; et quelques seigneurs
ne croyaient pas plus mal faire en prélevant une dîme
sur la beauté des jeunes fiancées, qu'en demandant
moitié de la laine de chaque troupeau.

Quant au serf, il était moins protégé que l'esclave
romain. Le maître avait sur lui droit de vie et de
mort, *droit de le cuire et de le rôtir* (Grimm, p. 345),
droit de propriété qui s'étendait du serf sur sa compagne, et qui réclamait les prémices de l'hymen avec
une logique brutale et jalouse.

Volà l'abîme où peut tomber la dignité morale de
l'homme livré à l'enivrement de la force, n'ayant
d'autre règle que la brutalité de ses instincts, et corrompu par la servitude dont il s'entoure, jusqu'à
perdre toute notion du bien et du mal.

Le *droit du seigneur*, qu'on pourrait prendre pour
un emprunt fait aux sauvages d'un autre hémi-
phère, fut revendiqué par les laïques, et même par des
personnes ecclésiastiques ; mais, hâtons-nous de le
dire, les excès que l'on eut à déplorer dans le clergé
lui-même, doivent retomber de tout leur poids sur la
société féodale dont l'organisation est la source de
tous les maux de cette époque. Que sur elle seule en
pèsent la honte et la responsabilité !

Quand la monstruosité même de ce privilége en a
rendu l'application impossible (j'aime à croire que
cette application ne fut qu'exceptionnelle ; le senti-

ment de l'honneur suscita peut-être chez nos pères plus d'un Virginius et d'un Brutus, contre les bourreaux de leur pudeur); quand la propriété de l'homme sur l'homme se mitige, quand l'esclave devient une personne, et que la religion lui donne une épouse consacrée, le maître ne peut plus souiller la couche nuptiale par un contact adultère, mais il substitue une prestation, un cens, à ce privilège qui n'est plus exigible sous sa forme cynique, et il le transforme en une redevance pécuniaire destinée à rappeler à l'affranchi ce qu'il a été, et à ses enfants ce qu'ils seront toujours (1).

Les seigneurs ne s'en tinrent du reste même pas à une simple redevance, et quand il fut devenu impossible d'exercer le droit de prélibation dans toute sa plénitude, les seigneurs qui en étaient investis, en conservèrent le simulacre, symbole d'une sujétion infamante (2).

---

(1) Quand les convives se seront retirés, nous dit Grimm, le nouvel époux laissera entrer le maire dans le lit de sa femme, *sinon il la rachètera cinq schelling, quatre penny.* Le droit de rachat devint le droit commun; une paire de bestiaux, une mesure de froment, servirent de prix rédempteur.

V. aussi les extravagantes et tyranniques vexations des seigneurs rapportées par Laumier, *Cérémonies nuptiales*, les honteuses procédures conservées par Boyer, Bouvot, Papon, (XIII, T. 3-8).

V. aussi Grimm D. R. A. p. 384, Laurière, *Glossaire*, Vᵒ Culage et Marquette.

On peut voir dans tous ces auteurs jusqu'où peut aller la démence d'un tyran de village. Qu'il me suffise de rappeler, pour les flétrir, toutes ces monstruosités que la plume voudrait se refuser à retracer.

(2) Voy. Marchangy, *Gaule poétique.*

C'était encore l'avilissement de l'épouse ; c'était la flétrissure imprimée d'avance sur le front des enfants par ce droit prélevé sur la pudeur de la mère de famille.

Voilà donc, remarque un jurisconsulte, la liberté du moyen âge pour laquelle on affronte la mort ! elle porte le stigmate de la servitude, elle paie une honteuse rançon. Mais peut-être est-ce déjà là un rayon de liberté qui commence à percer les ténèbres. Cette conversion partielle de l'impôt de la personne en un impôt d'argent, s'étendit bientôt à d'autres priviléges, et attaqua le fondement du système féodal.

La personne de la vassale, la personne de l'esclave cessèrent d'être engagées : l'argent se substitua à l'individu ; c'était la ruine de la féodalité qui reposait, avant tout sur le vasselage et le servage personnels. La jeune fille avait payé pour se marier, elle paya pour rester vierge ; elle paya pour pouvoir choisir un mari, pour jouir de ses droits d'épouse, pour hériter du fief, ou pour se dispenser de le servir. Ensuite, on discuta sur l'étendue du prix, puis sur le prix lui-même : le paiement pécuniaire se changea à son tour en un redevance de pur respect. Enfin de toutes ces chaînes, il ne restera plus que l'innocente apposition de la signature royale sur les contrats de mariage des grands seigneurs. Ce furent les légistes qui réhabilitèrent la femme plébéienne, comme la féodalité avait réhabilité la femme noble ; ils la rachetèrent de l'esclavage de la chair et la rendirent à la dignité que le christianisme a mise en elle. Chopin (sur Anjou, chap. xi), nous apprend qu'un arrêt du Parlement de

Paris abolit le simulacre même destiné à perpétuer le souvenir du droit de marquette, des dernières traces duquel la civilisation fit justice. L'arrêt du Parlement ordonna que le seigneur se contentât désormais d'être appelé au festin de la noce.

Partout où pénètrent les regards des parlements, les turpitudes sont effacées, et les coutumes deviennent plus chastes et plus morales. Les légistes prennent, pour ainsi dire, par la main cette classe roturière qui ne connaît que l'opprobre et qu'exploite à merci la féodalité. Ils l'élèvent progressivement au sentiment de son importance et de sa valeur morale. Ils font pénétrer en elle, ainsi que dans l'esprit dominateur, des idées d'égalité, de bienveillance et d'humanité, baume réparateur que la civilisation verse sur les blessures du corps social (1).

L'âge de puberté était, comme dans toute législation, une condition essentielle du mariage. Les Assises de Jérusalem fixèrent cet âge à douze ans pour les femmes, à treize ans pour les hommes. *In feminis malitia supplet œtati*, disait un vieux brocard. *Mala herba citius crescit*, dit Accurce. Notre ancien droit coutumier porta l'âge de puberté à quatorze ans pour les hommes.

L'impuissance naturelle ou accidentelle, manifestée ou non par des signes extérieurs, formait aussi bien que le défaut de puberté, un empêchement dirimant.

(1) M. Troplong.

Cette dernière prohibition, empruntée au droit canon, motivée par un but moral, inspirée même par une pensée chrétienne, ne laissa pas que d'être souverainement immorale, par les scandaleuses procédures qu'elle nécessitait dans son application. Le droit civil n'accepta jamais à cet égard toutes les dispositions du droit canon. Ainsi, la décrétale de Célestin III (1191-1198) qui permettait à la femme de faire annuler son mariage trois ans après sa célébration, lorsqu'elle jurait sur les saints Évangiles que tout commerce avec son mari avait été impossible, ne fut jamais admise dans la législation française.

Cette prohibition, fondée sur l'impuissance, donnera lieu à une épreuve aussi indécente que peu probante, l'épreuve du *Congrès*, triste remède raillé par Boileau (1), invoqué par plus d'une Messaline bouillante de luxure, dont l'histoire a stigmatisé l'effronterie. Le mari taxé d'impuissance, devait prouver devant témoins, sa puissance génératrice.

Le moyen âge manquait de pudeur.

L'existence d'un premier lien est définitivement un obstacle absolu.

Le droit canonique ne suivit pas les traditions romaines, d'après lesquelles, avant le droit des novelles,

(1) *Œuvres complètes* de Boileau, Satire sur l'homme, vers 243 et suivants.

l'absence prolongée pendant cinq ans brisait le lien
conjugal. La sévérité de l'Église, à cet égard, fut sanc-
tionnée par la législation française.

Une exception toute transitoire avait été introduite à l'époque barbare, par le concile de Verberie,
en 752. Ce concile décida que le mari, partant pour
faire la guerre à l'étranger, pourrait contracter un
second mariage, du vivant de sa première femme,
lorsque celle-ci, sans empêchements légitimes, se refusait à le suivre. Cette décision, unique dans le droit
canonique, ne tarda pas à être rapportée ; elle paraît n'avoir jamais été consacrée par le droit civil.

Cette concession à la barbarie et à l'immoralité du
siècle, n'était faite par le concile qu'à titre de tolérance, et, pour ainsi dire, qu'à regret ; car il y mit
pour condition une pénitence expiatoire.

Durant les premiers temps de l'époque féodale et
jusqu'au treizième siècle, l'Église, dont le prestige
augmentait au milieu des ruines qui l'entouraient, et
à laquelle la société civile reconnaissait le droit d'é-
dicter des empêchements au mariage, maintint la discipline d'après laquelle le mariage était prohibé entre
parents ou alliés en ligne directe et même en ligne
collatérale, jusqu'à l'infini, interdiction déjà consacrée par un capitulaire de Louis-le-Débonnaire, et
par des conciles antérieurs (1), ou tout ou moins jus-

_____

(1) Cap., L. 5, C. 110. — Conc. de Tolède, 531. — Conc. d'Agde,
506. — Grégoire II, conc. romain, 724. — Zacharie, 7° lettre à Pépin

qu'au sixième ou septième degré en ligne collatérale, c'est-à-dire au quatorzième degré, d'après la computation du droit civil (2).

Le pape Alexandre II, en 1061, imposa au monde catholique la computation du droit canonique. En 1065, à la suite de deux conciles réunis à Rome, ce pape adressa aux évêques une decrétale par laquelle il défendit, *sous peine d'excommunication*, de compter les degrés de parenté pour le mariage, suivant le mode du droit civil. Les réfractaires furent considérés comme hérétiques.

L'Église s'inspirait, sans doute, d'une pensée d'intérêt social, cherchant, par ce système de prohibitions et d'entraves, à propager au sein de la société, les sentiments d'affection et de confraternité qui en sont la principale force. En empêchant les mariages de se concentrer dans chaque famille, à l'inverse des traditions de l'ancienne loi, en cherchant ainsi à multiplier les liens de parenté, elle avait pour mobiles, ces grandes idées de charité universelle qu'elle avait apportées dans le monde. Elle voulait cimenter la concorde et l'harmonie générales, entretenir la solidarité à une époque où tout tendait à diviser, à isoler, à individualiser les membres de cette société. Chaque

---

6e tome des conciles du P. Labbé). — Conc. de Worms, en 868, C. 32. — De Bourges, en 1003, C. 18. — De Nantes, en 1096, C. 18. — De Latran, en 1123, C. 5. — De Reims, en 1131, C. 16. — De Latran, en 1139, C. 17.

(2) Rome, 1063, C. 9. — Londres, 1075. — Clermont, 1095, C. 18.

seigneurie formait un État, dans l'État. L'égoïsme, les
haines intestines, les guerres privées, l'esprit de clo-
cher entretenaient la discorde au milieu de cette société féodale, cantonnée dans sa triple enceinte de
tours crénelées. L'Église voulait rapprocher les ennemis, concilier et pacifier les esprits, désarmer la brutalité des farouches seigneurs. Le but était digne de sa
haute mission civilisatrice ; le moyen dépassa le but ;
et d'ailleurs, tout principe exagéré comme à plaisir,
et appliqué sans restriction ni limites, dégénère en
abus, et peut conduire aux plus déplorables conséquences. On sait quels troubles jetèrent dans la société
ces anathèmes, qui, depuis le bon roi Robert, condamnant les unions les plus légitimes, frappèrent les
rois et les princes pour un crime dont, quelquefois,
ils n'avaient pu avoir conscience. Le divorce prohibé
d'une manière absolue, reparut sous forme de nullité
de mariage. On ne pouvait plus répudier ; mais on
pouvait facilement découvrir quelque lien de consanguinité, pour briser des nœuds devenus trop pesants.
La parenté devint le religieux prétexte qui couvrit
tous les excès.

Le remède était d'ailleurs d'autant plus difficilement praticable, que l'application de ce remède semble précisément supposer l'absence même du mal,
c'est-à-dire l'abaissement des barrières qui divisaient
la société. A une époque où les communications de
village à village étaient presque impossibles, les seigneurs et leurs vassaux, dont la vie consistait à guer-
royer et à piller, n'avaient guère avec leurs voisins

d'autres relations que celles du champ clos ou du champ de bataille. On sait, d'ailleurs, quel fut, dans notre ancienne France, l'empire des idées aristocratiques tendant à perpétuer la *splendeur du nom* par la conservation des biens dans les mêmes familles, but que remplissaient les unions consanguines.

Le Saint-Siége, dans l'impossibilité de faire exécuter ses prohibitions, dut reconnaître qu'il était allé trop loin. Innocent III, dans le quatrième concile de Latran (1215), abrogea les décisions de ses prédécesseurs, et restreignit les prohibitions au quatrième degré canonique. Grégoire IX (1227—1241) décida que le mariage serait permis entre parents dont l'un serait au quatrième degré et l'autre au cinquième. Pothier ajoute même que, d'après le principe posé par Grégoire IX, un cousin, non seulement au quatrième, mais au troisième et même au deuxième degré peut épouser sa cousine qui est au cinquième degré.

Selon le même jurisconsulte, le mariage n'était pas permis entre l'oncle et la tante et les descendants au cinquième degré de ses frères et sœurs, parce que les oncles et tantes tiennent lieu des parents, *quia sunt loco parentum,* comme le disait la loi romaine.

L'affinité, de même que la parenté, produisait un empêchement dirimant en ligne directe à l'infini et en ligne collatérale jusqu'au quatrième degré canonique. Le mariage consommé produisait seul l'affinité ; mais le mariage non consommé produisait lui-même un empêchement d'honnêteté publique, au même degré que l'alliance proprement dite.

Le commerce illicite engendrait l'affinité comme le

mariage légitime, *quoniam*, dit saint Paul, *qui adhæret meretrici unum corpus efficitur, eruntque duo in carne una*. Mais le concile de Trente viendra restreindre l'empêchement résultant de cette affinité, au deuxième degré canonique.

L'Église s'est d'ailleurs toujours réservé le droit de concéder des dispenses.

Le pape Innocent III, dans le concile de Latran (1215), donnait une singulière raison de la limitation des prohibitions du mariage au *quatrième* degré ; raison qui, comme le dit le catholique Pothier, *se ressent fort du mauvais goût du siècle :* « *Quaternarius vero numerus bene congruit prohibitioni conjugii corporalis de quo dicit Apostolus quod vir non habet potestatem sui corporis sed mulier ; nec mulier habet potestatem sui corporis sed vir, quia quatuor sunt humores in corpore qui constant ex quatuor elementis.* »

C'est par la même raison que l'empereur Justinien crut devoir diviser ses *instituts* en *quatre* livres en l'honneur des quatre éléments. Cette raison rappelle celle sur laquelle on s'était fondé pour étendre les empêchements au mariage jusqu'au sixième degré ; on argumentait de ce que le monde et la vie de l'homme sont divisés eu six âges, pour en conclure que l'on ne devait compter que six degrés dans la parenté (1).

Ces motifs ne sont pas, il faut bien l'avouer, très-décisifs. Un jurisconsulte célèbre, dont l'opinion a

(1) Justinien, pour partager son Digeste en *sept* parties trouvait une raison analogue tirée de l'*Art cabalistique* « *en considération de la nature et de l'harmonie des nombres.* »

trouvé certain crédit parmi quelques successeurs, osait
croire méchamment avoir pénétré la vraie raison des
prohibitions édictées par Innocent III, et ne craignait
pas de dire, en pensant à la non gratuité des dispenses : *Vera et genuina ratio est quia summus pontifex
pecunia indiget.*

Le souverain pontife prit d'ailleurs bien soin de
déclarer au concile de Latran qu'il ne posait que des
règles *tout humaines*, des règles par suite essentiellement variables. M. Bugnet se déclare ouvertement
l'ennemi de toutes ces prohibitions : « Puisque de
de l'aveu même du pape, ce sont là des règles humaines, *statuta humana*, à qui, appartient-il donc,
dit-il, d'apprécier et de juger cette nécessité, cette
utilité, si ce n'est à l'autorité séculière ? Le christianisme n'a point été établi pour organiser, mais pour
sanctifier la famille et la société ; sa mission est assez
belle, il n'a pas besoin d'usurper un pouvoir qui ne
lui appartient pas. »

Je ne saurais adopter cette idée dans la rigueur
des termes où elle est formulée. L'Église a certes le
droit de poser à ses membres les bases de la société
domestique ; fait-elle autre chose que *sanctifier* la
famille, en tant au moins qu'elle se borne à prohiber l'inceste ? Si d'ailleurs de légitimes plaintes
avaient le droit de s'élever alors que l'État s'absor-
bait dans l'Église, et que le mariage civil se confondait avec le mariage religieux, aujourd'hui qu'une sage
pondération a limité les domaines respectifs du temporel et du spirituel, les légistes n'ont certes plus
qualité pour reprocher à l'Église les conditions qu'il

lui plaît d'assigner au sacrement, devenu parfaitement distinct du contrat civil.

A côté de l'empêchement résultant des liens du
sang, figurait la prohibition fondée sur la parenté ou
alliance spirituelle, c'est-à-dire naissant du baptême.
Le premier monument législatif relatif à cet empêchement est la loi 26 du code de Justinien qui, très
incidemment, parle d'un obstacle au mariage entre
le parrain et la filleule. Cette affinité spirituelle en-
gendra, au moyen âge, des empêchements assez nombreux. La matière offre trop peu d'intérêt pour que
je veuille entrer, sur ce point, dans les détails des vicissitudes du droit Canon.

Les ordres sacrés constituaient un empêchement
dirimant. La discipline de l'Église sur ce point ne
s'était formée que lentement. C'est seulement au quatrième siècle que s'accrédita la doctrine aux yeux
de laquelle le mariage est antipathique à la sainteté du sacerdoce. La religion chrétienne, comme on
l'a déjà remarqué, eut à lutter en se fondant, contre
des obstacles de toute nature ; les plus terribles ne furent pas les persécutions, car lorsque la tête d'un
martyr tombait, il naissait de son sang une foule de
disciples. Ce qui devint surtout pour elle un sujet de
deuil, ce furent les rivalités intestines, les divisions
sur la doctrine,, la corruption des mœurs. On voulut alors que les prêtres donnassent l'exemple d'une
sainteté exceptionnelle.

En 680, le concile Œcuménique de Constantinople

s'était prononcé formellement pour la validité, la nécessité du mariage et avait condamné la doctrine contraire qui florissait alors à Rome ; mais d'autres conciles étaient revenus sur ce point disciplinaire, et avaient proscrit les mariages des prêtres. Notamment le concile de Reims, 1119, défendit aux prêtres, diacres et sous-diacres de prendre des épouses ou des concubines, sous peine d'excommunication. Le concile de Londres défendit aux prêtres de retenir leurs épouses. Grégoire VII et les conciles de Latran formulèrent plus sévèrement encore la discipline de l'Église. Ils frappèrent de nullité tous les mariages contractés antérieurement par les prêtres, diacres et sous-diacres, et prononcèrent la peine de la déposition contre tous ceux qui contreviendraient à ces dispositions. Le concile de Trente, par une déclaration solennelle, prescrira d'une manière définitive aux ecclésiastiques la règle du célibat.

L'Eglise orientale a conservé, au contraire, l'ancienne discipline et de nos jours encore elle confère les ordres sacrés aux personnes mariées.

Les vœux solennels de religion formèrent aussi pour le religieux profès un empêchement dirimant.

L'adoption, tant qu'elle n'était pas rompue, s'opposait au mariage au degré de frères et sœurs adoptifs.

Les fiançailles constituant, suivant l'expression de Pothier, un acheminement vers le mariage, un mariage *in spe*, produisaient entre chaque fiancé et les parents de l'autre une sorte d'affinité engendrant les

mêmes empêchements que l'affinité proprement dite :
Peu importait même qu'elles fussent ou non valablement contractées, pourvu que la nullité ne procédât
pas du défaut de consentement des parties.

Le concile de Trente viendra restreindre cet empêchement au premier degré de la ligne collatérale et
décider qu'il ne naîtra que des fiançailles valablement
contractées.

Selon les Assises de Jérusalem, on ne pouvait se
marier sans avoir préalablement contracté des fian-
cailles, sans avoir juré qu'on n'était pas fiancé à autrui.

Jusqu'au quatrième concile de Latran, il fut défendu d'épouser la belle-mère de sa femme défunte ,
et le parlement de Normandie ne tint même pas compte
de l'abrogation de cet empêchement par le concile.

Innocent III, modifiant le droit antérieur, permit
le mariage entre le ravisseur et la personne ravie, si
celle-ci avait pu librement y consentir.

Une constitution ecclésiastique oblige le séducteur
à épouser la femme qu'il a séduite (1).

Le concile de Trente exigera, pour que le consen-

_____

(1) Que personne, dit cette constitution, ne mette en jouant au
doigt d'une pauvre jeune fille un anneau de jonc ou de toute autre
matière vile ; car en croyant se jouer, il se serait chargé des liens d'un
mariage légitime. (Michelet, *Origines*, p. 41.)

D'après la loi canonique (*liber quintus summæ hostiensis* ,
p. 364, *de Stupratoribus*), le corrupteur, même n'ayant pas usé de
violence (*volente virgine*), était condamné à épouser la jeune fille
corrompue par lui ou à lui donner une dot, si le père ne voulait pas

tement soit valablement donné, que la personne ravie ne soit plus en la puissance du ravisseur.

Ce même concile obligera le ravisseur à doter la femme ravie. Plus tard le ravisseur sera puni de mort. (Ord. de 1579 — 1627 — 1639.) La déclaration de 1639 décidera que dans le cas même où la personne ravie aura consenti au mariage après avoir été rendue à la liberté, les enfants issus de cette union seront incapables de succéder. La séduction qu'on appelait rapt de séduction, c'est-à-dire les coupables artifices, manœuvres et machinations employés pour engager une jeune fille à un mariage, était comme le rapt proprement dit, un empêchement dirimant.

L'adultère, sans aucune circonstance aggravante, constituait à l'origine un obstacle au mariage entre les coupables. Au treizième siècle, cet empêchement fut restreint à deux cas: 1° celui où l'époux adultère avait donné la mort à son conjoint ; 2° celui où les coupables s'étaient fait une promesse réciproque de mariage avant de consommer leur crime.

Le meurtre de l'un des époux engendrait un empêchement dirimant entre le meurtrier et le conjoint survivant, si toutefois celui-ci avait trempé dans l'homicide (1). Cet empêchement n'est point consacré par

---

l'accepter pour gendre ; et à défaut de remplir l'une de ces deux conditions, il était frappé de verges, excommunié et renfermé dans un monastère pour y mener une vie de pénitence perpétuelle.

(1) D'après la déclaration de 1639, le mariage de toute personne qui a perdu l'état civil par l'effet d'une condamnation à mort, est aussi destitué des effets légaux.

nos lois, bien que la cause en soit d'une moralité incontestable.

Quant à la diversité de religion, l'Église ne se prononça jamais dans le sens d'une prohibition absolue. Quelques conciles défendaient aux catholiques les mariages avec les infidèles, mais sans en prononcer la nullité. (V. toutefois Pothier n°s 243 et s.) Le concile de Constantinople en 692 déclara nul le mariage des catholiques avec les hérétiques, mais l'Église latine n'adhéra jamais aux prescriptions de ce concile. On se contenta de signaler les dangers des mariages mixtes et de conseiller aux fidèles de s'en abstenir, sans mettre en doute la validité de ces unions. L'Église fit preuve sur ce point d'un grand esprit de tolérance.Cette tolérance subsistera jusqu'à Louis XIV, de despotique mémoire, l'auteur de la néfaste révocation de l'édit de Nantes. Le même tyran qui avait osé dire au peuple : « l'État c'est moi, » ne craindra pas d'ajouter bientôt : « la conscience c'est moi. » Confisquant la liberté de conscience après les autres libertés, il déclarera nul tout mariage entre les catholiques et les hérétiques. Il déshéritera ceux-ci de tout état civil. Il n'y aura plus en France qu'une religion d'État.

Tels étaient les empêchements dirimants tant absolus que relatifs. La sanction de ces prohibitions était la nullité du mariage ; l'Église admit cependant les effets de la bonne foi.

Il y avait, en outre, des empêchements *prohibitifs*, c'est-à-dire rendant le mariage *illicite* sans en entraîner la nullité. Tels étaient les empêchements résultant

du simple vœu de chasteté, des fiançailles valablement
contractées, à l'égard de tous autres que la personne
à qui l'on avait donné sa foi, de l'état de pénitence
publique, d'un jour férié (le mariage fut prohibé pendant cent soixante six jours de l'année, sauf dispense).
Le meurtre de son conjoint et d'un prêtre formèrent
aussi jadis un empêchement prohibitif (V. Pothier
n° 86, C. de mariage) (1).

Les monuments du droit civil renferment peu de
dispositions sur toutes ces matières dont le droit canonique était devenu, pour ainsi dire, la règle unique. Les coutumes sont muettes sur ce point, les anciens jurisconsultes se bornaient à renvoyer aux lois
de l'Église dont la législation séculière se contentait
le plus souvent de déterminer les conséquences et les
effets civils.

Le douaire, institution d'origine germanique, était
une condition essentielle du mariage.
On distinguait le douaire préfix ou conventionnel,
et le douaire coutumier ou légal, qui était de la moitié

(1) Trois vers latins rappellent les empêchements canoniques et
prohibitifs :

   Ecclesiæ vetitum nec non tempus feriatum
   Atque catechismus, sponsalia, jungite votum,
   Impediunt fieri, permittunt facta teneri.

Les six vers suivants déterminent les empêchements dirimants :
   Error, conditio, votum, cognatio, crimen,
   Cultus disparitas, vis, ordo, ligamen, honestas,
   Si sis affinis, si forte coire nequibis,
   Si parochi et duplicis desit præsentia testis;
   Rapta loco mulier, si non sit reddita, tuto ;
   Hæc facienda vetant connubia, facta retractant.

ou du tiers de la jouissance des biens que possédait le mari au jour du mariage, et qui constituait un vrai lien d'héritage entre le mari et la femme.

Nous ne pouvons qu'admirer et envier une loi, qui en faisant le testament de l'époux, attribue une juste place à celle qui occupe le premier rang dans son cœur.

Le droit au douaire n'était acquis à la femme qu'après la consommation du mariage, de même que dans les coutumes germaniques, le baiser du fiancé était nécessaire pour que les dons faits à la fiancée fussent irrévocables ; « Au coucher femme gagne son douaire, » est un adage coutumier répété à l'envi dans un naïf langage, des bords de la Loire aux bouches de l'Elbe.

« Femme gagne son douaire à mettre le pied au lit, puisqu'elle est épousée à son seigneur, ores qu'il n'eût jamais eu affaire avec elle. » Ansi s'exprime l'ancienne coutume de Bretagne, art. 331.

« N'en déplaise à Guy Coquille, qui critique cette coutume, dit M. Laboulaye (1), l'acquisition du douaire était fort sage. »

Les lois barbares considéraient les secondes noces d'un œil peu favorable ; la défaveur paraît moins sensible dans les coutumes du moyen-âge et surtout dans les coutumiers allemands.

(1) Cette coutume, dit ingénument Coquille, plus charnelle que spirituelle, a fait plus d'état de la copulation de la chair, ou des actes prochains d'icelle, que du sacrement. Car, quand il se dit la femme avoir un pied dans le lit, il faut croire qu'il est malaisé que le reste ne s'ensuive (M. Laboulaye).

La glose du Miroir de Saxe, avant-courrière des idées protestantes, entonne un hymen en faveur du mariage, et s'attaque au célibat des moines et des nonnes, avec une ardeur qui annonce Luther. Le catholicisme, tout en permettant les secondes noces, fut toujours bien loin cependant de les encourager. A ses yeux le mariage d'un célibataire avec une veuve, constitue une sorte de bigamie. Pour lui, « l'union conjugale est éternelle comme les âmes et la mort ne rompt pas l'harmonie d'un amour qui doit se continuer au ciel. » Beau sentiment dont Dante s'est fait l'éloquent interprète dans l'un des plus brillants passages de son chef-d'œuvre.

L'Église prouva encore au moyen âge sa défaveur pour les secondes noces, en leur refusant la bénédiction nuptiale. (Concile de Latran, 1179.)

Innocent III reproduisit les anciens canons, qui interdisaient d'ordonner prêtre l'homme qui avait été marié plusieurs fois, *non quod peccet, sed quod incontinentiam manifestet.*

La législation du moyen âge fut aussi peu favorable aux secondes noces, sauf dans un cas, en vue d'un intérêt tout féodal. Elle imposait aux veuves, propriétaires de fiefs, l'obligation de contracter un nouveau mariage. Il importait, en effet, au seigneur suzerain, que le service militaire qui lui était dû par les fiefs relevant de lui, ne fût pas interrompu. « L'intérêt privé dut fléchir devant la *raison d'état*, la raison politique, la nécessité de la défense commune. » Nous avons vu, toutefois, que le droit du seigneur cessa d'être absolu : les Assises de Jérusalem, et plusieurs chartes, refusent au seigneur le droit de contraindre les veuves, leurs vassales, à se marier malgré elles.

De sages dispositions destinées à protéger les enfants du premier lit, contre l'aveuglement d'une passion nouvelle, viendront limiter le droit de disposer en faveur du second époux. L'édit des secondes noces de 1560, garantira les intérêts des enfants d'une première union.

La coutume de Chartres enlève même à l'époux qui convole en secondes noces, ce qu'il a reçu de son premier conjoint à titre de don mutuel.

L'année de viduité demeura obligatoire pour les veuves. Le concile d'Œnamente en, 1009, leur rappela cette loi de décence et de morale. Le droit écrit maintint, même avec un surcroît de sévérité, la sanction de la loi romaine. La législation féodale défendit également à la veuve de convoler avant l'expiration de l'année de deuil. Si elle enfreignait cette défense, elle perdait les dons qu'elle avait reçus de son mari. Elle devenait incapable de recueillir la succession et les legs, ne pouvant garder que sa dot.

A la suite de plusieurs décrétales des Papes, le délai de viduité cessera d'être obligatoire dans l'ancienne jurisprudence française. (V. Pothier, n° 530, dissertation sur les motifs de ces décrétales.)

A l'époque féodale, l'Église, malgré quelques défaillances locales, ou plutôt quelques tolérances, tendit toujours à donner au mariage une base inébranlable, à faire respecter le principe de l'indissolubilité de l'union conjugale, et à déraciner le divorce, ce legs

de la barbarie germanique et du vieux monde romain.
Les papes continuèrent de frapper de leurs anathèmes, les rois, les princes et les seigneurs. La législation civile, cédant tantôt à l'influence des
traditions romaines, qui avaient laissé de si profondes racines, tantôt à l'influence du droit canonique, flotta indécise entre deux principes différents.
De là ses oscillations et ses hésitations. Au onzième
siècle, le divorce était permis en Provence 1° pour adultère du mari ou de la femme ; 2° pour impuissance
du mari ; 3° pour l'entrée en religion de l'un des
époux.

La législation féodale n'admit pas non plus d'une
manière absolue l'indissolubilité du mariage. Les Assises de Jérusalem permettent le divorce dans deux
circonstances : « Si un chevalier quitte son fief et se
fait Mahométan, le mariage est rompu et la femme
peut se remarier un an et un jour après l'apostasie du
mari. »

« Si l'un des deux conjoints devient lépreux ou
atteint de certaines infirmités déterminées, l'Eglise,
après examen, prononce le divorce. »

Au quatorzième siècle l'influence du droit romain
faisait repousser encore, par les jurisconsultes, la doctrine de l'Église, et Bouteiller écrivait : « Item sachez
qu'ainsi que le mariage se faict par seul consentement,
ainsi se deffait-il par divorce raisonnable. » La jurisprudence civile n'admit complétement et définitivement le principe de l'indissolubilité qu'après le concile de Trente.

La séparation de corps existait, mais la femme

seule pouvait la demander directement ; le mari était
sans doute considéré comme suffisamment protégé par
son autorité. Il pouvait toutefois l'obtenir indirectement en faisant condamner sa femme adultère à être
séquestrée dans un couvent.

La puissance maritale a dépouillé sa primitive
rigueur ; le *mundium* a tempéré sa rudesse. Les Coutumes contiennent des prescriptions dont le caractère éminemment tutélaire les rapproche de nos
Codes. La personnalité de l'épouse est hautement reconnue par la loi. Les Coutumes anglaises, qui semblent empruntées aux lois aristocratiques de Rome
républicaine, ont seules maintenu la dépendance absolue de la femme ; le mari n'est pas pour elles un
chef de communauté, il est encore un maître souverain. Le mari et la femme sont considérés comme
une seule personne devant la loi ; mais, ainsi qu'on
l'a judicieusement remarqué, cette personne, c'est le
mari.

Partout aussi, durant la féodalité, le droit de correction attribué au mari est encore empreint d'une
certaine rudesse, et garde des vestiges de barbarie (1).
Les Assises de Jérusalem permettent de renvoyer ab-
sous le mari qui a tué sa femme surprise en flagrant
délit d'adultère, pourvu qu'il ait tué en même temps

---

(1) « *Nux, asinus, mulier, simili sunt lege creati ; hæc tria nil
recte faciunt, si verbera cessent,* » dit un savant quelconque du
moyen âge.

le complice. Toutes les lois du moyen âge accordent au mari le même droit (1).

Beaumanoir reconnaît encore au mari le droit de correction sur sa femme, dans les termes suivants : « En plusieurs cas, peuvent les hommes être excusés des griefs qu'ils font à leurs femmes, ni ne s'en doit la justice entremettre ; car il loit bien à l'homme à battre sa femme sans mort et sans mehaing, quand elle le meffait ; si comme quand elle est en voie de faire folie de son corps, et quand elle dément son mari ou maudit, ou quand elle ne veut obéir à ses raisonnables commandements, que prude femme doit faire ; en tous tels cas et semblables, est-il bien mestier que le mari châtie sa femme raisonnablement. »

La législation primitive de Normandie disait de même : « Aucun n'est tenu à faire loi pour simple bature qu'il ait faite à sa femme, simple querelle personnelle, car l'on doit entendre qu'il le fait pour la chastier. La femme peut cependant être ouye en derrière de son mari, s'il la mehaigne ou lui crève les yeux, ou lui brise les bras, ou il a accoustumé à la traiter vilainement, car ainsi ne doit l'en pas chastier femme. »

Dumoulin dit, du reste, de la Normandie : « *In*

(1) « Si un homme marié, dit l'ancienne Coutume du Berry, trouvait un autre chevauchant sa femme, ledit mari peut eux deux, à savoir l'homme et la femme, tuer, sans qu'il doive loy ni amende. Encore si ledit mari n'est assez fort, et qu'il ait doute que le malfaiteur eût l'audessous de lui, en cette manière il peut mener son fils avec lui pour l'ayder, et il n'y a nulle amende pour le fils ; mais que le fils ne jette pas la main à la mère, mais seulement aide à son père à survaincre son ennemi. »

*Neustria mulieres sunt ut ancillœ, multum viris subdi-
tœ, qui sunt avari.* » — « La femme, en Normandie,
n'est qu'une servante très-subordonnée à l'homme,
qui est lui-même parcimonieux, avare. »

La coutume de Bordeaux déclare le mari excusé,
lorsqu'il tue sa femme dans un moment de colère.

Mais la loi de réciprocité n'existe pas pour la femme. Si elle bat son mari, on la contraint à *cheviau-
cher* un âne à rebours et à courir ainsi le pays ; de
plus, l'on condamne le mari à tenir la bride de l'âne
et à payer l'amende.

Malgré ces traces de barbarie, malgré les boutades
et les saillies des vieux auteurs contre la femme (1),
on ne peut nier que la condition de l'épouse ne se
soit singulièrement améliorée au moyen âge. La chevalerie, qu'on a appelée le spiritualisme de la féodalité viendra, au nom des idées chrétiennes, faire
régner le culte de la femme, en laissant cependant
subsister bien des injustices, et tempérer, malgré ses
abus et ses ridicules, l'âpreté des mœurs de fer du
moyen âge.

Quand le possesseur de fief, dit M. Guizot (*Hist. de
la civilisation*), sortait de son château pour aller chercher la guerre et les aventures, sa femme restait dans
une situation toute différente de celle que, jusque-là,
les femmes avaient presque toujours. Elle y restait
maîtresse, châtelaine, représentant son mari, chargée en son absence de la défense et de l'honneur du

(1) Voir notamment d'Argentré, que M. Troplong appelle le Caton
de Bretagne, se livrant à une virulente sortie contre les femmes:
du Mariage, art. 410, glose 2, n° 2,

fief. Cette situation élevée et presque souveraine au sein même de la vie domestique, a souvent donné aux femmes de l'époque féodale, une dignité, un courage, des vertus, un éclat qu'elles n'avaient point déployés ailleurs, et elle a, sans nul doute, puissamment contribué à leur développement moral et au progrès général de leur condition (1).

La meilleure preuve de l'amélioration de la condition de l'épouse, je la trouve dans le régime des biens qui prit naissance au moyen âge, la communauté. Elle ne fera pas une apparition subite, « armée de toutes pièces et comme d'un bond. » Il a fallu une longue élaboration. Le germe en était antérieur à cette époque, ce germe ne se développa, la communauté ne s'affirma nettement que sous la féodalité. Les coutumes surent résoudre un problème insoluble pour la législation romaine. Répudiant deux excès contraires, les rigueurs de la *manus* antique et les dangers du mariage libre, les coutumes complétèrent les progrès du droit germanique et surent, en respectant la puissance maritale, intéresser la femme à la prospérité domestique. Elle lui donnèrent le rang d'associée en lui attribuant une part dans le produit de la collaboration commune ; elles cimentèrent l'union des personnes par l'union des biens et rapprochèrent l'union conjugale de l'idéal du ma-

(1) Dès le XIIe siècle, toutefois, les nobles sentiments dans les châteaux féodaux, avaient fait place à la licence. Le mariage et l'esprit chevaleresque furent tournés en dérision. Les cours d'amour avaient déjà proclamé qu'un mari n'a pas le droit d'aimer sa femme, et que sa femme a droit d'aimer un autre que son mari. On vit bientôt s'étaler le cynisme des romanciers comme dans le *Roman de la Rose*.

riage chrétien, consacrant ainsi cette communauté de
fait toujours d'autant plus absolue malgré les barrières artificielles de la loi, que les époux sont plus
unis (1). Ce régime de la communauté prit naissance
dans la classe roturière, parmi les serfs, les vilains
et les bourgeois; c'est pour eux un titre de gloire.
La noblesse, retranchée derrière ses prérogatives et
ses forteresses ignora longtemps la communauté.
Elle ne fut réellement établie entre les nobles que
le jour où le développement des classes roturières
fut assez grand pour forcer la législation féodale de
plier devant les usages de ces plébéiens si longtemps
dédaignés, et chez lesquels devaient germer les vrais
sentiments français. Cette victoire commença dès le
treizième siècle, elle ne fut complète que lors de la
réformation des coutumes, révolution des lois civiles,
qui prépara de longue main l'égalité sociale.

L'apparition de la communauté sur le sol de la
France inspirait à l'un de mes devanciers un accès
d'admiration pour la féodalité qu'il comparait « à
ces jours où le ciel est sombre, mais éclairé un
instant par un soleil radieux, et que ne font oublier
ni la riante journée qui précède, ni l'admirable
beauté des jours suivants. »

---

(1) Un jurisconsulte portugais, Velasquez, adresse cette louange
à la communauté : « Et est nimirum rationabilis consuetudo ex
pluribus, primo ut qui communicant corpora, quod plus est, com-
municent etiam bona, jura et actiones, quod minus est, quia excel-
lentior est persona rebus. Item ne quotidie in eadem domo sit illud
jurgium inter conjugatos quod essse consuevit : *hoc est meum ;
illud est tuum*, prout contigit in illis locis in quibus hujus modi
consuetudo non viget. »

Charlemagne et ses successeurs avaient exigé la célébratiou en face de l'Église, commeu ne condition de la validité du mariage. Les lois de ces princes étaient tombées en désuétude; l'Église elle-même se contentait du consentement réciproque des parties pour la validité du sacrement. Elle validait les mariages contractés *par paroles de présent.* (Voir en ce sens les décrétales des papes citées par Pothier, *du Mariage,* nᵒˢ 345 et 347). Le concile de Latran, tout en défendant les mariages clandestins, ne les avait pas déclarés nuls (1). Le concile de Trente, confirmé sur ce point par les ordonnances de nos rois viendra exiger de nouveau la célébration religieuse en même temps que la publicité.

Les fiançailles précédaient le mariage. La bénédiction de l'Église n'était pas, d'après le droit civil, de de l'escence des fiançailles (V. Pothier, nᵒ 40); elles pouvaient se contracter dès l'âge de 7 ans. On distinguait les fiançailles *par paroles de futur* qui n'étaient qu'une promesse de mariage, et les fiançailles *par paroles de présent* qui étaient un véritable mariage, donnant droit à la cohabitation, à la réalisation immédiate. L'abus de ces unions clandestines qui aboutirent plus d'une fois au délaissement et au sacrifice des fiancées, les fit proscrire par le concile de Trente et par Louis XIII. Le concile de Trente

(1) La déclaration de 1639 prive des effets civils les mariages que l'on a affecté de tenir secrets jusqu'à la mort de l'un des conjoints, comme *ressentant plutôt la honte d'un concubinage que la dignité d'un mariage.*

exigea, pour la validité des promesses de mariage, la présence du curé des parties et de deux ou trois témoins. (V. *Dict. de la conversation*, vº *fiançailles*).

J'en ai fini avec l'histoire du mariage ; je vais aborder l'étude de notre propre législation, de notre immortel Code Napoléon.

CHAPITRE IV.

CODE NAPOLÉON.

APERÇUS SUR NOTRE LÉGISLATION DU MARIAGE.

> Si le droit civil n'était qu'une science de texte, il aurait beaucoup moins d'attrait ; l'exégèse, quelque nécessaire qu'elle soit, n'en est que la partie la plus aride et la plus rétrécie. Au-dessus d'elle s'élève, à une grande hauteur, la recherche des vérités naturelles sur lesquelles reposent les rapports privés de l'homme, ses engagements et ses droits de famille et de propriété. C'est dans cette sphère que le droit civil se montre comme un rayon divin qui brille ou s'obscurcit dans l'humanité, suivant la marche de la civilisation. C'est là qu'on le voit se développer, comme une des formes de la liberté humaine, s'exerçant dans ce que l'homme a de plus cher, de plus personnel et de plus sacré.
>
> (TROLONG, *Traité des Donations*, p. 1.)

La féodalité n'est plus ; les institutions aristocratiques ont fait leur temps ; battues en brèche de toutes parts elles ont succombé sous les coups du peuple. La Révolution en a fait justice ; la célèbre nuit du 4 août, brisant avec le passé, inaugurant une ère nouvelle, a fait litière de tous les priviléges et droits seigneuriaux. L'esprit démocratique (1) est venu animer nos

(1) Dans le sens honnête, libéral et légitime du mot.

législateurs, s'incarner dans nos Codes, et marquer
de son empreinte toutes les dispositions de nos lois.
Sur les ruines du passé, l'égalité, dogme de 89, réé-
dité par toutes nos constitutions, gloire et triomphe
de nos Codes modernes, a succédé aux priviléges ; la
liberté, aux contraintes légales. Les serfs ont brisé
leurs chaînes et stipulé leurs droits. Les derniers
débris de l'édifice nobiliaire ont volé en éclats.

La société civile émancipée a affirmé son indépendance à l'égard de la société religieuse ; elle a
sécularisé ses lois, et ce n'a pas été l'un des moindres bienfaits de la Révolution. La liberté la plus
sacrée de toutes, la liberté de conscience, réclamait
impérieusement la sécularisation du mariage. Dès
le jour où les cultes dissidents eurent pris racine dans
l'État, et eurent fait de nombreuses conquêtes dans
tous les rangs de la société, on ne pouvait plus voir
qu'avec ombrage le *contrat* de mariage confondu dans
le sacrement, et le clergé catholique seul appelé à ap-
poser le sceau de la loi civile sur l'union conjugale.
Il fallait séparer la religion et le droit. *Suum cuique.*
N'était-ce pas faire violence à la liberté de conscience,
que de contraindre le protestant, le dissident, à fausser sa croyance, à renier sa foi ou à se priver des
joies de la famille ; à commettre une lâche apostasie
ou à vivre en concubinage ; à violenter sa conscience
par un acte d'hypocrisie, en s'agenouillant devant
le ministre d'une loi religieuse qu'il répudiait, ou à
être réduit à ne donner le jour qu'à des bâtards ?
Une telle alternative n'était rien moins qu'une persé-
cution morale. La Révolution, avant de tomber dans
son déplorable excès, proclama le principe que tous

les cultes ont droit à la protection de la loi. Ces mêmes sentiments d'égalité qui fermentaient dans tous
les esprits, qui passionnèrent et animèrent tout un
peuple, pour la revendication de ses droits, et qui,
trop longtemps comprimés, éclataient enfin terrible-
ment, devaient aboutir à cet article de la Constitution
de 1791 : « La loi ne considère le mariage que
comme un contrat civil. »

Dès ce jour le mariage n'a plus été un monopole
pour les catholiques. L'autorité ecclésiastique est éli-
minée du domaine de l'état civil ; l'union conjugale
n'est plus sous la main d'une religion d'État. Le
principe de l'*égalité de l'homme devant les droits naturels*, proclamé jadis par Ulpien, bien des siècles
avant nous, sans être complétement appliqué par la
loi romaine, *quod ad res naturales attinet, omnes
homines æquales sunt*, s'est fait jour parmi nous et a
enfin triomphé (1).

Ce sage principe, appliqué au mariage, n'a pas,
quoiqu'on en ait dit, causé le relâchement des mœurs
et amené la licence ; la liberté, au contraire, a permis à chaque homme de suivre les aspirations de sa
conscience de s'incliner sans hypocrisie dans le
temple qu'il révère, et de faire bénir son union par
le ministre de son culte. La religion s'est épurée, en
se dégageant de toute contrainte légale : « Un sentiment, un acte religieux, disait M. Boutteville, ne serait plus un sentiment, un acte vraiment religieux,

(1) La loi, pour assurer l'efficacité des dispositions de la loi civile, punit de peines sévères le ministre du culte qui procéderait aux
cérémonies religieuses, avant la célébration par l'officier de l'état
civil.

il ne serait plus digne de l'être vers lequel il s'élève,
s'il n'était pas l'émanation la plus libre de l'âme,
s'il n'était qu'une acte d'obéissance à des réglements
de la puissance humaine. »

La loi civile a simplifié ses formes, tout en laissant à la loi religieuse le domaine et l'empire où elle
règne à si juste titre : « L'homme, dit un de nos
éminents publicistes, est généralement porté à placer
le mariage sous les auspices de la divinité; quiconque croit en Dieu, croit aussi que le mariage est l'une
de ses lois les plus précieuses pour la consolation
de la vie humaine. *Ne amores quidem sanctos a sa-
piente alienos esse arbitrantur* (Cicéron). On éprouve
le besoin d'élever son âme vers le Créateur au début
de ce grand acte qui va fonder une famille nouvelle,
et ajouter un anneau à la chaîne infinie de la création. De là ces rites si divers qui, au milieu de leur
diversité même, attestent le consentement universel
de l'humanité pour solenniser le mariage. Quand
une nation est dans l'enfance, et que son esprit a
besoin d'être frappé par des images, la célébration
du mariage est accompagnée des rites les plus pom-
peux. S'agit-il, au contraire d'une nation plus fami-
lière avec l'exercice de la raison? ses yeux ont moins
besoin de ces représentations extérieures ; son esprit
comprend toute la force de l'idée abstraite du droit ;
ou simplifie les solennités, et la loi est moins poétique
et plus grave. »

Une récente et regrettable tentative de réaction
s'est faite, — je ne veux et ne dois en parler qu'avec
une extrême déférence, — pour détruire nos précieuses conquêtes, ressusciter le passé et refondre

le contrat de mariage dans le sacrement. La séparation de l'Église et de l'État, au point de vue du
mariage, semble désormais en France un fait irrévo-
cablement acquis. La société civile ne veut pas abdi-
quer ses justes prérogatives.

Ancrée sur les conquêtes de sa révolution, elle ne
cherche qu'à appliquer le divin précepte: Rendez à
César ce qui appartient à César et à Dieu ce qui appartient à Dieu. « La France, dit M. Troplong (t. des
donations), transige quelquefois volontiers sur le
chapitre de la liberté politique, dans l'intérêt de l'ordre, mais elle est inflexible quand il s'agit de l'a-
moindrissement de cette liberté civile qui est la liberté essentielle, fondamentale et inaliénable. » Ces
deux idées de sécularisation du mariage et de liberté de conscience, qui sont indissolublement liées,
sont si profondément entrées en nous, qu'elles semblent, en quelque sorte, faire partie de notre nature
de Français. Les catholiques, plus que tous autres,
pour l'honneur de cette religion d'amour et de charité universelle, veulent respecter la conscience d'autrui ; ils le devraient, ne fût-ce que pour ne pas légitimer et provoquer de trop justes représailles, s'ils
n'avaient pas un plus noble mobile. Respectons pour
être respectés.

> ...... Referent in mare te novi
> Fluctus !... fortiter occupa
> Portum.

L'œuvre préparée de longue main par nos vieux
légistes, ces premiers pionniers, ne doit plus périr :

17

« Peut-être leurs grandes voix ont-elles eu en notre
siècle et bien récemment d'éclatants échos, disait
dans une circonstance solenn elle l'un des défenseurs
de la liberté civile ; mais je ne dois pas m'en souvenir, ajoutait-il, sous ces voûtes amies de la science
et ennemies de la politique. » Humble disciple, je dois
oublier aussi, dans ce cadre purement juridique,
ces brillants échos qui retentissent encore à mes
oreilles (1).

L'intime union du pouvoir religieux et du gouvernement temporel fut un grand bienfait à une époque
barbare. L'Église a sauvé la société au milieu de
l'effroyable déchaînement de toutes les passions brutales qui caractérise l'histoire des premières races de
nos rois, au milieu de tous les désordres qui signalent
le moyen-âge. « Elle l'a arrachée au matérialisme
barbare pour la rendre au spiritualisme chrétien. »
Elle a compris aujourd'hui, par la bouche de ses organes les plus autorisés, la vérité de l'adage : autres
temps, autres mœurs. Elle veut donner l'exemple de
la tolérance et marcher avec son temps et son pays.
Laissons aux exagérés de tous les partis, l'injure de

---

(1) On pourrait répéter encore les nobles paroles d'un de nos législateurs de 1803 : « Hommes sensibles ! hommes sages de tous les
partis ! disait-il, ah ! gardez-vous bien de porter l'inquisition dans
vos lois ! celles auxquelles vous auriez l'imprudence d'attacher un
tel caractère, parce qu'elles sont aujourd'hui pour vous, demain,
dans quelques jours peut-être, se tourneront contre vous avec fureur.
Que de hautes leçons de ce genre n'avez vous pas recueillies pendant douze ans d'expérience ! et puisque du sein des orages, un génie
tutélaire a fait sortir une paix bienfaisante, puisons dans le calme
qu'elle nous donne cet esprit de conciliation qui produit les lois mo-
dérées, les seules. j'en conviens, qui n'excitent pas les irritations de
l'enthousiasme ou de la haine, mais les seules que les hommes finissent par aimer. »

loi athée par laquelle on a essayé de flétrir l'impartia-
lité du législateur. L'incompétence de la loi civile sur
des matières qui touchent à la conscience, est res-
pectée par tous les hommes sages (1). Laissons aux
détracteurs du temps présent, aux esprits prévenus
ou moroses les reproches de la nature de celui que
formulait ainsi un pieux prélat, à la Chambre des
Pairs : « Qu'est devenu la sainteté du mariage ! qu'est-
il aux yeux de la loi? un simple contrat qui n'a pas
plus de dignité qu'un contrat de vente ! »

Il ne serait pas difficile d'absoudre le Code civil
de vaines déclamations, et de montrer l'immense intervalle qui sépare les contrats ordinaires du mariage : les premiers, toujours révocables au gré des
parties par leur commun accord, dégagés de solennités, n'aboutissant qu'à des dommages et intérêts
ou à quelque chose de matériel ; le second, engagement de toute la vie, *consortium omnis vitæ*, le seul où
la loi civile permette à l'homme de disposer de sa
personne et de sa liberté, le seul où il force la volonté
individuelle à plier devant l'intérêt de la famille et
de l'État, le seul, où, pour mieux épurer un lien sacré,
il invoque la surveillance de la société tout entière.

Dans une société livrée à des croyances opposées,
la loi ne peut s'appuyer sur l'une d'elles, au préju-

---

(1) « Reléguée à jamais aux choses de la terre, la loi humaine ne
participe point aux croyances religieuses, — disait M. Royer-Collard
dans un discours justement admiré;—dans sa capacité temporelle, elle
ne les connaît ni ne les comprend; au-delà des intérêts de cette vie,
elle est frappée d'ignorance et d'impuissance. Comme la religion n'est
pas de ce monde, la loi humaine n'est pas du monde invisible; ces
deux mondes qui se touchent ne sauraient jamais se confondre : le
tombeau est leur limite.... » (M. Bertauld, *Liberté civile*, p. 394.)

dice des autres, sans rompre l'équilibre salutaire qui seul prévient le fléau des discordes religieuses. Le législateur, esclave de la liberté de conscience, paie sa dette à toutes les religions, qu'il est appelé à couvrir d'une égale protection, sans avoir le droit de les juger, en restant toutefois fidèle dans ses actes à ces préceptes de pure et divine morale qui sont leur lien commun, et vers lesquelles elles convergent toutes, malgré la variété des formes et l'inégalité de leurs progrès ; et nul ne peut nier que la pureté et les hautes idées du christianisme n'aient présidé à la rédaction de nos lois.

Quelques réformateurs ont voulu aller plus loin que le Code civil. A leurs yeux, il n'y aurait guère de différence entre le mariage et le concubinage, et il faudrait faire cesser l'intervention usurpatrice de la loi dans un contrat qui ne devrait relever que de la liberté individuelle. Il y a eu un jour, en 1793, où la Révolution faussée et subjuguée, s'est malheureusement associée à ces idées désorganisatrices ; c'est celui où l'on décréta que l'État nourrirait à ses frais la maîtresse de Marat, où l'on appela du nom de sa *veuve*, cette gouvernante à laquelle il s'était uni *un jour de beau temps à la face du soleil*. Le Code Napoléon a répudié ces égarements démagogiques, il a assis le mariage sur la base de l'État, en exigeant la présence solennelle de la société comme garantie de cette union. Les formes extérieures qu'il a prescrites sont simples, claires et faciles ; elles sont nécessaires. La loi n'y vient pas déployer des pompes magnifiques ; elle parle à la raison des époux ; elle leur fait entendre la voix sévère du devoir, elle conjure leur conscience. Cet ap-

pareil est suffisamment imposant pour une nation qui
connaît toute la force du droit. (Troplong).

Quelques auteurs se sont plaints de la vulgarité et du
prosaïsme des formes de la célébration du mariage, et
regrettent la poésie des formes antiques. Ces formes
ne sont plus dans nos mœurs. « Nos pères, dit M. Jules
Simon, s'enivraient de l'étiquette jusqu'à la puérilité,
et nous la dédaignons jusqu'à la vulgarité. »

Mais le Code n'est-il pas allé trop loin? On l'a soutenu, au nom de la liberté de conscience, dont je me
déclarais tout à l'heure l'humble champion. M. Batbie
dans un mémoire sur la révision du Code Napoléon.
(1866, P. 7), vient de se faire l'écho des reproches
adressés à notre loi.

« L'attribution des actes de l'état civil au maire, écrit-il, a été un
grand progrès pour la liberté de conscience. Je crois cependant que
la séparation de la religion et du civil a été faite d'une manière excessive, et que les législateurs ont cédé à une réaction extrême contre
la puissance du clergé. Que demande la liberté de conscience? Que la
célébration devant le maire soit suffisante; que l'athée, s'il en existe,
puisse se marier; que la loi, enfin, n'exige aucun acte qui soit contraire à la pensée intime des futurs. Mais la même liberté de conscience
demande aussi que, si l'un des époux civilement marié ne veut pas,
au mépris d'une promesse formelle ou tacite, ajouter la célébration
religieuse à la célébration civile, il ne puisse contraindre à la cohabitation l'autre futur époux, qui voit un concubinage dans toute
relation sexuelle non consacrée par la religion. Celui qui a promis
d'aller à l'église, au temple ou à la synagogue, et qui, au sortir de
la mairie, refuse de tenir sa promesse, ne mérite pas la protection de
la loi, et j'ajoute qu'il y a oppression dans une disposition qui fait
violence au conjoint trompé, dont les convictions religieuses s'opposent à la cohabitation. Je sais bien que ce fait se produira rarement
et que presque tous les époux tiendront leurs engagements; mais
l'oppression n'est que plus cruelle, lorsque l'opprimé est seul, *pessi-
ma servitus unius*. Encore une fois, les moyennes ne font pas qu'une
loi soit juste dans les cas particuliers et, lorsque la prohibition n'est
pas demandée par l'intérêt général, il est digne d'un législateur éclairé d'assurer la liberté des parties, même dans les cas les plus rares.

Je voudrais donc que, devant l'officier de l'état civil, les conjoints dé-
clarassent s'ils entendent célébrer leur mariage religieusement ou
non. Si non, le mariage civil serait définitif, si oui, la loi ne reconnaîtrait le mariage qu'autant qu'on justifierait de la célébration religieuse. Ainsi se concilierait le droit individuel avec l'intérêt général,
et satisfaction serait donnée à la liberté de conscience, d'une manière
complète. Ainsi disparaîtrait une oppression qui ne sera, j'en conviens, que fort rare, mais qui est possible et qui serait assurément cruelle pour ceux qui auraient le malheur de se trouver dans l'exception. »

Une pareille réforme se présente à tout homme de
bien, comme souverainement juste et souhaitable ; et,
cependant, elle soulève des objections ; elle a déjà
suscité des contradicteurs. M. Duverger, dans une
brillante réponse (*Revue critique*, t. 28), et avant lui,
M. Coin Delisle (même revue). M. Huc, dans un récent travail (le *Code civil italien et le Code Nap.*),
malgré les sentiments profondément religieux dont
ce livre est animé, n'ont pas hésité à repousser cette
innovation. Il n'est pas vrai, comme l'a dit M. Sauzet,
« qu'on puisse, après la consécration civile, se rire
impunément des scrupules de la jeune et timide
vierge, qui attend une autre sanction pour cet irrévocable changement de sa destinée. » Les articles 212 et
214, sainement interprétés, pourraient, comme on
l'a répondu, s'opposer au scandale d'un époux félon,
contraignant son conjoint à la cohabitation, au mépris
de sa conscience et de la foi jurée ; il y aurait, d'ailleurs, le remède de la séparation de corps.

Ces remèdes empêchent l'oppression, mais il ne
sont que des palliatifs, ils ne mettent pas fin au
malheur de l'époux religieux, puisqu'ils ne le déga-
gent pas des liens du mariage. MM. Huc et Duverger
ont cherché à démontrer les inconvénients pratiques

de la réforme demandée, les dangers des conflits entre l'autorité civile et l'autorité religieuse qu'elle pourrait provoquer. Il est impossible cependant de se déclarer pleinement satisfait et de ne pas désirer une autre solution du problème. Peut-être la loi se suffit-elle à elle-même, sans nécessiter aucune réforme ; peut-être le remède au mal est-il dans l'article 180. Aux termes de cet article, *l'erreur dans la personne* peut motiver une demande en nullité. Ces expressions, *erreur dans la personne* s'appliquent, je le crois très-fermement, non à l'erreur sur *l'individu*, mais à l'erreur sur les qualités substantielles de la personne. L'appréciation des qualités substantielles, de ces qualités dont l'absence ou l'existence connue de l'une des parties eût empêché le mariage, est une question de fait laissée à la discrétion des tribunaux. La jeune fille, animée de sentiments religieux, commet la plus grave des erreurs ; son consentement est *essentiellement* altéré, lorsque, au lieu de s'unir à un homme religieux comme elle, consentant à être son époux aux yeux de sa foi et de sa conscience, elle n'a rencontré qu'un traître, ou un homme hostile à sa croyance et à sa foi, manquant de la condition la plus *substantielle* à ses yeux et ne pouvant lui offrir qu'une débauche là où elle cherchait une légitime et sainte union. (Voir en ce sens *Rev. de législ.*, 46, 2, M. Bressoles, citant aussi l'avis de M. Delpech, doyen de la Fac. de Toulouse. — *Ibid.* 46, 3, Marcadé.)

Notre législation, en rompant avec le passé, a brisé bien d'autres traditions ; faut-il toujours applaudir

devant les ruines du passé ? Les fiançailles que nous
avons vu pratiquer chez tous les peuples, et que nos
voisins honorent encore, n'existent plus en France.
Au lieu de prendre les fiançailles sous son égide,
comme la loi ancienne, au lieu de consacrer et de ratifier comme elle, les promesses de marige, notre
Code garde un silence significatif (1). Outre leur caractère poétique auquel le jurisconsulte est condamné à être insensible, n'ont-elles pas cependant un

(1) Un arrêt récent vient même de décider que la violation d'une
promesse de mariage n'entraîne aucune conséquence pécuniaire,
aucuns dommages-intérêts.

Cour d'Aix, 23 février 1865. (Sirey et Dev. 1866).

La Cour; attendu que les articulations formulées dans les conclusions
subsidiaires de la demoiselle Orgias, tendent à établir seulement que Piche
lui avait fait une promesse de mariage, et qu'il a reconnu être le père de
l'enfant dont elle est accouchée; — Attendu que chacun de ces faits, pris
isolément, envisagé dans ses conséquences directes, et dégagé de tout in-
cident dommageable, n'engendre que des devoirs moraux qui ne sont pas
reconnus par la loi civile, ou dont l'inexécution ne saurait entraîner aucuns
dommages-intérêts; — Attendu que l'appréciation ne change pas, si les
deux faits sont liés par les rapports de cause et d'effet, si, comme le prétend la demoiselle Orgias, la paternité a trouvé son origine dans une promesse de mariage qui n'aurait été qu'un moyen de séduction; qu'à un titre
secondaire ou principal, la promesse de mariage conserve son caractère
d'instabilité qui est la garantie de la liberté à l'égard du mariage, etc.,
qu'elle reste par cela même impropre à devenir la base d'une obligation civile;
— Attendu que les conclusions en preuve de la demoiselle Orgias sont
tout à la fois non pertinentes et non admissibles, qu'à défaut de ce secours,
sa demande est dépourvue de toute justification ... etc.

Il est difficile de ne pas protester contre cet arrêt qui, on doit l'espérer, ne fera pas jurisprudence. Si les promesses de mariage sont
nulles, il ne me semble pas douteux que, s'il résulte un préjudice
réel soit moral, soit matériel, de la violation injuste et capricieuse de
ces promesses, il y aura lieu à dommages-intérêts; on se fondera,
non sur la promesse, mais sur le préjudice. Le principe déposé dans
l'article 1382 est général : « Tout fait quelconque de l'homme qui
cause à autrui un dommage, oblige celui par la faute duquel il est
arrivé, à le réparer. »

caractère de moralité et d'utilité sociale, qui doive
les faire regretter du légiste ?

Des reproches ont été formulés avec une vivacité
à laquelle je suis loin d'être antipathique. L'impunité,
dit-on, couvre aujourd'hui les serments trahis, les promesses violées et foulées aux pieds ; une promesse de
mariage écrite et signée n'est plus qu'un lambeau de
papier dont on rit en le signant, ou un appât sur lequel on spécule. Un homme peut aujourd'hui s'introduire dans une famille, demander et obtenir la main
d'une jeune fille, se montrer aux yeux de tous avec le
titre et les priviléges de son fiancé, se faire accorder
par elle, dans la liberté d'un commerce familier, ces
purs témoignages d'affection qui sont comme le premier abandon de la personne ; puis, quand l'autel est
déjà paré, lui faire, sans autre raison que son caprice,
l'outrage mortel d'un refus, et la compromettre aux
yeux du monde ; il le peut, sans qu'aucune peine le
flétrisse ou le punisse, sans qu'il lui soit défendu de
venir, quelques jours plus tard, présenter une autre
fiancée au même autel. Sans doute, s'écrie-t-on, la liberté dans le consentement doit subsister jusqu'au dernier moment ; sans doute, il est aussi contraire à une
sage prévoyance qu'à la liberté de faire de la promesse de mariage, le mariage même : Unir violemment un homme à une jeune fille, ce ne serait bien
souvent qu'assurer le déshonneur de l'un et le malheur de l'autre. Mais, la foi jurée a aussi ses droits ;
l'honneur doit avoir sa sauvegarde. Une rupture sou-
daine semble imprimer souvent une sorte de tache sur
le front de la fiancée, aux yeux d'un monde trop

prompt à poursuivre de ses soupçons. Si le fiancé veut briser sans motif cette union commencée, qu'il la brise; mais qu'une peine notable, ainsi que dans les autres législations, punisse la violation du serment, et que le respect de la loi pour la liberté individuelle ne soit pas l'absolution complète du parjure.

« Les fiançailles, a dit un moraliste, sont un pré-
« lude de la vie conjugale, et à ce titre elles ont
« une part notable dans la moralité du mariage.
« L'intervalle qui s'écoule entre la promesse de l'u-
« nion et l'union même, donne aux deux fiancés le
« temps de se connaître, et purifie d'avance la pos-
« session par l'amour. Libres et liés, ils s'étudient
« tout en goûtant les chastes douceurs d'une affection
« naissante, et le mariage vers lequel ils descendent
« la main dans la main, nous apparaît alors non plus
« comme une union matérielle, mais comme la consé-
« cration suprême de la fusion des âmes. L'Espagne,
« l'Angleterre, l'Allemagne, ont conservé aux fian-
« çailles ce caractère poétique et moral.

« Que dirons-nous de nos usages ? ajoute le même
« auteur. Il n'y a plus de fiançailles, il y a des ac-
« cords. Il n'y a plus de fiancés, il y a des futurs. A
« peine l'engagement est-il pris, qu'on se précipite
« vers la réalisation, comme si tous ces gens n'étaient
« travaillés que d'une crainte, celle de se connaître !
« Dans leur impatience fébrile qui ressemble à la
« conscience d'une mauvaise action ignorée, ils se
« hâtent d'abréger encore les quelques jours que la
« loi et l'Église ont posés comme intervalle entre les
« accords et le mariage ; trois semaines leur parais-

« sent un trop long espace pour donner à ces deux
« inconnus, qui ne se quitteront plus, le temps de
« s'étudier. A force d'argent, on réduit ces trois se-
« maines à quinze jours, ces quinze jours, on les ré-
« duit à onze (1). »

L'auteur conclut en disant que le mariage ne peut
se régénérer qu'avec les fiançailles pour prélude.
Peut-être, en effet, exercent-elles une influence sur la
moralité antérieure au mariage, et par suite sur la
moralité du mariage lui-même. Peut-être seraient-elles
un remède à ce mal, de toutes parts signalé par les
moralistes et par les philosophes, dans la chaire sacrée
comme dans la chaire profane, les mariages sans

---

(1) Me permettrait-on d'achever ici la citation, sans la trouver trop
déplacée ?

« Les fiançailles forment au-delà du Rhin une véritable époque dans la
vie : dès qu'une promesse a été échangée entre deux jeunes gens, le fiancé
devient le fils de la maison chez son beau-père futur; causer avec sa fiancée,
lui écrire, sortir même avec elle, sont autant de priviléges accordés à son
titre seul ; car ce titre est un engagement sacré. Souvent le jeune homme,
encore sans profession assurée ou trop pauvre pour réaliser son projet de
mariage, part pour les pays étrangers, afin de commencer l'œuvre de sa
fortune ; il part l'anneau au doigt, l'amour au cœur, et sa fiancée l'attend
quelquefois plusieurs années sans être ni oublieuse, ni oubliée. Quelquefois
aussi, l'achèvement de ses études ou l'apprrentisage de son état retient le
jeune homme dans une ville voisine, et le seul jour du dimanche est à lui,
je veux dire à eux. Comme il arrive dès le jour levé ! Comme elle est déjà
sur la route bien avant qu'il arrive ! Et pendant toute cette journée, que de
questions ! que de projets ! quel vivifiant échange de douces espérances,
de nobles désirs, d'aspirations vers le beau et le bien ! Prolonge, prolonge
ces mois d'attente, ardent jeune homme, tu ne seras jamais ni plus heureux
ni meilleur. La possession même de la femme aimée ne vaudra pas pour
toi ces heures chastes et pures. L'amour est semblable à l'année, sa plus
belle saison est son printemps Tout n'est encore que promesses et que
fleurs, il est vrai ; mais ces impalpables parfums suffisent à vous nourrir
plus délicieusement que les fruits les plus savoureux ; et même au milieu
des riches moissons de l'été, au sein des abondantes récoltes de l'automne,
la pensée se reporte toujours avec un bonheur mêlé de regret sur ces lim-
pides matinées d'avril, où l'oiseau chantait moins doucement sur les feuilles
que notre amour dans notre cœur. »

amour. Peut-être tous les poëtes n'ont-ils pas complètement tort. On ne peut nier, cependant, les dangers
inséparables des fiançailles.

Au moment de laisser percer, sinon des regrets, au
moins quelques légères sympathies pour le passé, ne
dois-je pas, sans être encore le *laudator temporis acti*
d'Horace, reporter mes souvenirs vers une autre institution absente de nos lois ? Le douaire était jadis obligatoire, il forma jadis une condition essentielle du
mariage. A défaut de stipulation expresse, la loi prenait en main l'intérêt de la femme, et lui attribuait
une part dans la succession du mari. La femme est
aujourd'hui une étrangère vis-à-vis de cette succession, elle est reléguée par le Code Napoléon à la suite
de tous les héritiers, n'ayant rang qu'après le douzième degré, *et placée dans une sorte de mitoyenneté
humiliante avec le fisc,* comme s'il était indispensable
de la faire venir après lui, uniquement pour que la
succession ne tombât pas en déshérence.

Sans doute on ne peut qu'admirer le Code Napoléon qui, à défaut de convention, a fait du régime
de la communauté, régime éminemment français et
chrétien, le droit commun de la France. C'est celui
qui relève la femme, qui lui donne sa véritable dignité au foyer domestique. Il est, selon M. Troplong,
« le seul raisonnable, logique et juridique (1). Le ma-

(1) Tel n'était pas l'avis du tribunal de Montpellier : « C'est une pomme
de discorde , disait-il dans un style tout révolutionnaire, que le nord
de la France veut jeter dans le midi, fruit que la barbarie des Francs
avait cueilli sans doute dans les forêts de la Germanie, et qu'elle a apporté

riage devrait, ce me semble, avoir pour devise ces mots de Columelle, qui le résument tout entier : *Nihil in domo dividuum.*

« Précisément parce que la femme est l'âme et l'honneur du foyer domestique, disait-on récemment au Corps législatif, parce que c'est elle qui anime le mari au travail, qui le retient sur le bord de ce seuil où peut-être l'attendent des plaisirs illégitimes et qui, avec sa grâce, avec celle de ses enfants, l'empêche de se fourvoyer, parce que c'est toujours le mot du poëte qu'il faut conserver : *Casta pudicitia servat domus !* parce que elle représente la vertu, la chasteté, la religion et la douceur, on lui donne sa part dans l'œuvre dont la collaboration a été commune, nous y applaudissons tous. »

Mais la part dans la communauté ne suffit pas ; car la communauté peut être nulle ou onéreuse ; il faut à la femme une part dans l'héritage du mari : cet héritage a été le sien tant qu'à duré le mariage : la loi ne peut sans injustice détruire au profit d'étrangers une si légitime possession. — Sans doute la liberté de tester n'est pas supprimée, mais comme on l'a fait remarquer, « pour beaucoup de gens, le testament est comme le mariage ; ils y pensent toute leur vie, et cependant demeurent célibataires et meurent *intestats.* »

La matière du testament, disait un orateur à la

dans les Gaules, au milieu du tumulte de la victoire et de la licence des camps. »

Le régime dotal, dit M. Troplong, né dans l'Europe méridionale, semble se complaire sur cette terre de prédilection.

chambre des députés, est un nid à embûches. Sans
doute les formes sout simples, mais elles sont impérieuses, et, pour en avoir oublié une, la volonté la
mieux cimentée périt. Tout le monde sait l'histoire de
cet illustre jurisconsulte qui avait passé sa vie à écrire
sur les testaments, qui était cité devant tous les tribunaux, qui voulut finir comme il avait vécu, en faisant son testament ; seulement il y glissa une grosse
nullité, et en vertu des principes qu'il enseignait
depuis soixante ans, son testament fut frappé d'annulation.

Si la succession n'est qu'un testament présumé, si
elle est déférée d'après l'affection présumée du défunt, à qui le testateur eût-il laissé sa fortune, sinon
au conjoint qui a passé avec lui les plus belles années
de sa vie, partageant avec lui ses plaisirs, ses peines
et ses travaux, à celle qui lui a fermé les yeux et qui
saura aimer après lui, les orphelins qui lui survivent?
Et quel fils bien né oserait se plaindre de voir sa
mère recueillir et garder, au moins tant qu'elle ne se
remariera pas, l'usufruit partiel, sinon total, des
biens paternels ? N'est-elle pas la meilleure tutrice
des enfants communs ? Le douaire contenait une condition d'inaliénabilité qui a été justement considérée
comme antipathique à notre état social. Le Code,
sans aucune distinction, a porté la hache sur l'institution tout entière : les parents du mari furent préférés à la femme, par ce motif ridicule que la femme
appartenait à une famille étrangère (Fenet, xii , p.
333), comme si, au contraire, la femme n'était pas
un des membres les plus intimes de cette famille nou-

velle que constitue le mariage. A une époque où les
liens du sang et les rapports d'affection dominent seuls
dans la législation de la famille, la place de l'épouse
dans la succession de l'époux, est au premier, et non
au dernier rang.

Dans l'une des dernières séances du Corps législatif, un des plus éloquents orateurs a solennellement demandé la révision du Code Napoléon sur
ce point et sa voix a rencontré un assentiment una-
nime :

« Je parle, disait-il en terminant, pour nos mères,
nos sœurs, nos filles, pour celles qui sont l'honneur
du foyer, où elles apportent la grâce d'abord, puis
l'économie et les soins pour tous. Il ne faut pas que
l'on puisse dire que la femme est maltraitée par la législation française, et je ne me contente pas de cette
consolation par trop platonique qui a été donnée au
défenseur de l'opinion que je soutiens, par votre honorable rapporteur, qui a dit avec une sorte de mé-
lancolie, que les mœurs étaient plus parfaites que les
lois. Assurément ce n'est pas un compliment adressé
à des législateurs: c'est une leçon. Je la prends
pour telle; mais je crois que, quand on reçoit
une leçon méritée, la sagesse, c'est d'en profiter. »

Le Code Napoléon, tout en entourant le mariage
de sa faveur et de sa juste protection, s'est bien gardé
de deux excès contraires. En face de deux systèmes
diamétralement opposés, ayant pour drapeaux, l'un

les lois Julia et P. Poppœa, l'autre une théorie re-
nouvelée des Grecs, rajeunie dans notre époque, et
signée du nom de Malthus (1). Notre loi n'est tombée
ni dans Charybde, ni dans Scylla.

Transformation du mariage en un privilége de la
richesse; interdit pesant sur tous autres que les riches,
à l'aide d'une *contrainte morale ;* célibat ou stérilité
dans le mariage pour les déshérités de la fortune, et,
comme sanction, la suppression de la charité publique; égoïste délaissement de l'enfance et de la vieillesse ; rébellion contre les lois de la nature ; insen-
sibilité et dureté érigées en système, telle est la doctrine de l'illustre économiste anglais. « Un homme,
dit Malthus, qui naît dans un monde déjà occupé, si
sa famille n'a pas le moyen de le nourrir, ou si la
société n'a pas besoin de son travail, cet homme,
dis-je, n'a pas le moindre droit à réclamer une
portion quelconque de nourriture ; il est réellement
de trop sur la terre; *au grand banquet de la nature,
il n'y a pas de couvert mis pour lui.* La nature lui
commande de disparaître; elle ne tardera pas à
mettre elle-même cet ordre à exécution. »

Le mariage et la famille, c'est-à-dire l'amour et le
pain, sont de par Malthus interdits à cet homme-là.
Hâtons-nous de dire que ces doctrines ont trouvé bien

(1) Platon fixe à 5040 le nombre de citoyens de sa république, et
veut que, suivant les circonstances, on arrête ou l'on stimule la Population. Il veut limiter le nombre des mariages. Aristote dans sa politique, propose d'employer même l'avortement pour arriver au but
visé par Platon. « Aussi, rapporte l'histoire, la Grèce où la nature
était contrariée, brûla-t-elle plus d'encens que toute autre nation
à cet amour infâme qu'on ne peut nommer sans rougir. »

peu d'écho en France ; elles n'y ont guère rencontré que des hommes armés pour les réfuter. Ces théories peuvent faire fortune chez nos voisins d'outre-mer (V. notamment J. Stuart Mill) (1), dans l'aristocratique Angleterre, qu'on a justement appelée l'*Herculanum de la féodalité*, où le génie féodal s'est, pour ainsi dire, pétrifié, et où s'épanouissent encore au XIX° siècle, à la faveur de la concentration des propriétés, tous les priviléges dont la France démocratique a, grâce à Dieu, fait table rase.

« Chez nous, dit Proudhon (2), avec les idées duquel je suis heureux de me rencontrer ici pleinement, où la foi dans la Providence est restée vive, le peuple dit, par manière de proverbe, et c'est en cela que nous nous distinguons de l'Anglais : *Il faut que tout le monde vive.* La théorie de Malthus est l'assassinat politique, l'assassinat par philanthropie, par amour de Dieu et du privilège. »

L'économie politique, science subalterne, dépasse bien témérairement son domaine, quand elle prétend audacieusement se subordonner les lois de l'ordre mo-

---

(1) Cet éminent auteur proposé comme remède suprême aux souffrances populaires, et plus spécialement à l'abaissement des salaires, « la limitation du nombre des familles dans la classe laborieuse. » C'est une idée souvent exprimée dans son remarquable ouvrage (*Principes d'économie polique*). Il désespère des progrès de la *moralité,* « tant qu'on ne considèrera pas les familles nombreuses avec le même mépris que l'ivresse ou tout autre excès corporel. » Il se console pourtant dans l'espérance que le temps approche où « il y aura lieu de transformer en obligation légale l'obligation morale de ne pas avoir trop d'enfants, et où la loi finira par imposer cette obligation à la minorité récalcitrante. » Fi donc !

(2) *Idées révolutionnaires.*

ral et se substituer à la Providence elle-même. *Cede Deo.* L'État représentant de la morale, ne peut jamais se mettre en contradiction avec elle. « Une voix intérieure crie à chaque homme que les sentiments les plus doux ne lui ont pas été donnés par le Créateur comme une source fatale d'amertumes et de misères, les vices et les crimes ne pouvant avoir la même origine que les vertus. » C'est vainement, du moins parmi nous, que Malthus a déclaré la guerre aux affections domestiques et à la charité publique et privée, dans l'intérêt mal entendu de l'humanité. Le ciel n'a pas voulu que la richesse eût le monopole de toutes les jouissances, y compris celles de la famille, ni qu'une partie de l'espèce humaine fût sacrifiée en holocauste à l'autre. « Malheur au pays, dit Godwin, où un homme de la classe du peuple ne peut se marier sans avoir la perspective de perdre sa dignité et son indépendance. On peut être sûr qu'il existe un vice dangereux dans l'ordre social, là où un tel homme n'aura pas une espérance raisonnable de nourrir sa famille au moyen du travail de ses bras, quoiqu'il ne possède rien au moment de se marier. » N'est-ce pas le pauvre, plus que le riche, qui a besoin de l'appui d'une famille, d'un soutien de ses vieux jours ? « Les jeunes branches, a-t-on répondu, loin d'épuiser le tronc, lui donnent une vigueur nouvelle et deviennent des éléments de prospérité, au lieu d'être une cause de ruine et de dépérissement. »

Ces arrêts de proscription lancés contre des enfants, des vieillards et des infirmes, cet ostracisme des sentiments les plus impérieux du cœur humain, ne

méritaient pas d'être sanctionnés par la conscience
publique. L'expérience a démontré, en effet, le peu
de fondement de ces cris d'alarme formulés par ces
prophètes de malheur, tendant à arrêter les progrès
de la population. La plus simple analyse du travail
humain a suffi pour démontrer que, si la population, en s'accroissant, exige une plus forte quantité de
subsistances, elle possède en elle-même les moyens
d'y pourvoir. La richesse publique s'accroît en même
temps que la population. Ce phénomène se reproduit d'une manière tellement générale, qu'un
économiste américain, M. A. Everett est allé jusqu'à
considérer l'accroissement de la population, comme
la cause essentielle de ses progrès en tous genres. Il a
pensé que, puisque les produits du travail sont toujours en raison du travail lui-même, et, par conséquent, de la population, les moyens de subsistance
pour les individus ne dépendent que de la répartition
plus ou moins équitable des profits entre les employés
des diverses industries. Ces industries prennent chaque
jour un nouvel esssor par l'extension et le perfectionnement de l'agriculture et le développement du commerce. La terre est vaste encore !

Et, d'ailleurs, s'il était besoin de décimer les populations pour rétablir l'équilibre, est-ce que nous n'a-
vons pas ces sinistres correctifs, ces redoutables fléaux
qui semblent s'appesantir périodiquement sur la race
humaine ? Des historiens et des penseurs nous ont
exprimé des présages tout contraires à ceux de
Malthus. Montesquieu dit : Il y a à peine sur la terre
la dixième partie des hommes qui y étaient dans les

anciens temps. Ce qu'il y a d'étonnant, remarque-t-il, c'est qu'elle se dépeuple tous les jours, et si cela continue, dans dix siècles elle ne sera qu'un désert (1).

Le nombre des mariages, en France, est bien loin de s'accroître dans des proportions inquiétantes. Ainsi en 1851 il y avait 9,000 mariages de moins qu'en l'année précédente ; en 1852, 7,000 de moins qu'en 1851, 16,000 de moins qu'en 1850. La statistique officielle de 1856 montre que la population diminue ou reste stationnaire (2).

Le mal existât-il, le remède ne serait certainement pas celui de Malthus ; le docteur anglais ne tarda pas à s'apercevoir que le célibat ne diminuait pas le nombre des naissances, que seulement il les rendait illégitimes, ce qui était un malheur de plus pour la société. Et combien y a-t-il d'hommes dont le cœur serait assez cuirassé pour prêcher, au nom de l'économie sociale, l'abandon de son semblable, moins favorisé par la fortune, pour le laisser impitoyablement mourir de faim sous prétexte de philantropie ?

(1) Les Quakers ont légitimé le célibat par un singulier motif: nous l'avons adopté, disent-ils, parce qu'Anne Lee est venue annoncer à la terre que le monde est si corrompu, qu'il doit finir, et c'est entrer dans les vues de la Providence, que de coopérer à ce résultat.

(2) Notre infériorité à l'égard des autres nations européenne a été constatée. « Autrefois, — disait récemment à l'Académie de médecine le directeur de l'Assistance publique, — autrefois, c'est-à-dire avant 89, on comptait cinq enfants pour un mariage ; au commencement de ce siècle. il naissait encore plus de quatre enfants (4, 20) par union légitime. Aujourd'hui c'est à peine si chaque ménage produit trois enfants pour la France entière ; et à Paris on ne compte qu'un peu plus de deux enfants par ménage. »

Singulier expédient en vérité qui rappelle les procédés
du Céleste-Empire ou ceux des beaux jours de Sparte,
alors qu'on jetait à la voirie les enfants mal doués de
la nature ! Nous ne sommes plus aux temps où la
pauvreté était un crime. De pareilles idées sont anti-
françaises, anti-chrétiennes, anti-civilisatrices (1).

Le Code Napoléon a bien su répudier également
l'héritage des lois d'Auguste, ces fameuses lois *Caducaires*, indice d'un ordre social profondément vicié,
d'une société gangrénée, de la corruption de laquelle
nous sommes encore bien loin, et que ces lois étaient
impuissantes à guérir. Sans doute l'État a intérêt à
voir multiplier les mariages : « Les conjonctions illicites, comme le dit Montesquieu, contribuent peu à la
propagation de l'espèce. » — « La nature épuisée
dans les excitations désordonnées, dit M. Troplong,
trahit sa faiblesse par des produits débiles, et les
téméraires abus qui faussent et profanent la loi pro-
videntielle de la reproduction, retombent cruellement
sur leurs auteurs, et préparent aux générations in-
nocentes un affreux héritage de maux corporels et
moraux. »
Mais des incitations inconsidérées, stimulant au
mariage par un mobile d'intérêt et de lucre, des déchéances frappant le célibat, ne sont plus ni de nos

(1) C'est une règle tirée de la nature, dit Montesquieu, que plus on
diminue le nombre des mariages qui pourraient se faire, plus on corrompt ceux qui sont faits. Moins il y a de gens mariés, moins il y a
de fidélité dans les mariages ; comme lorsqu'il y a plus de voleurs, il
y a plus de vols. (L. xxiii, c. 21.)

mœurs ni de notre siècle ; elles ne seraient plus qu'un anachronisme. Le célibat n'est plus un crime de *lèse-humanité*. La liberté individuelle repousse toute *contrainte morale* dans l'un ou l'autre sens. Des mesures telles que les dispositions des lois Julia et P. Poppœa seraient inutiles ou funestes. Elles sont inutiles, si un peuple est moral et éclairé. La nature alors n'a pas besoin d'être secondée par la loi positive ; « Partout où une famille pourra trouver de quoi vivre, dit Montesquieu, il se formera un mariage. »

« Quelques auteurs du siècle, disait aussi l'illustre Portalis, ont demandé que l'on encourageât les mariages ; ils n'ont besoin que d'être réglés. Le législateur n'a rien à faire à cet égard, la nature a tout fait. Toujours aimable, elle verse d'une main libérale tous ses trésors sur l'acte le plus important de la vie humaine ; elle nous invite, par l'attrait du plaisir, à l'exercice du plus beau privilége qu'elle ait pu donner à l'homme, celui de se reproduire, et elle nous prépare des délices de sentiment mille fois plus douces que ce plaisir même. Il y aura toujours assez de mariages pour la prospérité de l'État ; l'essentiel est qu'il y ait assez de mœurs pour la prospérité des mariages. » Dans un État florissant, ajoutait M. Gillet, la propagation ne demande au législateur d'autre encouragement que de n'être pas arrêtée.

Des mesures telles que les lois caducaires sont dangereuses et funestes, si le mariage est contracté sous l'empire d'une contrainte qui ne peut que profaner une sainte institution. Le voile du mariage ne servira qu'à couvrir des excès qui jetteront le trouble dans la société. Laissons à ceux qui se sentent la force de supporter les douleurs et les peines inséparables des austères plaisirs et des joies intimes du mariage, cette vie d'abnégation et de dévoûment continuel dont nous sommes indignes de remplir les devoirs et de partager les douceurs.

Le Sénat faisait dernièrement l'honneur peu mérité d'un rapport consciencieux à une pétition dont l'auteur utopiste, frappé de l'arrêt de notre population qui reste stationnaire, malgré l'accroissement continu du nombre des enfants illégitimes, rêvait un Eldorado à la faveur de la résurrection des lois *caducaires* contre les célibataires âgés de plus de vingt-cinq ans et les veufs sans enfants. L'ordre du jour était le seul accueil possible. Le Sénat a conclu en déclarant qu'une éducation plus morale et plus religieuse pouvait seule guérir le mal. Toute législation qui n'accorderait au célibataire qu'un rang quelque peu inférieur à celui de l'homme marié, serait aujourd'hui souverainement odieuse. Le célibat n'est-il pas d'ailleurs la source des plus pures et des plus sublimes vertus qui font l'honneur de notre société ? La religion, la science, les armes, la gloire ont leur sacerdoce digne de tous nos respects. Qui n'admirerait avec Lacordaire « ce célibat pur et dévoué, l'un des premiers besoins de l'humanité, sans lequel l'esprit de sacrifice ne peut prendre qu'un essor beaucoup trop restreint, ce célibat religieux ou militaire qui n'est pas une lâche abdication des devoirs de la famille, se dédommageant dans la licence, mais une sainte condition d'une noble profession ? » *(Éloge de Drouot)*.

Le célibat, souvent inspiré par les plus généreux sentiments, est souvent un devoir, une nécessité.

La puissance maritale est souvent l'objet d'invectives injustes et passionnées. D'ardents champions de la femme, forts de cette idée que chaque pas dans la civilisation a formulé un progrès dans la condition de l'épouse, se plaignent chaque jour d'oppression et de tyrannie. Ne devons-nous pas craindre toute exagération ?

Et d'abord il est difficile de contester le principe même de la légitimité de la puissance maritale. La raison suffit pour le justifier. La famille est une société, toute société a besoin d'un chef, sous peine de tomber dans le pire des maux, l'anarchie. Le mariage a besoin de l'autorité d'un pouvoir directeur, pour prévenir les conflits qui en seraient la ruine. C'est par la dépendance de la femme et des enfants que le père peut conserver, augmenter, améliorer, donner une direction régulière et intelligente aux intérêts domestiques. Comment l'association des personnes pourrait-elle se maintenir pacifique ; comment l'association de biens pourrait-elle fleurir, si tout le monde était maître, c'est-à-dire égal, si une majorité et une minorité se trouvaient en présence pour faire retentir le foyer du bruit de leurs prétentions diverses ? Comment transformer la société conjugale en une assemblée délibérante où les voix ne pourraient jamais être départagées ? Où serait la bonne intelligence et l'harmonie ? Où serait cette paix intérieure qui est le premier des biens ? Le premier intérêt de la femme, de la famille, de l'État, c'est l'unité du gouvernement domestique.

L'inégalité est nécessaire dans la constitution de la famille (1), sous peine de jeter la discorde dans l'union, d'ébranler les fortunes, de compromettre l'avenir des enfants, et peut-être de précipiter la femme elle-même dans une dégradation de mœurs mille fois plus fatale pour elle que la sujétion ; la raison peut absoudre la dépendance de l'épouse.

Platon voulait rendre la femme capable des mêmes fonctions que l'homme, il voulait qu'elle reçût la même éducation, qu'elle accompagnât même les guerriers au combat. C'est là une exagération d'égalité, repoussée par la nature, contraire à la pudeur, et qui n'est pas moins condamnable que la communauté des femmes proposée par ce philosophe à l'exemple de quelques peuplades de la haute Lybie. Platon avait

(1) Rousseau dit dans le livre le plus paradoxal qui ait jamais été écrit, que l'égalité est dans la nature et que l'inégalité est un produit factice de l'état social. — « Il ne faut pas être un observateur bien profond de la nature et de la société, remarque M. Troplong, pour voir ce que cette proposition renferme de fausseté. Que vois-je dans la nature, sinon une inégalité perpétuelle au sein de la plus magnifique harmonie ? Le faible roseau croît à côté du chêne puissant, la verdure contraste avec l'éclat limpide des rayons du soleil ; ici la terre produit de sombres forêts, là des prairies fertiles, plus loin des sables désolés ; et, au-dessus de cette matière inerte et de la brute, s'élève la plus belle inégalité de la nature, l'homme, ce dominateur superbe du monde matériel. Lui-même, dans ses rapports avec ses semblables, de combien d'inégalités n'offre-t il pas le tableau ? Inégalité dans les forces physiques et dans la santé ; inégalité dans les caractères, dans les goûts, dans les besoins ; inégalité dans l'intelligence, dans la capacité. »

vu la femme humiliée et asservie dans l'ancien monde : c'était un singulier moyen de la réhabiliter, que de la condamner à cet état de promiscuité ignoble dans lequel vit la famille des animaux ! Non, la femme n'est pas appelée aux mêmes offices que l'homme ; sa constitution physique, son caractère, sa destination nécessaire dans la famille, lui donnent en partage un rôle tout à fait distinct et très-différent. N'intervertissons pas l'ordre de la nature. La force, l'audace, l'énergie et l'action sont placés du côté de l'homme ; la timidité, la pudeur et les qualités qui sont l'apanage de la faiblesse, du côté de la femme. L'homme et la femme ne peuvent partager les mêmes travaux, supporter les mêmes fatigues, ni se livrer aux mêmes occupations. La femme, disait Portalis, a besoin de protection parce qu'elle est plus faible ; l'homme est plus libre, parce qu'il est plus fort. La prééminence de l'homme, reconnue par tous les peuples, est indiquée par la constitution même de son être qui ne l'assujettit pas à autant de besoins, et qui lui garantit plus d'indépendance pour l'usage de son temps et l'exercice de ses facultés. L'homme seul peut représenter la famille au dehors. Cette prééminence est la source du pouvoir de protection que la loi reconnaît au mari. L'obéissance de la femme est un hommage rendu au pouvoir qui la protége.

« Si la femme est portée au commandement dans les
« choses de détail, dit M. Troplong, elle s'en effraye
« dans les choses plus importantes ; elle sent alors le
« besoin d'être protégée, et elle offre son obéissance,

« oublieuse en un instant de ses velléités d'autorité.
« La femme a toutes les vertus que donne l'affection
« et la tendresse ; elle manque ordinairement de cel-
« les qui demandent la prévoyance, l'énergie, la
« constance, le sang-froid. Voulez-vous qu'elle ne soit
« pas maîtresse ? laissez-lui croire qu'elle l'est, car
« elle tient plus à l'apparence par amour propre, qu'à
« la réalité par ambition. D'ailleurs, fiez-vous à la
« nature ; si la femme a pour son mari l'amitié sin-
« cère que le mariage fait supposer, vous la verrez
« se placer d'elle-même sous sa dépendance, se faire à
« elle-même une situation subordonnée dans la déci-
« sion des affaires domestiques, et reconnaître sponta-
« nément en lui plus d'aptitude pour le gouvernement.
« L'affection de la femme a cela de remarquable,
« qu'elle est accompagnée de beaucoup d'abnégation,
« que le sentiment y domine tous les calculs, qu'une
« femme qui aime est presque toujours une femme
« qui abdique sa volonté et prodigue sa confiance. La
« loi humaine n'est donc qu'une loi profondément
« naturelle, quand elle met du côté du mari cette
« autorité que la femme déposerait dans ses mains, si
« elle lui eût été donnée. Le législateur a vu sagement
« ce double fait : le premier, que l'homme, par les
« qualités de son sexe et de son âge est mieux fait que
« la femme pour l'autorité ; le second, que si la loi
« positive venait à laisser indécise la question du gou-
« vernement de la famille, l'élection d'une femme
« vertueuse et aimante, serait moins pour elle que
« pour son mari. »

« Il faut, dit M. Jules Simon, adorer la famille

telle que Dieu la faite, dans son unité, dans sa simplicité, respecter dans le père l'autorité la raison, le
travail, la sollicitude sans cesse éveillée, toujours prête
au sacrifice ; dans la mère la grâce et la tendresse, le
dévouement de toutes les heures, une autorité subordonnée à celle du mari mais si douce et si tendrement
protectrice, une piété ardente qui semble appeler sur
le foyer la bénédiction du ciel ; un seul devoir, un
seul intérêt, un seul cœur, voilà la famille. »

La puissance maritale est de droit naturel (1); mais
cette puissance doit être réglée, mitigée par l'équité ;
l'autorité et l'obéissance ne doivent pas être absolues.
Dans les conceptions aristocratiques de Rome ancienne, la femme n'était placée que d'un degré au-
dessus de l'esclave. C'est le propre de tous les
peuples peu avancés en civilisation, de traiter la
femme comme une créature inférieure et dégradée.
La vente de la femme a été le droit commun dans
la période héroïque du droit. Quand Rome eut se-
coué le joug des anciennes institutions, la souveraineté maritale s'écroula, et la licence des femmes
succéda à la tyrannie; nous savons les maux incal-
culables occasionnés par cette licence. La famille
païenne, malgré les efforts d'Auguste, entraînée par
une puissance de désorganisation incurable, se fût

---

(1) Toutes les opinions (dit Cicéron, *Tuscul*, dans des termes que la
logique défend d'appliquer à la lettre) prennent leur source dans
les passions momentanées, dans les intérêts fugitifs, passent et pé-
rissent avec l'âge qui les voit naître. Si quelque chose, au contraire,
est approuvé d'âge en âge chez tous les peuples, malgré la diversité
des intérêts et des mœurs, n'en doutez pas, c'est la vérité même.

dissoute dans l'anarchie, la débauche, les prodiga-
lités, l'aversion pour le mariage, si le christianisme
ne fût venu apporter au monde des principes de régénération. Le droit coutumier, cherchant une solution du difficile problème, a constitué sur des bases
beaucoup plus sages qu'on ne l'avait fait avant lui,
les idées d'émancipation et de soumission de la
femme qui sont juxta-posées dans la morale chrétienne, pour se limiter réciproquement. La femme
est subordonnée à l'autorité maritale ; mais cette
autorité n'est pas tyrannique ; c'est une autorité de
protection établie dans l'intérêt de la famille et de
la femme elle-même : c'est aussi un pouvoir conser-
vateur des biens de l'épouse, un contre-poids à des
aliénations irréfléchies, une sauvegarde pour ce patrimoine précieux qui doit être la dernière ressource
du ménage et des enfants. En retour de sa soumission, la femme est garantie contre les abus par
des privilèges et des sûretés.

Le Code Napoléon, rédigé à la lumière des principes de 89, ne pouvait être moins favorable à la
femme que le droit coutumier. L'autorité, dans toute
sphère et dans tout ordre de chose, n'est plus établie
dans l'intérêt de celui qui l'exerce, mais de celui qui
la subit. Son principe et son caractère sont changés.
Elle ne tire plus sa légitimité et sa raison d'être que
de ses bienfaits. Elle est un devoir plutôt qu'un droit,
« Elle n'est un droit qu'en tant qu'instrument d'un
devoir. » Le Code Napoléon a réalisé le vœu d'Aristote qui disait dans sa *Politique* : « L'autorité du
mari sur la femme est une autorité républicaine,

tandis qu'elle est royale sur les enfants et les esclaves » (1). Le mari commande, en effet, à un être
libre, intelligent, cointéressé, partageant avec lui les
épreuves de la vie et uni dans un sort égal par la
volonté, l'affection et le dévouement. L'autorité maritale n'est pas sans contrôle et sans limite : hypo-
thèque légale portant sur l'universalité des biens du
mari, droit exorbitant de répudier la communauté;
c'est-à-dire d'en profiter quand elle est bonne, et de
s'en décharger quand elle est ruineuse, droit non
moins considérable de n'être tenue des dettes, en
acceptant, que jusqu'à concurrence de l'émolument;
droit de contrecarrer le pouvoir exécutif du mari
et de s'opposer à ses dissipations, en demandant la
séparation de biens. La femme n'est pas livrée à un
despote qui ne compte pas avec elle; le mari a auprès
de lui une compagne et non une sujette, un conseil
dont l'opinion doit avoir son poids, une associée qui
a ses droits et avec laquelle il doit combiner ses réso-
lutions.

Un récent et brillant ouvrage confondant trop souvent les abus de la force brutale réprimés par la loi,
et les attributs de l'autorité maritale, et oubliant trop
souvent la garantie des tribunaux, a formulé amèrement ses griefs contre la puissance maritale du Code
civil. La question est à l'ordre du jour. On prétend
nier l'orthodoxie démocratique de notre loi, on ré-

(1) Le Code Napoléon n'a pas pris pour base les paroles prononcées
par le premier Consul au Conseil d'État : « Un mari doit avoir un
empire absolu sur les actions de sa femme. » (Thibaudeau, *Mémoires
sur le Consulat*).

clame plus de *liberté* ; (ce mot n'est-il pas aujourd'hui
sur toutes les lèvres, « qu'on veuille sincèrement
patronner la liberté, ou seulement se faire patronner
par elle. ») On a demandé, à titre de réforme, la création d'un *conseil de famille conjugal* chargé d'inspec-
ter et de contrôler le gouvernement de la société domestique. Une pareille innovation me semble difficilement acceptable, il est vrai que la république romaine et la féodalité avaient établi, l'une, sous le nom
de tribunal domestique, l'autre, sous le titre d'assemblée de parents, un conseil de famille chargé de protéger l'épouse. C'était à une époque où le contrôle
des tribunaux ne pouvait avoir cette efficacité qu'ils
puisent dans leur organisation actuelle. On conçoit
cette triple garantie accordée au pupille dans le tuteur, le subrogé-tuteur, le conseil de famille. Mais
la femme, émancipée par le mariage, a nécessairement atteint un âge où elle peut mieux défendre ses
intérêts qu'un enfant sans raison ; le tuteur peut
d'ailleurs être un étranger et ne pas présenter ces garanties d'affection qu'offre le mariage. Comment admettre un tiers inspecteur, ayant le droit de s'ingérer
en intrus dans cette société si intime et si étroite, où,
hors les cas extrêmes nécessitant, comme *ultima ratio*,
le recours aux tribunaux, tous les nuages doivent se
dissiper dans l'harmonie et l'amour ? Cette possibilité
d'un arbitrage, d'un procès de famille, occasionnerait
des froissements, des tiraillements, à la place de la
conciliation et des concessions réciproques. Ces arrêts
d'un conseil de famille, créeraient un vainqueur et
un vaincu et par cela même laisseraient après eux la

rancune d'une défaite. Je doute que l'innovation proposée tournât à l'avantage de la femme. Peut-être serait-elle moins reine, si le Code la déclarait l'égale du mari. Si elle n'entre en lice qu'avec les armes du cœur, elle peut exercer un empire irrésistible, s'assurer la victoire. Toute femme digne de ce nom sait, en général, par la seule force de sa grâce, de son affection et de son dévouement, mériter la royauté du foyer, dominer partout où son autorité est compétente, en reconnaissant au mari le sceptre domestique pour représenter la famille à l'extérieur, en lui laissant, comme on l'a dit, le département des affaires étrangères (1).

Le mariage est aujourd'hui indissoluble. La loi du 20 septembre 1792, faisant échec à la liberté de conscience, avait interdit la séparation de corps pour ne tolérer que le divorce croyant voir dans la séparation tous les inconvénients du divorce, moins ses avantages. 93 laissa une libre carrière au caprice et à l'inconstance des époux. (Lois du 8 nivôse et 4 floréal an II.) Le divorce ne fut plus qu'une simple formalité. La licence et le désordre envahissant la société do-

(1) Voici quelle était l'opinion de Montesquieu sur la puissance maritale (L. Persanes, l. 38.) :«L'empire que nous avons sur les femmes est une véritable tyrannie : elles ne nous l'ont laissé prendre que parce qu'elles ont plus de douceur que nous et, par conséquent, plus d'humanité et de raison. Ces avantages qui devaient sans doute leur donner la supériorité sur nous, si nous avions été raisonnables, les leur ont fait perdre parce que nous ne le sommes pas.»

mestique ; le mariage tomba en désuétude. par une conséquence naturelle de son avilissement, et l'on se vit forcé comme autrefois à Rome, de faire des lois pour engager les citoyens à se marier. Il fallut, le 15 thermidor an III, revenir à la loi de 1792 qui n'était pas un remède suffisant (1).

Le Code Napoléon, après de sérieuses discussions, rétablit la séparation, autorisa le divorce en entourant la faculté de divorcer d'utiles restrictions, en abolissant le divorce par incompatibilité d'humeur (2). Sous la Restauration, au nom d'une religion d'État, la loi de 1816 abolit le divorce et déclara le mariage indissoluble. Depuis ce jour, d'infatigables avocats de feu le divorce, n'ont cessé de plaider la cause perdue en 1816 et de réclamer la révision du procès de leur client frappé d'interdit et banni de nos lois civiles. Depuis Montaigne, Montesquieu (3) et Voltaire, bien des penseurs ont mis leur philosophie et leur talent au service de cette cause :

« Nous avons pensé, disait Montaigne, attacher plus ferme le nœud de nos mariages, pour avoir osté

---

(1) « Il est temps, disait Delleville, de faire cesser le marché de chair humaine que les abus du divorce ont introduit dans la société.» « La loi du divorce est plutôt un tarif d'agiotage qu'une loi, disait Maille (20 juillet 1795). Le mariage n'est plus qu'une spéculation: on prend une femme comme une marchandise, en calculant le profit dont elle peut être, et l'on s'en défait sitôt qu'elle n'est plus d'aucun avantage, c'est un scandale révoltant.»

(3) Malgré le premier consul (Fenet., t. 9, p. 260 et s.).

(2) Par la prohibition du divorce, dit Montesquieu (L. *Persanes*, 116), on ôta non-seulement toute la douceur du mariage, mais aussi l'on donna atteinte à sa fin ; en voulant resserrer les liens, on les relâcha, et au lieu d'unir les cœurs comme on le prétendait, on les sépara pour jamais. »

tout moyen de les dissoudre ; mais d'autant s'est l'es-
prinx et relasché le nœud de la volonté et de l'affection que celui de la contrainte s'est estrecy ; et au rebours ce qui teint le mariage à Rome si longtemps
en honneur et en sûreté, fut la liberté de les rompre
qui voudrait. Ils gardaient mieux leurs femmes, d'autant qu'ils les pouvaient perdre ; et, en pleine licence
du divorce, il se passa cinq cents ans et plus, avant
que nul ne s'en servist.

Quod licet ingratum est quod non licet acrius urit.

Diderot prétend « qu'un serment éternel ne peut
être prêté sous un ciel qui change et sur un autel qui
tombe, par deux êtres qui doivent se quitter. »

Daniel Stern s'écrie : « L'irrévocable ! mot terrible
dans la bouche d'une créature telle que l'homme, variable à l'excès, sujette à l'erreur, jouet perpétuel de
vicissitudes impossibles à prévoir, mot téméraire et
insensé qui va directement contre les desseins de la
Providence. »

Bentham met dans la bouche du législateur ces
paroles adressées aux époux : « Vous vous unissez
dans l'espoir d'être heureux, mais je vous déclare que
vous entrez dans une prison dont la porte est murée
pour vous : je serai inexorable aux cris de votre douleur, et quand vous vous battriez avec vos fers, je ne
souffrirai pas qu'on vous en délivre. »

« Dans l'état de notre société, dit M. Legouvé, la
théorie absolue, sans exception de l'indissolubilité, ne
ruine-t-elle pas le ménage, mille fois plus que ne le
ferait le divorce enfermé dans des règles sévères ?
Pour qui interroge les faits, il n'y a point de doute.

Qui crée parmi le peuple tant de bigamies de fait ?
L'indissolubilité. Qui fait que trois ouvriers sur huit
ont deux ménages ? L'indissolubilité. Qui fut cause
qu'en 1830 la commission de récompenses, lorsqu'elle
s'occupa de secourir les veuves des combattants de
juillet, vit arriver deux et trois veuves pour chaque
mort ? L'indissolubilité. Qui multiplie les enfants illégitimes hors de la famille ? L'indissolubilité. Qui multiplie les enfants adultérins dans la famille ? L'indissolubilité. Qui alimente la haine entre les époux ?
L'indissolubilité. Qui amène les scandaleuses révéla-
tions étalées par la justice aux yeux du monde ? L'indissolubilité. Qui inspire des pensées de meurtre et
parfois des meurtres allant jusqu'au massacre ? L'indissolubilité. » Non content de ce virulent réquisi-
toire, l'auteur ajoute encore un sombre et funèbre
tableau, et pousse ce cri d'alarme :

« N'entendez-vous pas, nous dit-il, ces cris étouffés
de colère qui s'élèvent contre le nœud conjugal ? Crai-
gnez de faire passer de la douleur au désespoir, du
désespoir au crime, ces malheureuses qui sont en-
chaînées dans votre cage de fer du mariage. Vous n'y
avez laissé qu'une seule porte de sortie, la mort.
Prenez garde ! que signifient ces causes funèbres qui
semblent se multiplier, et qui nous montrent des
mains désespérées mêlant, dans la nuit, de mortelles
substances aux breuvages de l'époux malade ? Il y a là
un symptôme terrible. Les crimes ne représentent pas
toujours des passions mauvaises ; ils sont souvent le
témoignage sanglant d'une légitime révolte et comme
le cri d'un besoin. Si vous refusez aux femmes ce

qui est juste, elles voudront ce qui ne l'est pas. Un
refus inique déprave. Irritées par l'excès de leur
souffrance, elles s'en prendront, non pas aux abus
du mariage, mais au mariage même, et voilà leur
oreille ouverte à cette théorie fatale qui leur prône,
non pas un divorce, mais vingt divorces successifs,
c'est-à-dire l'abolition du mariage, c'est-à-dire la
femme libre. »

Toutes les doléances, toutes les oraisons funèbres,
tous les hymnes en l'honneur du divorce ont retenti
en France et ont trouvé écho jusque sur les bancs
du Corps législatif. Trois fois sous la monarchie de
juillet, la Chambre des députés a vainement voté la
résurrection du divorce. Devons-nous faire chorus et
pleurer à l'unisson ?

Sans doute, reconnaît-on, l'indissolubilité est le
sceau suprême de l'institution matrimoniale, c'est
vraiment le doigt de Dieu imprimé sur l'union humaine, c'est la grande idée de l'immuable introduite
dans cette vie où tout change ; c'est l'espérance de
l'infini déposée dans ces cœurs où tout s'éteint, et
l'on peut mettre au défi poètes et philosophes de représenter un type parfait du mariage, et d'y placer
le divorce. Sublime comme principe éternel, la théorie de l'indissolubilité a joué en outre, un grand rôle
dans le monde comme instrument social, comme
levier de civilisation, elle a sauvé, dans les mains
de l'Église, le mariage et la femme, elle les a rendus
à leur dignité en les arrachant à la dégradation du
monde romain, continuée avec tant d'excès dans le

monde barbare. Le triomphe de l'indissolubilité fut
lié au triomphe de la civilisation elle-même.

Faut-il oublier ces titres de gloire et dire aujour-
d'hui qu'on exalte le christianisme pour n'avoir
pas dit, en s'implantant dans la société la plus dégradée qui fut jamais ? « Le législateur doit compter
avec les mœurs de son siècle, sans s'inquiéter d'un
chimérique idéal, ne pouvant s'adapter qu'à une société épurée. »

Le divorce peut-il trouver une excuse dans ces
paroles de Solon aux Athéniens : « Je ne vous ai pas
donné les meilleures lois possibles, mais les meilleures que vous puissiez supporter ? »

Le *propter duritiam cordis vestri* de la Bible doit-il
encore inspirer le législateur ? Le divorce n'est-il pas
un antidote nécessaire ? Faut-il maintenir le mariage
alors que l'union n'est plus qu'un mensonge, alors
que « de l'hymen profané il ne reste plus que cette
chaîne légale qui rive tant de souffrances ? » La loi
n'est-elle pas vraiment impie, quand elle n'accorde
pour remède que la séparation « qui produit, dit-on,
tous les maux du divorce sans un seul de ses avantages,
avec une immoralité de plus, avec mille douleurs de
plus, mille contradictions de plus, cette cruelle fiction
qui désunit sans délivrer, sépare les biens et laisse la
femme en tutelle du mari, sépare les personnes et
laisse au mari, honnête homme, la responsabilité
morale des fautes de sa femme, brise le mariage
comme lien, et le maintient comme chaîne ? » Cette
alternative imposée à un époux, de garder le célibat
ou de vivre avec un infâme, n'est-elle pas une

cruauté ? n'est-ce pas renouveler le supplice d'un ca-
davre attaché à un homme vivant, que de forcer à
vivre avec « un de ces possédés que le plus habile
ne pourrait se vanter d'exorciser? »

Le divorce est admis chez nos voisins, sans parler
des peuples qui n'ont pas à nous donner des leçons
de civilisation.

Quel que soit le courant d'idées qui nous ramène
au divorce, — ne serait-il pas cependant antiphatique
aux convictions populaires, au sentiment des masses
qui répudieraient peut-être ce fatal présent ?—quelle
que soit l'autorité de ses éloquents défenseurs, j'ose
dire que mes sympathies restent acquises à l'indissolubilité. En faisant abstraction de toutes les raisons
d'un ordre religieux, raisons que nul n'a le droit d'imposer à la conscience de l'incrédule, en n'envisageant
le mariage que comme contrat humain, comme fait
social, on peut donner au principe de l'indissolubilité
un fondement purement politique, purement philosophique et rationel. Cette justification pourrait enfanter un volume. Qu'il me suffise d'indiquer quelques
raisons, et de réfuter quelques objections.

On invoque, en faveur du divorce, la liberté inaliénable et imprescriptible. Il n'est pas permis, dit-on,
de prendre des engagements indissolubles, et par cela
même téméraires. — La nature du mariage repousse
comme inapplicable ce principe ordinaire du droit
public et du droit privé. L'essence même du mariage
n'est-elle pas précisément d'enchaîner cette liberté ?
Le mariage, en soi-même, par sa destination, par ses
fins légitimes, par son influence sur la famille et sur

les enfants, le mariage est, dans sa définition légale,
politique, naturelle, un lien qui engage toute la vie,
consortium omnis vitæ. L'engagement de ne pas rompre
le lien est inhérent au mariage, il en est une des conditions naturelles ; c'est par là que le mariage se distingue du concubinage, et s'élève à la hauteur d'une
sainte et publique institution. Il n'est le mariage, que
parce qu'il n'est pas un lien temporaire et que les
deux époux se donnent indissolublement l'un à l'autre. « Il est beau, disait le tribun Carion-Nisas, de
voir l'homme imposer lui-même un frein à l'inconstance de sa volonté et se donner une garantie contre
l'instabilité de sa pensée dans la nécessité de son serment. » Le mariage est si bien indissoluble et viager
de sa nature, à la différence des autres contrats, que
les adversaires, lorsqu'ils ne sont pas emportés
par un esprit de licence, sont forcés de reconnaître que le seul repentir, le simple consentement
mutuel ne peut rompre le lien conjugal. L'appel à la
liberté, c'est-à-dire au droit de ne pas tenir ses engagements, vient donc se briser contre la foi jurée. N'ap-
pelons pas un engagement téméraire, celui d'être fidèle à un serment autorisé par la loi naturelle et la
loi civile, au serment de remplir son devoir. L'aversion de la société moderne contre les vœux religieux
qu'elle ne consent pas à sanctionner, ne s'explique,
aux yeux de la raison, que parce que ces vœux, lais-
sés au domaine de la conscience, sont contraires à la
nature, mais la promesse d'une fidélité immuable dans
le mariage, n'est pas, je le répète, contraire à la nature. Les engagements qui, loin de fausser ou de

contrarier la nature, rentrent dans ses fins, doivent être sacrés même pour la loi civile. La révocabilité des vœux téméraires ne saurait donc s'y appliquer.

L'argument de Montaigne, partant de cette idée que le fruit défendu n'en a que plus de saveur, et prétendant que la loi civile doit relâcher le lien du mariage, afin qu'il soit resserré par les mœurs, et permettre le divorce pour en écarter la pensée, argument qu'il met sous la protection d'un vers d'Ovide, n'est qu'un pur sophisme : Pourquoi, lui répondrai-je, si votre idée est vraie, ne pas la généraliser, avec toutes ses conséquences ? Pourquoi la société ne laisserait-elle pas le champ libre à tous les crimes et délits? pourquoi ne permettrait-elle pas tout ce qui peut être considéré comme un mal ? Sans aucun doute, si la loi prohibitive et la loi pénale étaient abolies, il n'y aurait plus ni méfaits, ni crimes, ni délits ; Ovide l'a dit et Montaigne après lui :

Quod licet ingratum est, quod non licet acrius urit,

sans le fruit défendu, sans doute Adam n'eût pas péché.

L'histoire est là pour attester la fausseté de la proposition de Montaigne. Jamais on n'a vainement ouvert la porte à la licence. Quand la loi n'impose plus de frein aux mauvaises mœurs, tôt ou tard elles finissent par déborder le législateur , comme à Rome païenne et , en France, sous les lois trop complaisantes et avec les mœurs dissolues de 1792 et 1793, le divorce fut l'écueil où le mariage vint se briser en menaçant de s'engloutir. Ce serait merveille, si

l'homme, naturellement mobile, se jetait dans l'im-
mobilité par opposition à la loi, qui le provoque
au changement. Les anciens ont pu dire avec
vérité : Que peuvent les lois sans les mœurs ? *Quid
leges sine moribus vanœ proficiunt* ? La réciproque, est,
je le crois, non moins vraie ; on peut renverser la
maxime et dire : Que peuvent les mœurs sans les
lois qui les maintiennent ou même contre les lois qui
les dérèglent ? En écartant dès l'origine toute pensée
d'instabilité dans le mariage, on développe l'affection par l'espérance d'un long avenir, tandis qu'au
contraire, cette pensée d'instabilité influe continuel-
lement et imperceptiblement sur nos penchants et
nos opinions, pareille au grain de sable qui peut empêcher à jamais deux surfaces polies de se toucher sur
tous leurs points. (Mme Necker.) On ne s'attache pas à
une propriété, à un bien que l'on peut perdre.

Multipliez les causes de divorce, vous multipliez les
écarts dont il est la punition ; car, cette punition a
souvent des douceurs pour le coupable ; elle lui donne
la liberté à la place d'un lien qu'il n'en est venu à
haïr que parce qu'il peut le rompre. L'adultère est
une cause de divorce ; mais, on peut le dire, l'histoire
et l'Évangile à la main, le divorce fait naître l'a-
dultère. Tolérer le divorce, dit M. de Bonald, c'est
légaliser l'adultère, conspirer avec les passions de
l'homme contre sa race et avec l'homme contre la société. En l'autorisant, vous rendez possibles et légitimes les amours adultères, à la condition d'un pro-
chain divorce. Vous favorisez le détestable scandale
d'un époux qui porte encore des liens et qui déjà brûle

d'en former d'autres, avec le concours et par le ministère de la loi. Ne voyez-vous pas, remarque-t-on avec vérité, que l'homme marié aura plus de peine à étouffer une passion naissante, s'il peut rêver un divorce qui la légitime. Enchaînez, au contraire, les époux dans un lien indissoluble, ils feront concorder leur vie avec cette nécessité, ils dompteront les passions qui la troubleraient et se feront des vertus appropriées à leur situation, pareils à ces cénobites, dont parle Montesquieu, qui étaient d'autant plus attachés à leur règle, que cette règle était plus dure. « Ne craignons pas, dit Hume, de rendre trop étroit le nœud du mariage. Si l'amitié des époux est solide et sincère elle ne peut qu'y gagner ; si elle est incertaine et chancelante, c'est le meilleur moyen de la fixer. » (Essai 18°.)

On ne peut nier sans doute les douleurs cuisantes des mariages dont la paix est bannie, et cette désolation de deux caractères incompatibles, condamnés à partager le même toit ou à garder le célibat : mais l'intérêt social ne doit-il pas faire fléchir l'intérêt individuel.

« Le divorce, dit M. Laboulaye, résumant la théorie de l'indissolubilité, quelque sévère qu'en soient les conditions, sera toujours une mauvaise institution, car, par égard pour un individu qui souffre, il ébranle tous les mariages par le danger de l'exemple, compromet l'avenir des enfants, s'oppose à la réconciliation que peuvent amener le temps et le repentir, et méconnaît, en établissant ainsi une barrière perpétuelle entre les époux, cette charité inépuisable, qui espère toujours le retour de la brebis égarée, jette dans les unions les plus saintes, un ferment de discorde qui peut lever tôt ou tard. Il est triste, sans doute, qu'une femme innocente soit condamnée à expier dans un veuvage anticipé des torts qui ne sont pas les siens, et de ce point de vue individuel, le divorce sera toujours justifiable, mais, du point de vue social (et c'est ce qu'avait compris l'Église, la mère de notre civilisation moderne), la souffrance de cette femme est un sacrifice qui assure le bonheur et la tranquillité générale. A ce devoir supérieur, nous devons tous nous soumettre, quoi qu'il nous en coûte. »

M. Pelletan, dans un tout récent ouvrage où il préconise le divorce, nous dit en un style digne de lui : « Il faut laisser planer sur la tête du pouvoir l'éventualité mystérieuse d'une révolution, comme une Némésis invisible cachée dans un nuage, pour que cette menace, toujours suspendue, l'empêche de violer le droit et de fouler un pays. Qu'on retire la possibilité d'une révolution à un peuple, et ce peuple n'a plus qu'à prendre le deuil de lui-même ; il a donné d'avance un bill d'indemnité à la tyrannie. On en peut dire autant du divorce. A coup sûr, en principe, la perpétuité paraît la première condition du mariage. Ou le mariage est indissoluble, ou il n'est plus que l'état de nature ; mais, par le fait seul que le divorce, dans un cas désespéré, peut rompre la vie commune, il influe indirectement sur la conduite des époux ; nous nous ménageons d'autant plus dans ce monde que nous pouvons nous quitter. Le planteur fouetterai-t-il la négresse, si la négresse avait le droit de lui donner congé ? »

J'accepte le point de départ du raisonnement de M. Pelletan, et cependant j'arrive à une conclusion contraire. La plupart des arguments produits en faveur du divorce tombent devant la possibilité d'une séparation de corps , dont trop souvent les défenseurs du divorce 'affectent de ne pas tenir compte. Oui, sans,doute, il faut qu'une Némésis planc sur l'époux coupable ; il faut que la femme ait droit de secouer un joug intolérable, d'opérer une révolution domestique, en tant que cette révolution sera jugée légitime par les tribunaux; mais prenez garde, en voulant frapper l'infidèle, d'accorder une prime à ses déportements et à ses excès.Peut-être la rupture du lien n'est-elle que son seul but et son seul mobile. Vous favorisez et vous encouragez son crime en brisant le joug qui pèse à son inconstance, et en lui permettant de voler à d'autres amours. Délivrez l'innocent, séparez, séparez encore davantage les deux époux, réformez, si vous le voulez, la séparation de corps actuelle, afin de la rendre plus réelle et plus effective, surtout dans l'intérêt de la femme, mais n'accordez pas une prime à l'époux qui viole ses serments et trahit son devoir,à celui qui s'est fait le tyran de l'autre, fort des avantages personnels qui vont lui permettre une nouvelle union.

La séparation, sans le droit de se remarier, est, dit-on, bien cruelle pour l'innocent. — Tant mieux, répondrai-je avec l'Église du moyen-âge, qu'il souffre ou qu'il pardonne ! Si la réconciliation entre deux cœurs ulcérés n'est souvent qu'une chimère et qu'un

mirage trompeur, du moins la crainte de la séparation agira-t-elle comme remède préventif.

On se récrie que la séparation de corps va engendrer des abus et des scandales, précipiter dans les
plus honteux désordres des époux à qui on interdit
les affections légitimes, « qui chercheront à combler
un vide insupportable par la recherche de jouissances
qui ne sont pas sans amertume, parce qu'elles ne sont
pas sans remords. »

Et d'abord je me défie de cette philosophie elle-
même, qui doute si complaisamment de la vertu d'autrui, qui nie gratuitement à l'homme la force et le
courage de remplir son devoir, qui proclame l'impossibilité du célibat, qui fait de la chasteté une *affaire
de tempérament*, et pour laquelle l'homme incapable
de se dompter ne s'élève guère au dessus de la brute.
Oui, sans doute, il y aura des abus et des scandales ;
mais ceux qui ont la faiblesse de s'y livrer sont indignes de contracter une seconde union ; que ceux qui ont
profané un premier hymen, ne puissent plus en profaner un second. Une première épreuve a été malheureuse, la sagesse commande de s'en contenter ; je dirai
avec Châteaubriand : « Celui qui n'a pas fait le bonheur d'une première femme, qui ne s'est point attaché
à son épouse par sa ceinture virginale ou sa maternité première, qui n'a pas su dompter ses passions au
joug de la famille, celui qui n'a pu renfermer son
cœur dans la couche nuptiale, celui-là ne fera jamais
la félicité d'une seconde épouse ! »

« Dans un état bien réglé, dit **M.** de Bonald, le
mariage permis à tous les hommes, est interdit aux

époux divorcés. par la même raison que la carrière
de l'administration publique, accessible à tous les citoyens, est fermée sans retour à ceux qui ont été né-
gligents ou prévaricateurs dans l'exercice de leurs
fonctions. »

« Résolution bien sensée, bien conséquente, disait
ironiquement Carion-Nisas, de se remettre en mer
précisément parce que, dans une première navigation,
on a souffert de la tempête et qu'on s'est brisé contre
les écueils ! Divorce, nouveaux liens, éternelle recherche du bonheur, systèmes décevants qui jettent
l'homme dans une inconstance sans terme et sans fin,
et ne produisent en dernier résultat que le dégoût et
le désespoir ! »

Les torts, — l'expérience a justifié cette vérité, —
sont le plus souvent réciproques ; le mari n'est-il pas
souvent, *dans une certaine mesure*, solidaire et respon-
sable des actes de sa femme ? Lors même que nous
serions en présence d'une femme innocente, victime
pure de tout reproche, le sacrifice d'une nouvelle passion ne lui est-il pas commandé ? « Il est malheureusement vrai, dit M. Jules Simon, que la femme, en
divorçant, n'emporte pas sa dignité toute entière. Il
y a un préjugé contre la femme divorcée, c'est un fait
aussi ancien que le divorce. Il existait déjà chez les
Romains, puisqu'on lit, sur le tombeau de dames romaines, cette inscription significative :

Conjugi piæ, inclytæ, univiræ.

Ce préjugé est-il tout à fait injuste ? Je n'oserais

pas l'affirmer. La femme divorcée a beau être innocente, elle a beau être victime, cet homme vivant qui
a été son mari, ce procès où ses fautes, ses imper-
fections, ses malheurs peut-être ont été étalés, ôtent
quelque chose à sa pudeur et à la renommée de sa
vertu. Elle ne peut se relever, se remettre à sa place
dans l'estime publique et peut-être dans sa propre
estime, qu'en se condamnant elle-même au veuvage
et à la retraite. Une honnête femme, après une
épreuve malheureuse du mariage, ne se sent pas un
besoin si pressant de contracter de nouveaux liens ;
elle hésite à former une nouvelle famille, en agran-
dissant l'abîme qui la sépare déjà de la première ;
le sacrifice que sa pudeur aurait à subir, lui fait
supporter avec résignation les tristesses de l'isolement. »

« Je crois, dit encore le même auteur, que la pudeur est une vertu naturelle et non pas une vertu
sociale, et que, par conséquent, elle doit être respec-
tée et adorée ; je n'admets pas qu'une femme puisse
conserver sa pudeur, si elle a volontairement appartenu à deux hommes vivants. Je me demande si cette
situation ne la diminue pas aux yeux de son fils. La
nature a voulu que la qualité de père et celle de fils
fussent indélébiles ; les devoirs qu'elles imposent sont
absolus ; la nature, la loi ne permettent jamais
qu'on s'en affranchisse. Même l'ingratitude, même les
mauvais traitements ne brisent pas ce lien primor-
dial et sacré, sur lequel repose toute la société divine
et humaine. Se peut-il qu'il n'y ait pas dans la qualité d'époux, quelque chose de cette perpétuité, et que

des deux liens qui forment et qui constituent la famille, l'un soit précaire, quand l'autre est éternel ? Il
semble que l'on ne puisse effacer le caractère du
mariage, sans attenter à la sainteté de l'amour paternel et de l'amour filial. »

Les mêmes raisons morales doivent faire prohiber
le divorce et la polygamie. L'essence commune du
divorce et de la polygamie, est de permettre d'avoir
à la fois deux époux vivants. La polygamie, — je ne
parle pas de la polyandrie monstruosité à peu près
inconnue dans l'histoire du monde, — ne le permet
qu'aux hommes, tandis que le divorce le permet aux
femmes et aux hommes. C'est plus équitable, sans
être plus moral. M. de Bonald appelle le divorce une
polygamie économique, parce qu'elle permet au mari
de changer de femme sans l'obliger d'entretenir celle
qu'il abandonne : « Le divorce, dit-il énergiquement,
constitue la famille en un bail temporaire, où l'inconstance du cœur humain stipule ses passions et ses
intérêts, et qui finit où commence d'autres passions et
d'autres intérêts. »

Le mariage n'intéresse pas seulement deux époux,
il forme un lien entre deux familles, il en fonde une
nouvelle, qui peut être elle-même la tige de plusieurs
autres. Les époux ne sont pas libres de rompre, par
leur seule volonté, tous ces rapports qui naissent du
mariage. Les droits de ce tiers, qui naît du mariage
avec une condition égale à celle des contractants,
sont d'autant plus sacrés que son accession a été moins
volontaire. Lorsque l'union a été féconde, l'antipathie
des parents doit-elle fairere jaillir sur des enfants in-

nocents, l'infortune et le scandale des mariages bri-
sés ?

Montesquieu et les plus grands philosophes sont forcés de reconnaître que le divorce entraîne souvent
l'oubli de leurs droits sacrés. La loi, surtout parcequ'ils
sont faibles, ne doit-elle pas prendre leur intérêt sous
son aile tutélaire ? Les époux ne peuvent convoler à
un nouveau mariage sans sacrifier ces intérêts qui leur
sont mille fois plus chers que les leurs propres. Voyez
dit M. Troplong, les fruits d'une union malheureuse
flanqués de deux familles nouvelles qui s'élèvent sur
les ruines de la leur, et trouvant dans l'une et l'autre
des sentiments hostiles et des affections inégales. Il y
a dans la mythologie une terrible image des effets du
divorce. C'est Médée poignardant ses enfants sous les
yeux de Jason qui l'abandonne pour Créüse. N'est-ce
pas la peinture exagérée, mais non sans vérité, de la
haine ou tout au moins de l'indifférence que peut inspirer le divorce pour les fruits d'un amour trahi ? Les
enfants de parents devenus étrangers l'un à l'autre
par le divorce, ne sont plus si près du cœur de leurs
parents : ils ne sont plus si essentiels à leur bonheur ;
le divorce, imitant la mort, les rend comme orphelins.
Un enfant peut-il avoir la même tendresse pour une
mère qui l'a abandonné et pour un père dont il entend raconter les déportements ? Le mépris de ceux
qui lui ont donné le jour sera le plus souvent la conséquence du divorce, et quel triste retour ne fait-il pas
sur lui-même, quand il voit ses parents, recherchant
d'autre nœuds, son patrimoine amoindri, son éducation négligée ou flétrie ? quel spectacle a été donné

20

à sa jeunesse? Des dissensions quotidiennes, une rupture éclatante, une suite de scandales, et à la place de cette union qui devait protéger son berceau, une sorte de bigamie blessante. Et lui, fugitif du foyer paternel à jamais éteint, il est obligé d'aller chercher asile sous un autre toit, ou il n'aura que trop de raisons pour maudire l'instabilité des lois de la famille et l'inconstance de ses auteurs.

Qu'on ne dise pas qu'il y a analogie dans la position des enfants après la séparation de corps et après le divorce ; après la séparation, les enfants ont encore un père et une mère ; l'époux remarié ne leur appartient plus. Et qu'on ne cherche pas un exemple dans le père ou la mère qui se remarie après un veuvage ; car il peut introduire avec lui ses enfants dans sa nouvelle famille. Leur origine ne les rend pas nécessairement odieux ou dangereux ; l'analogie est nulle (1).

La séparation de corps et de biens existe. Elle permet de rompre une union qui a des dangers pour la vie ou pour la moralité de l'un des époux. La seule raison que l'on puisse invoquer pour ajouter au droit de rompre une union celui d'en contracter une secon-

_____

Le divorce est-il favorable à la population ? Carion-Nisas au tribunat répondait ainsi : La société se forme-t-elle des enfants qui naissent, ou des hommes qui se conservent ? et quoiqu'il soit humiliant de compter les enfants des hommes, comme les petits des animaux, je vous permets ce calcul. Où trouverez-vous encore les générations les plus nombreuses en même temps que les plus saines et les plus robustes ? n'est-ce pas dans ces familles pour lesquelles le mariage est un nœud sacré, une religion inviolable ? Dans la classe aisée et polie, le divorce corrompt ; dans la classe laborieuse il tue.

de, est une raison égoïste qui ne saurait effacer la sainteté du devoir paternel.

Il est une considération dont je suis très frappé, c'est l'inégalité de situation des deux époux en face du divorce. Je m'étonne de rencontrer parmi les apologistes du divorce, précisément les défenseurs des droits de la femme. Le divorce qu'on invoque en sa faveur ne peut que se tourner contre elle, il sera presque toujours une arme et un instrument de despotisme pour le mari. Si l'on veut que la femme soit *libre* dans la famille, il faut qu'elle y soit *inamovible*. « Dans cette société du mariage, dit M. de Bonald, les mises ne sont pas égales; l'homme y place la protection de la force, la femme les besoins de la faiblesse. Les résultats, en cas de dissolution, ne sont pas égaux, puisque l'homme s'en retire avec toute son indépendance, et que la femme n'en sort pas avec toute sa dignité. De tout ce qu'elle a apporté, pureté virginale, jeunesse, beauté... elle ne peut reprendre que son argent. »

Sola virginitas, dit Apulée, *cum semel accepta est, reddi nequitur; sola apud maritum ex rebus dotalibus remanet.*

« C'est un grand malheur pour une femme, dit Montesquieu lui-même, d'être contrainte d'aller chercher un deuxième mari, lorsqu'elle a perdu la plupart de ses agréments chez un autre. »

Si elle n'a plus ni jeunesse, ni beauté, le droit de se remarier est illusoire pour elle, tandis qu'il est très-effectif pour le mari, qui sera dégagé même de l'obligation de fournir des aliments à sa femme. Lorsqu'elle sort avec tous ses charmes de la maison conjugale, elle ne sort pas, je le répète, avec toute sa dignité. Elle peut dire du divorce :

Oui c'est un jeu pour vous, mais c'est la mort pour nous.

La femme n'est donc pas égale à son mari, dans ce duel contre le nœud conjugal. L'égalité dont on flatte sa passion est trompeuse. A-t-elle des sévices à craindre de la part d'un mari emporté ? qu'elle les craigne encore davantage, quand ces sévices, au lieu d'une simple séparation, auront pour récompense la dissolution du mariage lui-même ! Est-ce la contrariété d'humeur dont elle s'effraie ? Celui qu'elle ne peut dompter par son amour, deviendra-t-il plus accessible par ses menaces, lorsqu'au bout de ces querelles intestines, il verra luire cette espérance de se remarier, qui attise ses ressentiments ? (Troplong.)

Les mariages, disent les partisans du divorce, se contractent imprudemment, témérairement, il faut un remède à ces unions inconsidérées, résultat de l'imprévoyance ou de la cupidité. — Mais le remède à ce mal des unions inconsidérées n'est pas de rendre le mariage éphémère ; le divorce, au lieu d'arrêter le mal, le favoriserait, l'encouragerait et le multiplierait. On a justement répondu : corrigez le mariage dans sa source, ne l'affaiblissez pas dans son essence. — Le législateur a rendu aujourd'hui le mariage parfaitement libre. Nous ne sommes plus au temps où les parents pouvaient contraindre la résolution de leurs enfants. Les parents, dans notre législation actuelle, ne peuvent plus qu'empêcher, conseiller. Leur intervention n'a d'autre effet que de protéger l'enfant contre un entraînement ou une erreur. La victime du mariage s'est fait à elle-même son propre sort. C'est à nous, disent les défenseurs de l'indissolubilité, à hésiter longtemps, à ne pas écouter trop exclusivement la passion, à mesurer nos forces et surtout à ne pas faire, au lieu du mariage, un marché qui enchaîne notre cœur et notre volonté pour jamais.

Je crois donc que les intérêts réunis de la morale, de la décence, des bonnes mœurs, l'intérêt des enfants, l'intérêt des époux sainement entendu, et surtout l'intérêt de la femme, doivent faire prohiber le divorce, « et que le mariage, union de deux âmes *immortelles*, doit être *indissoluble*. » Il n'est pas nécessaire d'être catholique pour aimer l'indissolubilité. Mme Necker, et David Hume l'ont prouvé; Auguste Comte, le fondateur de la philosophie positive, appelle le divorce *un premier pas vers l'abolition du mariage*. M. Huc l'a parfaitement dit à propos du rejet du divorce par le Code italien : « ce n'est pas parce que l'Église l'a déclaré que le mariage est indissoluble, mais c'est parce qu'il est indissoluble par sa nature, que l'Église déclare qu'il doit l'être. »

Si les idées d'un ordre religieux ne suffisent pas pour légitimer l'indissolubilité, il faut aussi négliger ce motif allégué en faveur du divorce, que plusieurs religions ne le défendent pas. — Si ce motif était juste et concluant, pourquoi la loi ne permettrait-elle pas aussi le vol, par cela seul que certaines religions établissent en principe la communauté des

biens? Pourquoi ne pas permettre la polygamie,
pourquoi ne pas permettre même l'homicide? N'y
a-t-il pas, en effet, des religions qui innocentent le
meurtre? La religion de l'Inde prescrit à la veuve de
se brûler sur le bûcher de son mari ; la religion des
Chinois leur permet de sacrifier leurs enfants à l'*esprit* du *fleuve*. — Écartons donc ici toute idée religieuse. *Nihil hoc ad edictum prætoris.* Le divorce n'est
pas une question de conscience religieuse, mais une
question d'ordre public.

Les pays protestants, qui passent pour avoir des
mœurs domestiques en général recommandables, sont
loin de rien devoir de ce précieux avantage à la faculté de divorcer, comme quelques-uns ont voulu
l'insinuer. Un ingénieux auteur relève cette erreur,
en disant qu'elle ressemble à celle qui ferait honneur de la bonne santé d'un canton, à un médecin
du voisinage qui n'y serait jamais appelé.

Les législations qui admettent le divorce, le rendent aussi difficile que possible, le considérant à
juste titre comme un mal moral et un mal social (1).

---

(1) On a écrit que naguère en Angleterre, — le chiffre paraît fabuleux, — il n'en coûtait pas moins de 25,000 l. sterling (625,000 fr.),
pour faire prononcer un divorce (V. le P. Ventura, *La femme catholique*, t. I, p. 230 et s.). L'Angleterre crut devoir restreindre ses
moyens de divorce à un seul cas et exiger l'intervention du parlement pour prononcer la rupture du lien conjugal. On n'y compta,
dit-on, que deux cents divorces en soixante ans (V. aussi de Bonald
sur le *divorce*, p. 174, 295 et s.). Avant la loi nouvelle, le nombre
annuel des divorces en Grande-Bretagne, ne dépassa pas cinq ou
six. Mais la dernière réforme législative les a multipliés. Ils sont
aussi actuellement très-nombreux en Prusse. (V. 4ᵉ conf. du P. Félix
sur la famille.)

M. J. Simon, quoique prophétisant le retour du divorce, a prouvé qu'on pouvait être libéral sans aimer le divorce, en disant, sous le patronage de la *liberté* : « Ou je suis bien aveuglé, ou il est vrai de dire que la simple possibilité d'une dissolution ôte au mariage sa dignité, sa sainteté et son unité à la famille. Un homme de cœur ne peut se faire à cette pensée, quand on présente un nouveau-né au premier baiser paternel. On peut s'accoutumer à la fragilité de tous les liens, mais il faut que le mariage soit stable. Il faut que le lien conjugal participe de la solidité de l'amour paternel. Ma raison conçoit cela ; et je me sens forcé d'ajouter encore que mon cœur le sent avec une telle force, que tout chancellerait en moi, si l'on me troublait dans cette conviction. »

Jusqu'au 31 mai 1854, une détestable exception au principe de l'indissolubilité avait été maintenue dans nos lois. Une peine immorale et barbare que le premier Consul avait flétrie dans un noble langage, dissolvait le mariage du condamné frappé de mort civile, séparait les époux qui voulaient rester unis, vouait à la bâtardise les enfants nés de cette admirable fidélité dans l'infortune, défendant à l'époux du condamné de croire à l'innocence de son conjoint, ou d'obéir à sa conscience, en lui pardonnant. Elle frappait du châtiment le plus terrible et le plus cruel le condamné qui conservait encore de la grandeur d'âme et de nobles sentiments, sans atteindre en aucune façon le scélérat dégradé ne connaissant d'autre famille que des relations ignobles et cyniques. Cette peine est rayée de nos lois. Si les assemblées républicaines ont eu une part dans cette abolition, la gloire de l'avoir accomplie appartient à l'empire. M. Batbie ne se déclare pas satisfait et voudrait une réforme. La loi nouvelle, dit-il, a aussi son genre de cruauté ; elle force à rester unis des conjoints dont l'un est flétri et inspire de l'horreur à l'autre. Il voudrait que l'époux du condamné pût opter entre la fidélité et la dissolution du mariage.

Je n'hésite pas à repousser cette innovation. La transaction serait dangereuse, une telle concession serait la condamnation de l'indissolubilité. La pente serait trop glissante pour que l'on pût s'arrêter. Cette imprudente exception serait la brèche par laquelle rentrerait fatalement le divorce. M. Duvergé (*Revue critique*, t. 28), a réfuté M. Batbie en quelques lignes d'une grande élévation de pensée. J'aime mieux dire avec lui : La loi méconnaîtrait la sainteté de l'union conjugale, si elle laissait le divorce et le nouveau mariage élever entre les époux une barrière infranchissable. Ce serait autoriser l'époux honnête à désespérer de l'amendement de son conjoint, à le dispenser du devoir de réparer complétement ses fautes, à lui ôter l'espoir de reprendre sa place dans la famille. Si quelque jour l'homme condamné à une peine perpétuelle, contre lequel la dissolution du mariage aurait été prononcée, était touché par

la vérité, s'il se purifiait par le repentir, par l'ex-
piation, par de longues années d'une vie honnête ;
s'il obtenait sa grâce et sa réhabilitation, s'il rentrait
dans le monde, s'il avait le droit de relever la tête,
il pourrait y avoir un regard qui éviterait le sien,
un cœur pour lequel son retour au bien serait une
douleur, parce qu'il serait un remords ! Ce regard,
ce cœur seraient ceux mêmes de son conjoint remarié !
Un ancien a pu dire :

Omnis amor magnus, sed aperte in conjuge major.
La loi moderne peut bien dire : de tous les dévoue-
ments, le dévouement conjugal doit être le plus grand.

L'amour doit être fort comme la mort, dit quelque part la Bible.

Nos lois, œuvres du génie et du temps, nos lois
qui tendent à devenir maîtresses du monde et à former le droit commun des nations civilisées, dont la
France a été l'initiatrice, sont néanmoins et seront
assurément toujours perfectibles; la perfection n'est
pas de ce monde. « L'idéal est une image placée
devant nous par la Providence, pour que nous la
poursuivions toujours et que nous ne l'atteignions jamais, et que la poursuite de la perfection nous entraîne dans les champs sans limites de la perfectibilité. » Mais qui oserait appliquer aujourd'hui à
notre Code les dédaigneuses et injurieuses paroles de
Montaigne ? « Les lois se maintiennent en crédit, non
parce qu'elles sont justes, mais parce ce qu'elles sont
lois ; c'est le fondement mystique de leur autorité,
elles n'en ont pas d'autre, qui bien leur sert. Elles

sont souvent faites par des sots, plus souvent par des gens qui en haine d'équalité, ont faute d'équité, mais toujours par des hommes vains et irrésolus. »

La France est justement fière de ses lois. Une glorieuse révolution, achevant de briser des chaînes injustes, a creusé un abîme entre le passé et le présent, entre les lois dont parle Montaigne et le CODE NAPOLÉON.

CHAPITRE V.

QUALITÉS ET CONDITIONS REQUISES POUR CONTRACTER MARIAGE
D'APRÈS LE CODE NAPOLÉON.

———

Neuf conditions sont requises par le Code Napoléon pour pouvoir contracter mariage. L'absence de l'une de ces conditions constitue un *empêchement*. L'empêchement absolu s'oppose au mariage avec toutes personnes ; l'empêchement relatif, au mariage avec certaines personnes déterminées. L'empêchement est *dirimant* ou simplement *prohibitif*, suivant que la sanction consiste ou non dans la nullité du mariage.

Le Code édicte cinq empêchements dirimants (j'aurai à me demander s'il est limitatif), et quatre empêchements prohibitifs.

Empêchements dirimants : 1° Défaut de puberté ; 2° existence d'un premier mariage ; 3° parenté ou alliance au degré prohibé ; 4° défaut de consentement des époux ; 5° défaut de consentement des personnes

sous la puissance desquelles les contractants se trouvent placés.

Empêchements prohibitifs : 1° Défaut d'actes respectueux ; 2° existence d'une opposition au mariage ;
3° défaut de publications ; 4° délai de viduité.

SECTION Ire.

Des empêchements dirimants.

§ 1er.

DE L'AGE REQUIS POUR POUVOIR CONTRACTER MARIAGE.

Art. 144 : « L'homme, avant dix-huit ans révolus,
la femme avant quinze ans révolus, ne peuvent contracter mariage. »

Dans l'ancienne jurisprudence, de même qu'en
droit romain, l'âge requis pour contracter mariage
était quatorze ans pour l'homme, douze ans pour la
femme. La loi des 20-26 septembre 1792 porta cet
âge à treize ans pour la jeune fille et quinze ans pour
l'homme.

Le Code Napoléon, rompant avec les traditions du
droit canonique et des législations antérieures, qui
prenaient pour base l'âge de puberté, a retardé l'âge
du mariage jusqu'à dix-huit et quinze ans. Notre loi[i]

a-t-elle été sage, en se déclarant mieux inspirée que la nature, mieux inspirée que l'ancien droit ? — J'ose le croire. L'âge de puberté est d'ailleurs essentiellement variable suivant les individus. « La puberté, dit Portalis, est une fleur qui se colore peu à peu et qui s'épanouit dans le printemps de la vie. Mais il est sage, il est même nécessaire, que la loi qui statue sur l'universalité des choses et des personnes, admette un âge après lequel tous les hommes soient présumés avoir atteint ce moment décisif, qui semble commencer pour eux une nouvelle existence. »

Cette innovation du Code Napoléon est fondée sur des motifs puisés dans l'ordre moral aussi bien que dans l'ordre physique. Elle était commandée, dans nos climats, par l'intérêt des époux, l'intérêt des enfants, et par suite aussi par l'intérêt de l'État. La société est intéressée à la perfectibilité physique de l'homme ; elle ne doit pas la laisser compromettre par des unions trop hâtives ; elle ne peut permettre à des êtres à peines affranchis de la stérilité de l'enfance, de perpétuer dans des générations imparfaites, leur propre débilité. La loi qui se règle sur la généralité, sur le plus grand nombre, sur le *quod plerumque fit,* doit craindre que des unions fatales aux époux et à leurs enfants, « devançant, dit M. J. Simon, l'âge des réflexions sérieuses et des passions durables, n'ôtent au mariage son caractère élevé, et le fassent dépendre de ce qu'il y a de moins noble dans l'amour. »

L'État est souverainement intéressé à ce que chaque société domestique ne soit formée que par des êtres capables de gérer un patrimoine, de fonder une famille, et de transmettre l'éducation morale consommée en eux.

La femme a le droit de se marier à quinze ans, l'homme seulement à dix-huit ans révolus (1). La nature, dite plus précoce chez la femme plus tôt nubile, a peut-être dicté elle-même cette distinction. *In feminis malitia supplet œtati*, répétaient les vieux auteurs avec un ancien canon (2). Il y a au moins une raison morale de cette différence d'âge de trois ans qui tient à la différence même des rôles que chaque époux est appelé à jouer dans le mariage : à l'un, les devoirs protection et d'autorité; à l'autre, les besoins de la faiblesse et les devoirs, exigeant moins de maturité, de l'obéissance et de la subordination.

La loi de l'Église catholique permet le mariage à un âge plus tendre, sans doute pour être acceptable dans tous les pays et dans tous les climats.

La loi, dans sa sagesse, considérant que des circonstances impérieuses peuvent exiger des exceptions à la règle générale, a tempéré la rigueur de la disposition de l'article 144, en laissant au chef de l'État, par l'article 145, la faculté d'accorder des dispenses d'âge pour motifs graves.

(1) Cette limite paraît sage; une loi qui interdirait à l'homme le mariage avant vingt-quatre ans serait, à mon avis, injuste, pour ne pas dire immorale.

(2) *Propter corporis imbecillitatem id evenit puellis ut citius quam mares pubescant, sapiant et consenescant* (Hippocrate, Lib. de sept, parte in fin. et in lib. de nat. puer.) Galien et Aristote donnent la même raison, et pensent que la femme, étant moins parfaite que l'homme, atteint par cela même plus tôt le degré de perfection qui lui est propre; je ne juge pas cette raison.

La loi ne détermine aucune limite d'âge, après laquelle on ne pourrait plus contracter mariage. La vieillesse la plus avancée n'est pas un empêchement. Le Code russe, le seul, semble-t-il, parmi les législations modernes, trace une limite d'âge et porte que nul ne peut contracter mariage, s'il est âgé de quatre-vingt-dix ans révolus.

La plus inconcevable disproportion d'âge ne constituerait pas non plus, en France, un empêchement. D'après la loi du royaume de Wurtemberg, une femme âgée de plus de quarante ans ne peut épouser un homme qui a dix ans de moins qu'elle.

Les mariages contractés *in extremis*, à l'extrémité de la vie, étaient destitués d'effets civils par la déclaration de 1639 : l'article 6 déclarait incapables de succéder, les enfants nés de concubines que les pères auraient épousées à l'article de la mort. On tournait en ridicule ces unions *inspirées par des sentiments purement platoniques*. On redoutait les captations, les intrigues, les manœuvres auxquelles pouvaient être en butte ces vieillards à l'article de la mort. Il paraissait étrange, dit le remarquable exposé des motifs du Code Napoléon, dont j'aimerai à citer les termes, qu'une personne mourante pût concevoir l'idée de transformer subitement son lit de mort en lit nuptial, et pût avoir la prétention d'allumer les feux brillants de l'hymen, à côté des torches funèbres dont la sombre lueur semblait déjà réfléchir sur une existence presque éteinte. On appréhendait avec quelque fondement les surprises et les machinations ténébreuses qui pouvaient être pratiquées en pareille occurence, pour arracher à la faiblesse ou à la maladie, un consentement auquel la volonté n'aurait eu aucune part. On appréhendait encore que ceux qui aiment les douceurs du mariage sans en aimer les charges, ne fussent invités à vivre dans un célibat honteux, par l'espoir d'effacer un jour, à l'ombre d'un simulacre de mariage, les torts de leur vie entière. Il faut convenir que la considération de ces dangers avait quelque poids; mais qu'était-ce, dans l'application, qu'un mariage *in extremis*? Ici, l'art conjectural de la médecine venait ajouter aux doutes et aux incertitudes de la jurisprudence. A chaque instant, un mariage légitime pouvait être compromis, et il était difficile d'atteindre un mariage frauduleux. Est-il d'ailleurs certain que la loi en elle-même fût bonne et convenable? L'équité comporte-t-elle que l'on condamne au désespoir un père mourant, dont le cœur, déchiré par le remords, voudrait, en quittant la vie, réparer ses désordres, assurer, en lui rendant l'honneur et la légitimité, l'état d'une compagne qui ne l'a jamais abandonné, ou celui d'une postérité innocente dont il prévoit les misères ou le malheur? Pourquoi des enfants qui ont fixé sa tendresse, et une compagne qui a mérité sa reconnaissance, ne pourraient-ils pas, avant de recueillir ses derniers soupirs, faire un appel à sa justice? Pourquoi le forcerait-on à être inflexible dans un moment où il a lui-même besoin de faire appel à la miséricorde? En contemplant la déplorable situation de ce père, on se dit que la loi ne peut et ne doit aussi cruellement étouffer la nature.

§ 2.

DE L'EXISTENCE D'UN PREMIER MARIAGE.

Art. 147 : « On ne peut contracter un second mariage avant la dissolution du premier. »

Le mariage est une union trop intime pour souffrir un partage. Le mariage perd toute sa dignité en perdant son unité, « qui forme dans la vie domestique comme dans les mœurs publiques, la plus noble et la plus touchante des harmonies. » La polygamie entraîne nécessairement la servitude d'un sexe et le despotisme de l'autre; elle introduit dans les familles une confusion et un désordre qui se communiquent au corps social tout entier ; elle choque toutes les idées, elle dénature tous les sentiments ; elle ôte à l'amour tous ses charmes, en lui ôtant tout ce qu'il a d'exclusif. Elle ne saurait, dit Portalis, être sollicitée par les besoins réels de l'homme qui, ayant toute la vie pour se conserver, n'a que des instants pour se reproduire; elle n'est légitime sous aucun climat, elle répugne à l'essence même du mariage, contrat par lequel deux époux se donnent tout, le corps et le cœur. En approchant des pays où la polygamie est permise, il semble que l'on s'éloigne de la morale même.

On peut regretter de rencontrer des sympathies pour une institution qui dégrade l'homme, chez le

noble proscrit de Sainte-Hélène, l'immortel instiga-
teur du Code Napoléon, ce penseur, dont l'œil d'ai-
gle savait dominer la philosophie et la jurisprudence, ce dialecticien qui, dans les travaux préparatoires, étonna tous les vieux légistes, (ils l'appe-
laient avec admiration la *Législation incarnée*), par
la profondeur de ses conceptions, par la hauteur de
ses vues, et dont les lumineux aperçus, semés dans
les discussions du Code Napoléon, décèlent à chaque
instant l'homme de génie. Comme général et comme
conquérant, n'envisageait-il pas trop le mariage au
point de vue spartiate, au point de vue du *rendement?*
Préoccupé du champ de bataille et du soin de donner des défenseurs à sa patrie humiliée, ne pourrait-
il pas être accusé d'avoir trop uniquement vu, dans
l'union de l'homme et de la femme, un mode de reproduction de citoyens, et d'avoir formulé sur la
femme et le mariage, des théories légèrement asiatiques? (*Mémorial de Sainte-Hélène*, t. IV, p. 227, édit.
Delloye, Paris, Philippe, 1836, t. III, p. 96) (1).

« A regarder la polygamie en général, dit l'auteur
de l'*Esprit des lois*. (L. 16, ch. VI), indépendamment
des circontances qui peuvent la faire un peu tolérer,
elle n'est point utile au genre humain, ni à aucun

---

(1) On a cependant remarqué que la polygamie ne favorise pas
la multiplication de l'espèce humaine.
   On observe généralement, tant en Perse que dans tout l'Orient,
que la multiplicité des femmes ne peuple pas le monde davantage, et même d'ordinaire, les familles sont moins nombreuses en
Perse qu'en France (Chardin, *Voyage en Perse*, descr. du gouvern.,
ch. XII.). — « La polygamie fait naître plus d'enfants, la monogamie
en conserve davantage. »

des deux sexes, soit à celui qui abuse, soit à celui dont on abuse. Elle n'est pas non plus utile aux enfants, — on pourrait dire, ce me semble, qu'elle est désastreuse pour eux comme pour les femmes, — et l'un des grands inconvénients est que le père et la mère ne peuvent avoir la même affection pour leurs enfants. Un père ne peut aimer vingt enfants comme une mère en aime deux.

. . . . La possession de beaucoup de femmes ne prévient pas toujours les désirs pour celle d'un autre. Il en est de la luxure comme de l'avarice ; elle augmente la soif par l'acquisition des trésors. La pluralité des femmes, qui le dirait ! mène à ces amours infâmes que la nature désavoue (1). Une dissolution en entraîne toujours une autre. »

§ 3.

DE LA PARENTÉ OU DE L'ALLIANCE.

Art. 161: « En ligne directe, le mariage est prohibé entre tous les ascendants et descendants légitimes ou naturels, et les alliés dans la même ligne » (2).

1) A la révolution qui eut lieu à Constantinople, lorsqu'on déposa le sultan Achmet, les relations disaient que le peuple, ayant pillé la maison du chiaya, on n'y avait pas trouvé une seule femme. On dit qu'à Alger (Laugier de Tassis, *Hist. d'Alger*), on est parvenu à ce point, qu'on n'en a pas dans la plupart des sérails. (Montesquieu, loc. cit.)

(2) La loi du 20 septembre 1792 avait restreint la prohibition

Une telle loi est trop profondément inscrite dans le cœur de tous les hommes même barbares (1), pour pouvoir se discuter froidement. (*Esprit des lois*, l. xvi, ch. 14). Les unions entre ascendants et descendants qui seraient souvent inconciliables avec les lois physiques de la nature, révolteraient tous les instincts de pudeur, bouleverseraient tous les droits et tous les devoirs. Un tel inceste ferait horreur ! C'est un sentiment plus puissant que toutes les lois, dit l'*Exposé des motifs*, qui remue et fait frissonner une grande assemblée, lorsqu'on voit, sur nos théâtres, Phèdre plus malheureuse que coupable, brûler d'un amour incestueux et lutter laborieusement entre la vertu et le crime.

Article 162 : « En ligne collatérale le mariage est prohibé entre le frère et la sœur légitimes ou naturels et les alliés au même degré. »

La prohibition du mariage entre frères et sœurs est encore une loi de morale, de pudeur et d'honnêteté publique. De telles unions répugnent encore à la nature. Ils sont bien loin de notre civilisation et de nos mœurs ces mariages dont veut parler Châteaubriand, « ces unions ineffables que contractaient les

pour cause de parenté ou d'alliance aux parents naturels ou légitimes en ligne directe ou alliés dans la même ligne, et aux frères et sœurs.

(1) L'histoire rapporte quelques monstrueuses exceptions auxquelles la raison veut se refuser à croire malgré les vers du poète :

. . . . . Gentes esse feruntur
In quibus et nato genitrix et nata parenti
Jungitur, et pietas geminato crescit amore.

premiers nés des hommes, alors que la sœur était l'épouse du frère, que l'amour et l'amitié fraternelle se confondaient dans les mêmes cœurs, et que la pureté de l'une augmentait les délices de l'autre » (René).

La famille est et doit être le sanctuaire des mœurs; la loi, sentinelle vigilante, doit protéger le foyer domestique. L'espérance du mariage entre des êtres qui vivent sous le même toit et qui sont déjà invités par tant de motifs à se rapprocher et à s'unir, « pourrait, disait le rapporteur de la loi, allumer des désirs criminels, et entraîner des désordres qui souilleraient la maison paternelle, en banniraient l'innocence et poursuivraient ainsi la vertu jusque dans son dernier asile. » Il fallait une barrière infranchissable pour empêcher toute passion de naître.

Un intérêt de décence et d'honnêteté publique avait aussi fait proscrire le mariage entre beau-frère et belle-sœur. On craignait, lors de la promulgation du Code, — cette crainte est aujourd'hui sans fondement, — que dans un pays où le divorce était admis, la possibilité de rompre le mariage existant, jointe à la faculté de s'épouser, ne portât les beaux-frères et les belles-sœurs au concubinage et ne troublât l'intérieur des familles.

La loi du 16 avril 1832 est venue apporter une sage modification, et permettre au chef de l'État d'accorder des dispenses aux beaux-frères et belles-sœurs. La loi permet ainsi au veuf ou à la veuve, de donner à ses enfants orphelins une seconde mère ou un second père, au lieu d'une marâtre injuste et jalouse, ou d'un parâtre indifférent.

Article 163 : « Le mariage est encore prohibé entre l'oncle et la nièce, la tante et le neveu. » (Le texte ne parle plus ici ni de l'alliance ni du lien naturel.)

L'oncle et la tante représentent le père et la mère, dont ils tiennent souvent la place, et dont ils doivent remplir les devoirs.

Cette prohibition est déjà cependant moins étroite que celle qui s'oppose au mariage des frères et sœurs. Elle peut fléchir selon les circonstances, dont l'appréciation est laissée à l'Empereur, et être levée au moyen d'une dispense (1).

L'article 263 s'applique-t-il au grand-oncle et à la grand'tante ? La question est controversée ; je n'hésite pas à répondre affirmativement, pour trois motifs : 1° J'invoque les traditions historiques du droit romain

---

(1) Trop souvent jusqu'à ce jour, dit une circulaire du ministre de la justice du 29 avril 1832, sur les dispenses pour parenté ou alliance, on a cru pouvoir invoquer comme un titre à l'obtention d'une dispense l'existence antérieure d'un commerce scandaleux ; la faveur accordée à de pareils motifs serait un encouragement donné à la corruption des mœurs.....
Les circonstances qui méritent d'être prises en considération, sont surtout celles qui doivent rendre les mariages profitables aux familles. Sans pouvoir embrasser d'avance les motifs divers dont l'appréciation déterminera la décision, je crois devoir vous en signaler quelques-uns qui vous serviront d'exemple : Il faut placer en première ligne l'intérêt des enfants qui retrouveraient dans un oncle, la protection d'un père, dans une tante, les soins d'une mère ; il convient aussi de faciliter le mariage qui aurait pour résultat de conserver un établissement ou une exploitation, dont la ruine blaisserait des intérêts importants à ménager. Enfin l'union qui devrait procurer à l'un des époux un état ou des moyens d'existence ; celle qui tendrait à prévenir ou à terminer un procès, à empêcher un partage nuisible, à faciliter des arrangements entre deux familles, se présenteraient avec des motifs de nature à leur concilier l'approbation de l'autorité.

et de notre ancien droit, constants sur ce point ; 2° Je me fonde sur le texte même de l'art. 163. Les expressions *oncle* et *tante* sont génériques et embrassent le grand-oncle et la grand'tante qui sont certainement *oncle* et *tante*. 3° La raison philosophique sur laquelle repose la prohibition confirme cette interprétation. Cette prohibition est fondée sur le caractère des relations qui unissent l'oncle et la nièce, la tante et le neveu. Si l'oncle et la tante ont droit aux respects dus aux parents eux-mêmes, le grand-oncle et la grand' tante ne sont-ils pas tout aussi bien *loco parentum* ? *Ubi eadem ratio, ibi idem jus.* Ne devons-nous même pas raisonner par *a fortiori* ?

Nous n'avons plus aujourd'hui de ces empêchements purement canoniques qui s'opposaient, sauf dispense, aux mariages entre cousins. La doctrine des canonistes sur cet objet ne fut dans le principe, suivant Dumoulin, que la suite d'une erreur évidente, d'une confusion dans le mode de compter les degrés de parenté, qui différaient dans le droit canon, du mode de computation adopté par le droit romain. Nous avons, dit Portalis, corrigé cette erreur qui mettait des entraves trop multipliées à la liberté des mariages et qui imposait un joug trop incommode à la société.

Nous avons vu les mariages entre parents commandés et imposés par la Bible comme par les législateurs de l'antiquité. Le Code Napoléon s'est bien gardé de toute contrainte, il s'est contenté de détruire les entraves. La liberté des mariages est l'un des principes les plus sacrés du droit moderne. Les mariages entre parents au quatrième degré sont aujourd'hui parfaite-

ment licites : « Il est incontestable, dit Portalis, que
« les mariages entre cousins-germains, permis par
« le droit naturel, n'ont jamais été défendus par le
« droit divin. Les mariages entre parents étaient
« même ordonnés par la loi des Juifs. Dans nos
« mœurs actuelles, les raisons qui ont pu faire pro-
« hiber dans d'autres temps ou dans d'autres pays
« les mariages entre cousins-germains, ne subsistent
« plus. Nous n'avons pas besoin de favoriser et moins
« encore de forcer par des prohibitions, les alliances
·« des diverses familles entre elles. Nous pouvons
« nous en rapporter à cet égard à l'influence de
« l'esprit de société qui ne prévaut malheureusement
« que trop parmi nous, sur l'esprit de famille. D'autre
« part, le temps n'est plus où les cousins-germains
« vivaient comme des frères, où l'on voyait une
« nombreuse famille rassemblée tout entière et ne
« former qu'un seul ménage dans une commune
« habitation. Aujourd'hui, les frères mêmes sont
« quelquefois plus étrangers les uns aux autres que
« ne l'étaient autrefois les cousins germains. Les
« motifs de pureté et de décence, qui faisaient écarter
« l'idée du mariage de tous ceux qui vivaient sous
« le même toit et sous la surveillance d'un même
« chef, ont donc cessé ; et d'autres motifs semblent
« nous engager au contraire à protéger l'esprit de
« famille contre l'esprit de société.»

En voulant éclairer cette mystérieuse et ténébreuse
question de la génération, on a exprimé quelques
doutes sur les conséquences physiologiques des mariages consanguins, trop souvent multipliés dans la

même famille. On a formulé quelques conjectures sur la perfectibilité des fruits de ces unions.

Une statistique et un rapport officiel du 15 avril 1866 ne fournissent aucune arme aux auteurs de ces hypothèses. Ils ne peuvent non plus se fonder sur l'autorité de l'histoire, et l'exemple des peuples chez lesquels ces unions étaient et sont encore universellement pratiquées, des peuples pour lesquels les mariages entre frères et sœurs étaient le droit commun. La science a dû se prononcer sur cette question. Je lis dans un ouvrage tout récemment édité sous le nom de membres éminents de l'Institut, de l'Académie de médecine et de la Faculté de Paris, repoussant catégoriquement toute pensée d'innovation et de réforme restrictive dans nos lois : « Il n'existe dans la science, aucune doctrine à laquelle puisse se rattacher la théorie des dangers de la consanguinité pure et simple. L'étude des croisements de race, loin d'être favorable à cette *hypothèse*, montre que les métis sont d'autant moins féconds que les différences sont plus profondes entre leurs parents. L'étude de la consanguinité dans certaines localités et dans certaines classes sociales, n'a révélé *aucun fait* pathologique qui ne pût être imputé à des causes très-nombreuses, à l'hérédité surtout ; d'ailleurs, tous les faits ont été exagérés, et l'on a passé sous silence ceux qui tendent à valider les unions consanguines (les Basques, par exemple). Le nombre d'observations directes publiées est insignifiant. Les statistiques concernant les mariages consanguins et leur rapport avec le nombre des sourds-muets, sont entachées de telles obscurités, de telles erreurs, qu'il y a lieu de les considérer comme non avenues. *Les mesures restrictives de la loi doivent être considérées comme sages et suffisantes, et il n'y a lieu ni directement ni indirectement de chercher à obtenir une réprobation universelle de la consanguinité dans le mariage.* Il faut seulement faire passer les considérations de transmission héréditaire des maladies et des aptitudes physiques et intellectuelles, avant les considérations de transmission héréditaire des fortunes et des positions sociales » (1).

La parenté naturelle, pour former un empêchement au mariage, doit-elle être *légalement* établie ? Quand la loi n'a pas expressément dérogé aux règles prescrites aux titres de la paternité et de la filiation, le jurisconsulte et l'interprète ont-ils le droit de s'y soustraire et d'en faire bon marché ? On soutient l'affirmative en s'appuyant sur des considérations de morale et d'honnêteté publique, sur la nécessité de prévenir d'abominables incestes. On invoque la maxime romaine : *in contrahendis matrimoniis maxime pudor inspiciendus est...*

Cette maxime, je la retourne contre les partisans de cette opinion.

Souvent la peur d'un mal nous conduit dans un pire.

Pourquoi la loi a-t-elle prohibé la recherche de la

___

(1) *Dict. de médecine*, Nysten, Littré, Robin, vº consanguinité ; Bertillon, vº mariage. — V. aussi Tissot et Poussin Dubreuil, Lucas, Bourgeois, *Arch. génér. de médecine*, mars 1863.—Séguin, septembre 1863, ibid. — *Dict. de médecine*, vº mariage, t. 19. p. 166., art. de M. Raige, Delorme, Michel Lévy, hérédité, t. 1, p. 133. Annales d'hygiène, 1865-1866 où le dʳ Voisin cite notamment la commune de Batz (Loire-Inférieure), à l'appui de son assertion.

paternité, et tracé de sages limites au droit de rechercher la maternité, si ce n'est pour garantir la vie privée et l'honneur du citoyen, contre des inquisitions flétrissantes ? Tous les motifs qui ont déterminé le législateur et sinon légitimé aux yeux de tous, au moins expliqué les restrictions du chapitre de la paternité et de la filiation, la crainte de porter le trouble dans les familles, d'affliger la société par de scandaleux débats, d'appeler le grand jour d'une fâcheuse publicité sur des faits que la morale publique, commande, au contraire, d'ensevelir dans le silence, alors qu'on ne peut arriver qu'à des résultats pleins d'incertitude, ces motifs subsistent ici avec toute leur force. Levez un moment la barrière, ouvrez la dangereuse arène, et tous les scandales se reproduiront.

L'alliance résulte-t-elle, non-seulement du mariage, mais encore du concubinage ? Le commerce illicite de deux personnes non mariées forme-t-il une alliance naturelle entre l'un d'eux et les parents de l'autre ?

Quelques auteurs enseignent l'affirmative. Le Code Napoléon, disent-ils, n'ayant pas défini l'*alliance*, l'*affinité*, s'en est probablement référé sur ce point au droit canon et à notre ancien droit. Il serait, en effet, contraire à la raison et à la morale, qu'un homme pût, par exemple, épouser la fille d'une femme avec laquelle il aurait vécu plusieurs années en concubinage. Lorsque deux personnes, dit Pothier (*C. de mariage*, 162 et s.), ont commis ensemble une fornication, il naît de cette union illicite *une espèce d'affinité* entre l'une de ces personnes et les **parents** de l'autre ; elle est fondée sur une raison semblable à celle sur laquelle repose l'affinité proprement dite, qui naît d'un mariage consommé. Ces personnes, par le commerce charnel, quoiqu'illicite, qu'elles ont entre elles, deviennent *una caro*. » Cette doctrine, comme nous l'avons vu, est consacrée par le concile de Trente qui toutefois restreint l'empêchement au premier et au second degré.

Je n'admettrai pas cette opinion ; je m'en tiens à l'interprétation de M. Demolombe : « L'alliance, suivant sa définition, est un lien juridique qui unit l'un des époux et les parents de l'autre. »

Le Code, dit-on, par son silence, s'en est référé aux anciens principes, je le reconnais et j'accepte volontier le débat posé en ces termes. De tout temps, en effet, on a considéré que la véritable alliance ne dérivait que du mariage. *Affinitatis causa fit ex nuptiis*, dit la loi 4, § 3 et 8, D., *de grad. et affin.* « L'affinité proprement dite est le rapport qu'il y a entre l'un des conjoints par mariage et les parents de l'autre, » dit Pothier ; et cela est logiquement inévitable dit M. Demolombe. D'où dérive donc l'alliance ? de cette association intime, de ce *consortium omnis vitæ* qui, aux yeux de la loi, rend réciproquement communs aux deux époux leurs liens les plus chers. L'alliance, c'est l'honneur du mariage ! c'est l'attribut de la légitimité ! et l'on ne pourrait pas sans renverser toutes les règles du droit et de la morale, reconnaître de tels effets à des relations illicites ! Aussi partout dans nos lois le mot alliés ne s'applique-t-il qu'à l'alliance résultant du mariage (art. 975 C. N. ; 268,

283, C. de Pr., 322, Instr. crim.) Que diriez-vous
de celui qui, pour faire déclarer nul un testament,
ou pour reprocher un témoin, demanderait à prouver
et même offrirait la preuve la plus certaine, qu'un
tel a vécu en concubinage avec une telle ? Personne sans doute n'élèvera jamais une telle prétention. L'alliance ne résulte donc pas du concubinage.
Si dans l'ancien droit, le commerce illicite de deux
personnes produisait certains empêchements entre
l'une de ces personnes et les parents de l'autre,
c'était beaucoup moins par suite d'une espèce d'alliance imparfaite et d'une quasi-affinité que par un
motif d'honêteté publique, et la preuve en est, d'une
part, que cet empêchement n'existait que lorsque le
commerce illicite avait été connu et avait fait scandale dans le public et, d'autre part, que même dans
ce cas, il ne produisait pas tous les effets résultant
de l'alliance véritable (Pothier n°ˢ 162 et 167, Demolombe T. 3, n° 112).

On s'est fondé sur la loi 4, C. *de nuptiis*, qui défendait au père d'épouser la concubine de son père.
Ne devons-nous pas écarter ce souvenir du droit romain ? Le concubinat était à Rome une union licite
et légale, le *concubinage* n'est chez nous au contraire
qu'une honteuse débauche dénuée de tout caractère
légal. Qu'on n'argumente donc pas par analogie :
nous devons plutôt raisonner par *a contrario*. Les
relations naissant du concubinat romain, ne peuvent
guère se comparer qu'à celles dérivant aujourd'hui
du mariage. Le concubinat était un vrai mariage de
droit naturel.

Nous ne pouvons plus admettre, en France, d'autres empêchements que ceux consacrés par le Code lui-même ; et le Code ne prohibe le mariage qu'entre certains *alliés* ; et pour les alliés, les articles 161, 162 n'ajoutent même pas, comme pour les parents, ces mots *légitimes ou naturels* ; donc le commerce illicite même légalement prouvé ne saurait créer d'empêchement, puisqu'il n'en résulte ni alliance ni alliés.

L'alliance se formant par le mariage, ne peut dès lors s'établir qu'entre l'un des époux et ceux des parents de l'autre qui ont été conçus avant la dissolution du mariage. J'épouse Julie, fille de Pierre et de Jeanne. Julie meurt, et c'est seulement après son décès que Pierre et Jeanne, mon beau-père et ma belle-mère, donnent le jour à une autre fille, Sophie. Cette seconde fille sera-t-elle mon alliée, ma belle sœur ? Je ne le crois pas. En effet, dirai-je encore avec M. Demolombe, je ne pourrais être l'allié de Sophie que par ma femme. Je ne pourrais être son beau-frère, qu'autant que ma femme aurait été sa *sœur* ; or ma femme, étant décédée avant la naissance ou plutôt avant la conception de Sophie, n'a jamais été sa parente. La parenté est une relation, un lien qui ne peut se former qu'entre deux personnes coexistant simultanément ; aussi cette nouvelle fille Sophie, n'aurait-elle aucun droit à la succession de Julie (art. 725) ; ma femme, dès lors n'a pas été sa sœur ; donc je ne saurais être son beau-frère.

L'adoption, image imparfaite de la nature, crée des rapports civils ou fictifs de parenté ou d'alliance;

naturam imitatur. En conséquence, l'article 348 prohibe le mariage entre l'adoptant, l'adopté et ses descendants (la loi n'ajoute plus *légitimes ou naturels*),
entre les enfants adoptifs du même individu ; entre
l'adopté et les enfants qui pourraient survenir à l'a-
doptant ; entre l'adopté et le conjoint de l'adoptant,
et réciproquement entre l'adoptant et le conjoint de
l'adopté. Cet empêchement est fondé sur la nécessité de maintenir entre ceux qui vivent sous le même
toit, la pureté des relations.

§ IV.

DU CONSENTEMENT DES FUTURS ÉPOUX.

Le consentement, nécessaire à la formation de tout
contrat, est *l'âme du mariage.* « Il n'y a pas de mariage, lorsqu'il n'y a pas de consentement, » porte
l'article 146 du Code Napoléon. Le consentement doit
être libre et exempt d'erreur. L'erreur et la violence
sont des causes de nullité. Le simple dol n'a pas été
considéré comme étant par lui-même et par lui seul
une cause de nullité. C'eût été ouvrir une trop vaste
carrière aux actions en cassation de mariage. « *En
mariage trompe qui peut,* » dit une *règle coutumière*
de Loysel, d'une morale plus que suspecte.

C'est aujourd'hui le consentement légalement exprimé qui constitue le mariage et le rend parfait, in-

dépendamment de toute cohabitation. Nous n'avons plus à distinguer, comme dans l'ancien droit (en ce qui concernait l'exécution des conventions matrimoniales, les gains de survie et la formation de l'alliance) entre le mariage conclu et célébré et le mariage consommé, *matrimonium ratum* et *matrimonium consummatum.*

Point de consentement, point de mariage ; par suite, les personnes impuissantes à manifester leur volonté, sont incapables de se marier. Telles sont les personnes privées de raison, en dehors des intervalles lucides. Tels sont les sourds-muets, lorsque manquant de toute éducation, *mortuis similes,* ils sont absolument incapables de comprendre l'engagement qu'ils contractent et de manifester leur consentement par l'écriture ou par des signes quelconques.

L'individu pourvu d'un conseil judiciaire, soit pour cause de prodigalité, soit même pour cause d'infirmité ou d'affaiblissement de ses facultés intellectuelles, peut contracter mariage sans l'assistance de son conseil judiciaire.

Le condamné frappé d'interdiction légale peut-il se marier ?

Je le crois, malgré les autorités en sens contraire. La capacité est toujours la règle générale : il faut un texte pour y déroger. L'article 29, qui détermine le caractère de l'interdiction légale ne restreint nullement la capacité de l'interdit en ce qui concerne le mariage : « Il sera, dit cet article, nommé à l'interdit un tuteur pour *gérer et administrer ses biens.* Cette

déchéance toute *réelle* n'est relative qu'à l'administration des biens. L'interdit est déclaré incapable de
gérer son patrimoine et d'en percevoir les revenus.
La gestion de ses biens, s'il l'eût conservée, aurait pu
nuire à l'efficacité de la peine ; il y aurait puisé des
ressources pécuniaires à l'aide desquelles il aurait pu
effacer par des jouissances de luxe la rigueur du
régime pénal qu'il subit, et peut-être même préparer
et faciliter son évasion. Le motif qui explique et
justifie l'interdiction légale, sert à en déterminer l'é-
tendue. La loi a voulu, si je puis me servir de cette
expression, couper les vivres à l'interdit. Mais quant
aux actes étrangers à l'administration de sa fortune,
sa capacité reste pleine et entière, (*Contra* MM. Bertauld, cours de Code pén., 1864, p. 224 ; — Troplong,
art. 902, C. Nap., n° 525 ; — Coin-Delisle, art. 912 ;
— Molinier, Rev. de dr. fr. et étrang., 1850, p. 484).

La personne frappée d'interdiction judiciaire,
comme étant en état habituel de démence, d'imbécillité ou de fureur, a-t-elle le droit de se marier dans
un intervalle lucide ? — Grave et délicate question
en présence de laquelle il est permis d'être quelque
peu perplexe.

L'interdit n'est-il pas sous le coup d'une présomption *juris et de jure* d'insanité d'esprit, d'incapacité
absolue ? Article 502 : « Tous actes passés par l'interdit, sont nuls de droit. » N'est-ce pas là un arrêt de
mort contre tous les actes émanés de l'interdit ? La
protection dont la loi l'entoure, quand il s'agit des

22

actes de minime importance, tels qu'une vente, un achat, une location.... lui fera-t-elle défaut quand il s'agira des actes les plus importants de la vie, le mariage, le testament, la reconnaissance d'un enfant naturel, l'adoption ou même la donation entre-vifs ? En présence d'un texte aussi absolu que l'article 502 est-il permis d'introduire une distinction sans tomber dans l'arbitraire ?

Ces intervalles lucides, dont on veut nous bercer, ne sont peut-être que des fictions, des lueurs mensongères, dont l'interdit lui-même serait victime. La loi n'y croit pas, quand il s'agit de compromettre quelque vils deniers : y croira-t-elle alors que redouble le le danger des intrigues et des manœuvres frauduleuses, alors que l'interdit est appelé à constituer un état au détriment de son état, à compromettre ses intérêts moraux, sa destinée, sa vie entière, celle de son conjoint et de sa postérité ?

Ces intermittences, ces fugitifs éclairs de raison fussent-ils réels, les obligations dérivant du mariage que l'interdit va contracter, sont-elles donc des obligations d'une heure ou d'un jour ?.... Comment lui permettre de contracter non pas des liens éphémères, mais des liens permanents, éternels, indissolubles ? Comment pourra-t-il remplir ses devoirs de père et de mari, quand son état *habituel* est la démence, l'imbécillité ou la fureur? Comment permettre de fonder une famille à celui qui est incapable de se gouverner lui-même, d'administrer sa personne et ses biens ?

Mais peut-être le mariage même sera-t-il l'unique

remède, le seul moyen de rendre à l'interdit la santé
morale (1). J'aime la verve et la vivacité de la réponse de M. Bertauld, s'indignant de l'immoralité
d'une opinion qui ne verrait dans le mariage qu'un
moyen thérapeutique (cours oral, en substance) :
« Non, le mariage ne peut s'avilir et descendre au
niveau des moyens curatifs, servir d'instrument de
guérison à l'égal d'un remède *pharmaceutique*. Le mariage est une institution trop sainte. Ce serait la
ravaler, la profaner, pour ne pas dire la prostituer » (2).

M. Bertauld, avec une inflexible logique, pousse à
bout ses adversaires et les déconcerte en leur lançant
cette sorte d'argument final : si l'interdit peut se marier, pourquoi ne pas bénir un couple assorti ; pourquoi ne pas unir deux fous furieux, dans un moment
d'intervalle lucide commun ? — Que deviendra un tel
mariage, que deviendra la famille, que deviendront
les enfants issus d'une pareille union ?..........

Plusieurs auteurs (tels sont les plus anciens) con-
damnent sans aucun scrupule l'interdit au célibat.

_____

(1) *Dictionnaire des Sciences médicales*, t. vi, p. 404.
(2) « Je n'ai pas à examiner, dit encore M. Bertauld (*Revue critique*,
avril 1865), si l'interdit pourrait, sous prétexte de santé, dans un intervalle lucide, prendre les engagements durables, permanents, qui
résultent d'un acte dont l'objet est plutôt d'unir deux âmes que d'unir
deux corps, de fondre en une seule vie la vie de deux êtres intelli-
gents et moraux, que de constituer une association sexuelle, d'élever
une famille que de perpétuer l'espèce. Je n'hésiterais pas à sacrifier
les considérations physiologiques et les moyens curatifs au besoin
d'assurer au lien conjugal le caractère que réclament la grandeur et
la sainteté des devoirs qu'il impose. »

Ils affirment plutôt même qu'ils ne discutent leur solution ; le texte de l'article 502 est impératif et ab-
solú ; il était commandé par l'intérêt public devant
lequel toute considération doit fléchir. La thèse contraire passe encore aux yeux d'un assez grand nombre de juristes pour paradoxale.

Cependant, après mûres hésitations, j'incline à accorder toutes mes sympathies et toutes mes préférences
à l'opinion si brillamment démontrée par M. Demolombe, partagée par les plus éminents jurisconsultes
et consacrée par la Cour suprême (1). Je suis porté à
croire que l'article 502 ne s'applique pas à ces actes,
à ces facultés de la vie civile dont l'exercice, inséparable de la jouissance, est essentiellement personnel,
comme le mariage, la reconnaissance d'un enfant naturel, l'adoption, le testament.

Je remarquerai d'abord, avec M. Demolombe, les
dissentiments, les contradictions, les désordres et l'espèce d'anarchie qui règnent dans le camp opposé.
La plupart des auteurs, après avoir déclaré l'interdit
frappé d'une présomption générale d'insanité d'esprit, en vertu de l'article 502, reculent eux-mêmes
devant la rigueur du principe qu'ils invoquent et

(1) Demolombe (t. i, p. 175 et s.); — Zachariæ (t. iii. § 464); —
Aubry et Rau (t. iii, § 651 bis, notes 3 et 4 et § 464, note 6); —
Valette (*Explic. somm. du* I. i du C. N., p. 363, 364);—Demante (t. i,
n° 224, bis i); Troplong (*Du contrat de mariage*, t. i, n°s 289, 294);
telle est aussi l'opinion des théologiens. Merlin (*Quest.*, v. *Mariage*,
§ 12), n'est pas contraire à cette opinion; il présuppose, en effet, dans
la discussion à laquelle il se livre, que le mariage n'a pas été contracté dans un intervalle lucide. Arrêt de la Cour de cassation du
12 novembre 1844. Dalloz, 1845, 1, 98. (V. l'annotation de Dalloz).

n'osent en affronter toutes les conséquences. Ils se
voient forcés d'introduire des exceptions, de faire des
concessions plus ou moins compromettantes, qui doivent ruiner, ce semble, la trop grande généralité de
leur point de départ, leur principe trop exclusif. Les
uns permettent à l'interdit de reconnaître un enfant
naturel, tout en lui défendant de tester; d'autres déclarent le mariage simplement annulable; quelques-
uns, comme Marcadé (art. 146), le proclament radicalement nul, *inexistant*, permettent, par conséquent,
à tout intéressé d'opposer en tout temps la nullité
absolue, imprescriptible. Ces auteurs, en aggravant
ainsi la présomption légale d'incapacité résultant de
l'article 502, violent eux-mêmes ces principes de
l'interdiction qu'ils invoquent. L'article 502 édicte,
en effet, une nullité purement relative, toute dans
l'intérêt de l'incapable, proposable par lui seul, et
susceptible d'être couverte par la prescription de dix
ans. Plusieurs auteurs n'acceptant qu'en partie l'article 502, considèrent l'empêchement au mariage non
comme dirimant, mais comme simplement prohibitif. On est allé jusqu'à soutenir, en poussant l'application de l'article 502 jusque dans ses extrêmes
limites, que la présomption légale de ce texte doit
s'appliquer au droit pénal comme au droit civil et
purger de toute criminalité les méfaits commis pendant l'interdiction, dégager l'interdit de toute responsabilité devant la loi pénale (Leseyllier, *Droit criminel*, t. I, ch. 1, n° 46). Théorie inadmissible, que
je n'ai pas à discuter ici.

On comprend parfaitement la distinction à laquelle

je me rallie, entre les actes qui peuvent être exercés
par un représentant, par un tuteur, et les actes dont
l'exercice est essentiellement personnel et intrans-
missible. Quant aux premiers, le législateur a parfaitement pu en déférer au tuteur l'exercice exclusif ; il
n'y a là qu'avantage sans inconvénients. Si l'interdit, dans un intervalle de raison, désire faire un
acte relatif à l'administration de ses biens, tel qu'un
prêt, une vente, un bail, une réparation... il en con-
férera avec son tuteur, son conseil de famille ; et
l'acte, au lieu d'émaner directement de l'interdit, sera
passé par son mandataire et son organe, le tuteur.
Quant aux actes de la seconde classe, au contraire,
n'était-il pas sage et nécessaire de tenir compte des
intervalles lucides, de sortir de la présomption de
droit, pour *demeurer sous l'empire du fait ?* Ne serait-ce pas frapper l'interdit d'une sorte de mort civile que de le déclarer *toujours* et *quand même* incapable des actes qui ne peuvent être faits que par
lui personnellement et par lui seul ? Ne serait-ce pas
retourner contre lui une mesure qui n'est prise que
dans un but de protection ? Une interdiction totale,
aveugle et absolue serait une atteinte injuste et in-
humaine aux droits les plus précieux du citoyen.
Une loi qui enchaînerait l'interdit, alors même qu'il
jouirait pendant de longs intervalles de la plénitude
de son intelligence et de sa raison, l'empêcherait de
chercher un soutien dévoué à son infortune dans
l'enfant qu'il reconnaîtrait ou qu'il adopterait, de récompenser et surtout d'encourager par une libéralité
testamentaire les soins et l'attachement dont il serait

l'objet, peut-être de révoquer un testament injuste, par lequel il aurait antérieurement dépouillé ses propres parents qui l'entourent aujourd'hui de leur affection, peut-être même quelquefois de se choisir un ami plus sûr et plus dévoué encore dans l'époux auquel il s'unirait, de réparer ainsi les fautes et les désordres de sa vie en rendant l'honneur et la légitimité à une compagne fidèle et à des enfants dignes de ce nom ; cette loi, dis-je, dépasserait évidemment le but et tournerait son excessive protection en tyrannie (Demol., n° 643, t. VIII).

En effet, pour être logique, si l'on refuse à l'interdit le droit de se marier, il faudra défendre à l'interdit tous les autres droits, et je recule devant cette conséquence exorbitante et barbare.

La réalité des intervalles lucides n'est pas sérieusement contestable, c'est une vérité depuis longtemps acquise à la science médicale et confirmée chaque jour par les autorités les plus compétentes. L'aliénation mentale est susceptible d'*intervalles lucides*, d'*intermissions*, d'*intermittences*, suivant le langage technique des aliénistes : « Et l'intermittence n'est point une trève fugitive, une lueur douteuse, un repos équivoque, *adumbrata quies*, c'est au contraire *perfectissimum intervallum*, c'est l'intelligence rendue à elle-même, c'est la raison revenue tout entière, c'est enfin la guérison complète, quoique temporaire ou momentanée. » (Demolombe, *loc. cit.* — Esquirol, t. 1, page 79 et suiv. — Pinel, *Aliénation mentale*, p. 452. — *Moniteur des sciences médicales*, t. 2, n° 8, mém. de M. Castelnau). Broussais (traité de l'aliénation et de la folie) cite l'exemple d'une dame qui avait depuis trente ans des accès annuels de folie durant trois ou quatre mois, elle en pressentait le retour, et se rendait dans une maison d'aliénés; l'accès passé, cette dame retournait chez elle, et conservait toute sa raison jusqu'à l'année suivante. L'expérience a prouvé combien il y avait aussi de folies périodiques, intermittentes, ne se manifestant qu'à de longs intervalles et par accès. Combien n'y a-t-il pas de folies partielles, n'affectant qu'un seul côté de l'intelligence, ne troublant qu'un seul ordre d'idées? Tel homme est monomane, il veut plaider envers et contre tous, ou il a la manie de signer des billets à tout venant. Il est fou sur ce seul point, il est d'ailleurs parfaitement sage, parfaitement sensé. Son état habituel est bien la démence, mais ce n'est là qu'une démence partielle, qui n'altère en rien son consentement sur tous les points étrangers à sa monomanie. Qui ne sait que plusieurs des grands génies qui ont honoré l'humanité furent monomanes? Ce mal terrible frappe avec une sorte de prédilection les intelligences les plus vives, les imaginations les plus brillantes, les cerveaux les plus richement doués (1).

(1) On peut citer notamment le Tasse, Pascal, lord Byron, la Fontaine.

Je pense toutefois que certaines monomanies ne pourraient fonder une interdiction, mais seulement la nomination d'un conseil judiciaire. Une théorie absolue enseigne que tout monomane doit être toujours et nécessairement interdit, « L'homme, dit M. Sacaze (Rev. de législ. 1850 et 1851), est une vivante et harmonique unité.....il n'y a rien dans son âme de partiel et de fragmentaire? » (Sécus Toullier, t. 2, n° 1312). Mais on reconnaît au moins, et telle est aussi mon opinion, que le monomane pourra et devra souvent être interdit. (Demolombe, t. 8, n° 423; Dalloz, t. 29, n° 28).

Qui oserait interdire le mariage à des penseurs et à des moralistes tels que Pascal ?

Le législateur lui-même a reconnu la possibilité des intervalles lucides expressément dans l'art. 489, et implicitement peut-être dans les articles 502, 1125, 1304, 1338, qui ne déclarent pas nuls les actes passés par l'interdit, comme si il y avait absence totale de consentement, mais seulement *annulables*.

On peut, en faveur de la théorie que j'adopte et de la capacité relative de l'interdit, tirer un argument des traditions de notre ancienne jurisprudence et du droit romain, dont nos législateurs se sont toujours inspirés, et dont l'autorité doit toujours être d'un grand poids dans toutes nos controverses modernes. Sous l'empire de la loi romaine, il était hors de doute que l'individu atteint d'aliénation mentale avait l'exercice des droits dont on prétend le déshériter aujourd'hui. (L. 6, C. de *cur*, et *fur*). Telle était aussi dans notre ancien droit l'opinion la plus générale. (Pothier, mariage, n° 92, oblig. n°s 50, 51 ; Despeisses, t. I, p. 276). Augeard (*Arrêts notables*, t. I, question 60, p. 126), rapporte même qu'une femme en démence s'était mariée deux fois, et avait deux fois retrouvé la raison dans le mariage.

Sans doute, le régime de l'interdiction est différent du régime auquel étaient soumis les aliénés dans le droit romain et dans l'ancien droit français, mais il n'en est pas moins vrai que ces deux législations ne retournaient pas contre l'aliéné la protection dont elles l'entouraient et qu'elles lui laissaient la faculté d'exercer, dans ses intervalles lucides, ces droits sacrés

qu'on voudrait lui ravir, tels que celui de tester, celui
de reconnaître et de légitimer un enfant naturel.

L'opinion adverse a cherché des armes dans les
travaux préparatoires. Sont-il bien concluants et sans
réplique? Le projet de loi proposait, il est vrai, de
défendre le mariage à l'interdit, mais cet article fut
supprimé. Voici les observations qui furent faites à ce
propos. « La loi, dit Portalis, n'a pas le pouvoir de
changer la nature, ni la destinée des hommes. » Le
premier consul fit remarquer que l'article pourrait
se taire sur les sourds-muets, « puisqu'ils sont capables de se marier, *sous la condition commune à tous
de donner leur consentement.* » Le consul Cambacérès
proposa, il est vrai, de supprimer l'article, par ce
motif, que les dispositions qu'il contenait n'étaient
que des conséquences naturelles *de la règle générale*
qui exige pour le mariage un consentement valable.
Je vois bien, dans ces derniers mots, la condamnation du mariage de l'interdit, tant que dure la
démence, mais ils n'excluent peut-être pas nécessairement le mariage dans les intervalles lucides. La
règle générale, en matière de consentement relativement au mariage, est écrite dans l'article 146, portant qu'il n'y a pas de mariage sans consentement
(Zachariæ, Aubry et Rau).

Si je passe à l'examen des textes du Code Nap., il
m'est impossible d'y voir une exclusion formelle contre l'interdit. Je ne vois pas d'article assez concluant
pour ébranler l'autorité des traditions historiques.

Presque tout le débat doit rouler sur l'article 502,
aux termes duquel tous actes passés par l'interdit

sont nuls de droit, ou plutôt annulables. Je vais essayer de prouver que cet article, malgré la généralité de ses termes en apparence absolue, ne peut régir
notre matière.

Je remarquerai d'abord que, dans sa lettre même,
il ne s'applique pas au mariage. Jamais on n'a dit
d'une personne qui se marie qu'elle *passe un acte*,
expression d'agent d'affaires, réservée aux actes de
gestion d'un patrimoine (1).

Si l'on dépaysait cet article, si on le faisait sortir de
la sphère qu'il doit régir, pour l'appliquer, non plus
aux actes concernant *l'administration et la gestion
d'un patrimoine*, mais au mariage lui-même, il faudrait logiquement appliquer aussi au mariage toute
la théorie de l'interdiction, l'article 1304, par exemple, d'après lequel l'interdit aurait dix ans, à compter de la main-levée de l'interdiction, pour demander
la nullité d'un mariage qu'il aurait contracté pendant un intervalle lucide ; ce serait transporter dans
le titre du mariage, titre spécial et complet, où la
loi a tout réglé et tout prévu, des dispositions qui y
sont complétement étrangères.

Quel est donc le sens de ces mots : *tous actes* de
l'article 502, base de la théorie que je combats ? L'article 509 et l'article 450 vont pouvoir éclairer notre
interprétation.

Aux termes de l'article 509 : « l'interdit est assimilé
au mineur pour sa personne et ses biens ; les lois sur

(1) Cet argument pourrait peut-être ressembler à une argutie de
Normand, qualité que je décline. Maintenons-le, néanmoins : on
passe un bail, on passe une vente, on ne passe pas mariage.

la tutelle des mineurs s'appliqueront à la tutelle des interdits. »

La tutelle de l'interdit est assimilée à la tutelle du mineur. Il ne s'ensuit pas, comme on l'a voulu conclure (1), que l'interdit ait le droit de se marier et de tester aux mêmes conditions et avec les mêmes restrictions que le mineur, par cela seul que ce dernier est capable de contracter mariage et de faire un testament. Non, je désavoue cette conclusion ; je ne crois pas que tels soient le sens et la portée de l'article 509 qui, dans sa forme laconique et d'après sa lettre même, ne peut contenir une assimilation aussi large et aussi compréhensive. Si l'interdit était absolument assimilé au mineur, il faudrait dire que, tant que l'interdit aura ses père et mère légitimes, il ne devra jamais être mis en tutelle; ce serait le père qui aurait l'administration légale de ses biens.... La seconde partie de l'article explique et restreint la première partie. De l'aveu de tous, cet article a au moins cette signification que les règles de la tutelle sont communes à celle du mineur et à celle de l'interdit, calquée sur la première, et que les attributions des deux tuteurs sont identiques.

Les attributions des deux tuteurs sont identiques : je m'empare de cette idée incontestable ; j'en fais le point de départ de mon raisonnement, l'une des prémisses de mon syllogisme. Aux termes bien formels de l'article 450, le tuteur représente le mineur dans *tous les actes* civils. Or, il est certain que ces expressions, si

_____

(1) Zachariæ, Aubry et Rau, t. III, p. 283.

générales qu'elles paraissent, ne comprennent pas les
actes essentiellement personnels à l'égard desquels la
représentation n'est pas possible ; il est certain que
l'article 450 ne comprend pas, parmi *tous ces actes,* le
mariage, l'adoption, la reconnaissance d'un enfant
naturel, le testament ; il est indubitable que ces termes
si absolus ne s'appliquent dans l'article 509, assimilant les deux tutelles, qu'à certains actes d'un ordre
particulier, à ceux qui peuvent s'exercer par le ministère d'un mandataire, d'un représentant. Donc
aussi, lorsque l'article 502 déclare que *tous actes*
passés par l'interdit postérieurement à l'interdiction
seront nuls de droit, il ne peut embrasser que les
actes auxquels seulement s'applique l'interdiction par
la combinaison des articles 509 et 450 : il y a une indivisible corrélation entre les articles 450, 502 et
509 ; *tous les actes* faits par l'interdit ne sont déclarés
nuls de droit, par l'article 502, que parce que les articles 450 et 509 déclarent que *tous ces actes* doivent
être passés par le tuteur qui le représente (Demolombe.) De l'un et de l'autre côté, on s'occupe des
effets de la tutelle ; et dès lors on ne parle que des
actes auxquels la tutelle s'applique : « on parle, il
est vrai, de *tous* ceux-là, mais *rien* que de ceux-là. »
Quant aux actes dont l'exercice est essentiellement
personnel, en proscrire l'*exercice*, c'eût été en proscrire la *jouissance*, et cependant l'article 8 du Code
Napoléon proclame que tout Français *jouit* de ses
droits civils.

Aussi le Code Napoléon prend-il bien soin de ne pas
laisser ces droits les plus chers et les plus précieux,

tels que celui de se marier ou de disposer à titre gratuit, sous l'empire du droit commun. Il consacre à ces
droits des règles toutes particulières, des titres spéciaux et exceptionnels. Les règles ordinaires sur la capacité de contracter sont dès lors écartées. C'est ainsi
que les actes de disposition à titre gratuit sont gou-
vernés par des principes qui leur sont propres. C'est
ainsi que la femme mariée peut faire un testament
sans aucune autorisation, tandis que, pour un contrat
relatif à la gestion de son patrimoine, l'autorisation
du mari ou de justice lui est indispensable. C'est
ainsi que l'individu pourvu d'un conseil judiciaire
peut se marier sans l'assistance de ce conseil, tandis
qu'il est incapable de faire seul le moindre acte d'administration. C'est ainsi qu'incontestablement le mineur est régi par des régles toutes spéciales, lorsqu'il
s'agit de contracter mariage ou de faire un testament.
Le mineur, quoique placé sous le coup d'une présomption générale d'incapacité, quoique jugé inhabile aux
actes de minime importance, tels qu'un bail, une location, un achat, un échange, est reconnu capable
d'actes de majeure importance, tels que le testament
et le mariage. Pourquoi en serait-il autrement de l'interdit? Aussi, des auteurs éminents enseignent-ils
que l'article 502 ne s'applique pas aux dispositions
à titre gratuit, l'article 901 se bornant à exiger en fait
comme condition unique, nécessaire mais suffisante,
la sanité d'esprit au moment même de l'acte (Merlin,
Répertoire, t. 17, V. Testament, S. 1, § 1, art. 1 n° 6.
— Coin-Delisle, art. 901, n° 10). Aussi s'accorde-t-on
généralement à ne pas appliquer l'article 504 du titre

de l'interdiction aux dispositions à titre gratuit. Le mariage, titre complet, n'est pas, je le répète, soumis au droit commun ; pourquoi, par une anomalie, voudrait-on laisser le seul mariage de l'interdit sous l'empire du droit commun des contrats?...

Marcadé convient très-bien « que les annulations de mariage ont leur système à part, et qu'on ne peut leur appliquer aucune autre cause d'annulation, que celle du chapitre 4 du titre du mariage; or, aucun texte ne parle de l'annulation pour interdiction. » Et l'éminent jurisconsulte, partant de ces prémisses que je crois parfaitement vraies, en tire cette conséquence, certes au moins très-imprévue, que je ne suis pas tenté de déduire avec lui, à savoir que le mariage de l'interdit est tout-à-fait inexistant. Je dirai, au contraire : les nullités de mariage sont de droit étroit, *strictissimæ interpretationis*; elles sont limitativement fixées au titre du mariage ; l'article 502 dépaysé serait un intrus, si on le faisait émigrer dans le titre du mariage.

De deux choses l'une : ou le mariage qu'aurait contracté un interdit est annulable, ou il est à l'abri de toute atteinte. S'il est annulable, il ne peut l'être qu'en vertu de l'art. 502, qui l'inficierait d'une nullité toute relative, proposable par lui seul et laissant le mariage en suspens, non-seulement pendant l'interdiction, mais encore pendant les dix ans qui suivraient la main-levée de l'interdiction (art. 1304) ; conséquence bien difficilement admissible ! ou, au contraire, on reconnaît que le mariage une fois contracté, n'est pas annulable ; et l'on est forcément contraint d'aller jusqu'à dire qu'il n'y a même pas d'empêchement *prohibitif*. Si en effet l'on répudie l'article 502, en ce qui concerne l'annulabilité, cet article tombe fatalement, comme entièrement inapplicable. Il faut l'écarter complètement ou l'accepter avec toutes ses conséquences; il n'est pas permis de le scinder. Je ne puis que le repousser.

La capacité est toujours la règle générale, l'incapacité, l'exception; l'interdiction ne figure pas parmi les empêchements au mariage : nous restons donc sous l'empire de l'article 146, qui exige le consentement comme condition du mariage. Déclinant la compétence de la présomption légale de l'article 502, nous restons dans notre ressort. Nous demeurons *sous l'empire du fait actuel*, nous validons ou nous invalidons le mariage suivant qu'il est contracté en état de sanité ou d'insanité d'esprit.

Si nous avons réussi à écarter l'article 502, qu'on n'argumente pas de l'article 512, suivant lequel *l'interdit ne peut reprendre l'exercice de ses droits*, qu'après le jugement de main-levée d'interdiction. L'objection tirée de cet article ne serait qu'une pétition de principe; la main-levée ne peut, en effet, rendre à l'interdit que l'exercice de ceux des droits dont il était privé; et je soutiens précisément que l'exercice des droits tels que le mariage et le testament ne lui est pas enlevé par l'interdiction.

L'opinion contraire a cherché un appui dans l'article 174, ainsi conçu :

« A défaut d'aucun ascendant, le frère ou la sœur, l'oncle ou la tante, le cousin ou la cousine germaine,

majeurs, ne peuvent former aucune opposition au mariage, que dans les deux cas suivants : 1° Lorsque
le consentement du conseil de famille, requis par
l'article 160, n'a pas été obtenu ; 2° lorsque l'opposition est fondée sur l'état de démence du futur époux;
cette opposition, dont le tribunal pourra prononcer
main-levée pure et simple, ne sera jamais reçue qu'à
la charge, par l'opposant, de provoquer l'interdiction
et d'y faire statuer dans le délai qui sera fixé par le
jugement. »

Je vois très-bien, dans cet article, que la démence
vicie et paralyse le consentement, et par suite est un
obstacle au mariage, et que l'opposition fondée sur
ce motif doit, afin de prouver la démence, être suivie
d'une poursuite en interdiction ; mais je ne vois nullement que l'interdiction soit, par elle-même et par
elle seule, indépendamment de la démence, un empê-
ment au mariage.

M. Demolombe, prenant l'offensive, s'est armé de
l'article 175, pour le rétorquer contre l'argument ou
plutôt la présomption qu'on a voulu induire de l'article 174. — Article 175 : « Dans les deux cas prévus par le précédent article, le tuteur ou curateur ne
pourra pendant la durée de la tutelle ou curatelle,
former opposition, qu'autant qu'il y aura été autorisé par un conseil de famille. » M. Demolombe,
d'accord avec Marcadé lui-même, pense que, lorsque
c'est un tuteur qui met en mouvement le droit d'op-
sition concédé par le deuxième alinéa de l'article 174,
il ne peut s'agir que d'un tuteur d'interdit. Marcadé
raisonne ainsi : si le futur époux ayant perdu ses

23

ascendants, — et, pour que le conseil de famille ait
le droit de former opposition par son représentant,
le tuteur, il faut que le futur époux n'ait plus un seul
ascendant en état de manifester sa volonté, — est
encore en minorité, il est sous la puissance de son
conseil de famille relativement au mariage. Le consentement de ce conseil lui est indispensable, et,
par suite, le conseil de famille qui veut s'opposer au
mariage par l'organe du tuteur, n'a pas besoin de se
fonder sur la démence, il lui suffit de refuser son
consentement, ou de retirer celui qu'il a déjà donné,
et de motiver son opposition sur le défaut de consentement. Le second cas d'opposition, celui où il est
nécessaire d'invoquer la démence, ne peut donc
s'appliquer qu'à un majeur interdit, pourvu d'un
tuteur et d'un conseil de famille, mais n'ayant pas
besoin, pour se marier, du consentement de ce conseil. D'où M. Demolombe conclut, avec énergie contre
ses adversaires, que l'interdiction n'est pas par elle
seule un empêchement absolu, puisqu'en effet le tuteur
ne peut même pas de plein droit s'opposer au mariage
de l'interdit, et que son opposition est non avenue, *si
elle n'est autorisée par le conseil de famille*. L'argument
paraît décisif pour le succès de la cause que je
plaide (1).

(1) Cependant, il semble aussi très-difficile d'admettre que le second
alinéa de l'article 174 s'applique à une opposition formée par le
tuteur de l'*interdit*, vu que ce même alinéa subordonne la validité de
l'opposition à la condition que le tuteur *provoque* l'interdiction du
dément. *On ne provoque pas l'interdiction d'un interdit.*

L'objection que font naître ces mots: « A la charge de *provoquer*
l'interdiction, » n'a pas échappé à M. Demolombe, et ne l'a pas

Pour être logique, je suis fatalement amené à décider que l'interdit peut se marier sans aucune autorisation ; je ne cherche en effet les principes, et les règles qui doivent concerner son union, qu'au titre même du mariage ; et je n'y vois aucune condition spéciale à l'interdit. La loi, j'en conviens, eût été plus sage en exigeant des garanties de nature à assurer la parfaite liberté de son consentement en prescrivant, comme le code du canton de Berne, l'assistance des personnes sous l'autorité desquelles il est placé quant au mariage (1), en exigeant au moins l'autori-

ébranlé ; il n'en reste pas moins convaincu que l'article 174 s'applique à un *majeur interdit* : « Il serait bien étrange, dit-il, que l'opposition ne fût pas alors recevable, précisément lorsqu'elle se présente avec sa preuve *presque* déjà faite (l'interdiction prononcée).....
Et si l'article 175 ne s'appliquait pas à un tuteur d'*interdit*, qui donc aurait qualité pour former opposition au mariage d'un majeur interdit ? »

On a voulu imaginer deux cas exceptionnels, où le second alinéa de l'article 174 pourait s'appliquer à un mineur ; 1° s'il s'agissait d'un enfant naturel ayant dû obtenir le consentement d'un *tuteur ad hoc*, soit parce qu'il n'a pas été reconnu, soit parce qu'il a perdu ses père et mère, article 159. Le conseil de famille pourrait alors autoriser son tuteur ordinaire à former une opposition motivée sur la démence du futur époux. Seconde hypothèse : le conseil de famille a consenti au mariage ; le tuteur, mieux instruit de l'état mental du *mineur*, qu'il ne croit pas sain d'esprit, critique le parti auquel on s'est arrêté. Le conseil de famille conserve des doutes, ne veut pas retirer le consentement qu'il a donné. Il n'est pas convaincu de l'insanité d'esprit, et ne veut pas se charger de la responsabilité d'un refus ; mais il dit au tuteur : Si vous êtes convaincu, agissez à vos risques et périls, nous vous y autorisons. Formez opposition, poursuivez l'interdiction, la sagesse de la justice tranchera le débat. — Ces deux hypothèses sont, dit-on, trop ingénieuses et trop exceptionnelles, pour être l'expression de la pensée du législateur.

(1) MM. Aubry et Rau exigent cette assistance, en se fondant sur l'art. 509 (t. 3 § 464 note 6) : « En admettant disent-ils que l'art. 302

sation des *ascendants* ou dudit tribunal. C'eût été faire
disparaître bien des dangers ; mais le rôle du jurisconsulte n'est pas de créer ou d'améliorer la loi, il doit
s'incliner et la subir. Il doit rechercher *non quid
utilius, sed quid lege decretum.* Je craindrais trop en m'écartant de ce principe qu'oublient, je le crois, ceux
qui déclarent le mariage de l'interdit impossible, de
me voir appliquer la devise d'un compatriote célèbre :
« *Stulta est sapientia quæ vult lege sapientior esse.* »

En fait, le conseil de famille de l'interdit est appelé
à donner à son mariage une sorte de demi-consentement. En fait, les dangers ne seront peut-être pas aussi
grands qu'ils peuvent le paraître. Un délai assez long
doit en effet toujours s'écouler entre le projet de mariage et la célébration même ; l'autorité se gardera
bien d'ordinaire, d'abréger ce délai pour l'interdit. Il
ne lui suffira donc pas, pour se marier d'un éclair de
raison. Il ne pourra réaliser son mariage qu'autant
que des intervalles lucides prolongés et persistants, ou
au moins très fréquents, auront prouvé avec certitude
la ténacité de sa volonté. Si ces délais paraissaient insuffisants au conseil de famille, s'il redoutait les conséquences d'un prompt retour de l'insanité d'esprit,
il aurait encore un moyen d'entraver le mariage, ce
serait d'y former opposition. Les nouveaux délais que

fût applicable au mariage, ce qui n'est pas notre avis, toujours est-il
qu'on ne pourrait pas plus attaquer le mariage contracté par l'interdit
avec le consentement des personnes sous l'autorité desquelles il se
trouve placé, qu'on ne peut attaquer les conventions ordinaires que le
tuteur de l'interdit a passées au nom de ce dernier, en observant les
formalités requises par la loi. »

nécessiterait le jugement de cette opposition, s'ils s'é
coulaient sans ébranler la ferme intention de l'interdit,
viendraient encore confirmer la pleine manifestation
de sa volonté. Si le conseil n'a pas voulu entraver le
mariage, s'il n'a pas craint un prompt retour de l'insanité d'esprit, c'est qu'il n'a pas désapprouvé le mariage et qu'il a donné, en fait, une sorte de consentement tacite.

S'il fallait du reste me placer au point de vue législatif, je n'oserais accorder le mariage à tout homme
frappé d'interdiction, comme semblent le désirer les
éminents auteurs à l'opinion desquels je me suis ral-
lié ; mais je ne verrais certes pas sans de profonds regrets dépouiller, indistinctement et aveuglément, l'interdit de tous les droits qui répondent aux aspirations
et aux besoins de son cœur, et formuler impitoyablement contre lui un arrêt de mort civile. S'il était vrai
de dire que la loi, telle qu'elle est rédigée, lui défend
le mariage, l'interprète serait réduit, je crois, forcément à conclure qu'elle défend *tous les autres actes*.
Protégez, garantissez par de sages restrictions, gardez-
vous de tyranniser et de punir sous le masque d'une
tutelle.

L'esprit de notre Code Napoléon, n'est-il pas de
laisser la plus large part à la liberté individuelle ? Ne
l'a-t-on pas même pas accusé de scrupules excessifs ?
La médecine ne lui a-t-elle pas amèrement reproché
de sacrifier, en matière de mariage, l'intérêt public à
l'intérêt privé ? Je m'étonnerais qu'une loi qui, par
respect pour cette liberté sacrée, n'a pas osé par exemple défendre à toute une classe d'infortunés, infectés

de hideuses maladies, de transmettre et de propager
le mal qui les ronge, dans des générations malsaines
vouées à d'éternelles souffrances, je m'étonnerai, dis-
je, que cette loi s'acharnât contre une seule victime,
l'interdit? Oui sans doute il serait immoral de ne
voir dans le mariage qu'un *moyen* thérapeuthique, et
je m'élèverais moi-même contre une telle absurdité ;
mais, ne devons-nous pas craindre cependant de nous
payer de mots? Le mariage est aujourd'hui une *fin*, un
noble *but*. N'oublions pas la belle définition du mariage
que Portalis, dans l'exposé des motifs, donnait en 1803.
Elle pourrait peut-être nous révéler l'esprit et la pensée
de nos législateurs: « Le mariage est la société de l'homme et de la femme qui s'unissent pour perpétuer leur
espèce, *pour s'aider par des secours mutuels à porter le*
poids de la vie et pour partager leur commune destinée. » Eh ! l'avouerais-je moi-même ? je ne serais peut-
être pas non plus complétement insensible au sort de
tel monomane auquel la réalisation d'un mariage
trop ardemment désiré, dont la privation a pu être
l'unique cause de son mal, doit seule assurer la
guérison. Un monomane est sans doute moins apte
au gouvernement d'une famille qu'un homme parfaitement sain d'esprit. Mais la loi ne permet-elle donc
le mariage qu'à ceux-là seuls qui réunissent toutes les
qualités nécessaires, pour fonder et diriger une famille ?

Que dire de tel homme sans aveu, flétri par les
condamnations les plus infamantes, toujours rebelle
aux épreuves réitérées de la loi pénale, et à ses vains
essais de moralisation ? Cet homme dégradé est-il donc

plus digne de remplir le rôle de père, sera-t-il donc un meilleur initiateur moral qu'un monomane, dont la malheureuse manie n'altère en rien le cœur et les qualités morales, le rendant seulement impropre à l'administration de son patrimoine, et qui aura d'ailleurs auprès de lui les conseils et l'appui de son tuteur, de son conjoint et de sa famille? S'il fallait faire triompher d'une manière *trop rigoureusement* absolue, la considération à laquelle je réponds, s'il fallait priver des joies de la famille tout homme moins digne que ses semblables de prendre les rênes d'un gouvernement domestique, moins apte à diriger une éducation, où s'arrêterait-on dans cette progression insensible et indéfinie, où tracer une ligne de démarcation bien tranchée entre la raison parfaite et la raison imparfaite? Pourquoi ne pas interdire aussi le mariage à celui qui est pourvu d'un conseil judiciaire? « Hélas! dit un mot profond de M. Demolombe, la raison pure et parfaite, où est-elle? et le premier germe de la folie n'est-il pas presque toujours dans la raison même? »

§ 5.

DU CONSENTEMENT DES ASCENDANTS OU DE LA FAMILLE (1).

Article 148. — « Le fils qui n'a pas atteint l'âge de vingt-cinq ans accomplis, la fille qui n'a pas atteint

(1) Historique : Les Capitulaires des rois de la seconde race avaient déclaré nuls le mariage de la fille contracté sans le consentement de ceux en la puissance desquels elle se trouvait ; mais ces lois tombèrent en désuétude. Le concile de Trente, bien que réprouvant hautement les mariages contractés sans le consentement des parents, frappa d'anathème la doctrine déclarant ces unions annulables. Les légistes ont donné à cette disposition du Concile, sinon une interprétation littérale, au moins une interprétation conforme à la raison et au principe : « Rendez à Dieu ce qui appartient à Dieu, et à César ce qui appartient à César. » Ils ont uniquement vu dans le canon du Concile « une condamnation du sentiment de quelques protestants qui prétendaient que, par le droit naturel, les parents avaient par eux-mêmes le pouvoir de valider ou d'annuler le mariage de leurs enfants, contracté sans leur consentement, *sans qu'il fût besoin pour cela d'une loi positive qui les déclarât nuls.* » Le pouvoir séculier, justement jaloux de ses prérogatives et de son indépendance, appliqua legislativement cette interprétation ; et la jurisprudence des parlements annula les mariages contractés sans l'aveu des parents.

L'édit d'Henri II, de 1556, accorde le droit d'exhérédation, entraînant, comme conséquence, la déchéance des avantages matrimoniaux, aux pères et mères, sans le consentement desquels les fils n'ayant pas encore atteint l'âge de trente ans, et les filles mineures de vingt-cinq ans, auront contracté mariage. Les majeurs de ving-cinq ou trente ans ne sont tenus, sous les mêmes peines, que de requérir l'avis et conseil de leurs parents. C'est aussi la seule obligation imposée aux enfants dont la mère remariée inspire la défiance du législateur. Telle est l'o-

l'âge de vingt-un ans accomplis, ne peuvent contracter mariage sans le consentement de leurs père et

rigine de nos actes respectueux. L'ordonnance de Blois, rendue par
Henri III en 1579, confirme l'édit précédent, et punit en outre « comme
fauteurs du crime de rapt les curés qui auront passé outre à la célébration des mariages des mineurs non munis du consentement
des père, mère, tuteur ou curateur. » La déclaration de Louis XIII,
de 1639, n'accorde plus seulement une faculté aux parents comme
sanction de leur autorité méconnue ; elle ne leur laisse plus le droit
de juger, de sévir ou de pardonner, elle prononce de plein droit les
peines édictées par l'édit d'Henri II. Louis XIII renchérit même sur la
sévérité de ses prédécesseurs à l'égard des mineurs de vingt-cinq ans,
et déclare les coupables indignes de recueillir par succession directe
ou collatérale, ou même par testament. Ces lois prononcent de plus implicitement la nullité ou l'annulabilité du mariage des mineurs de
vingt-cinq ans. Le consentement du père ou de la mère est suppléé
par celui du tuteur et de la famille, lorsque le père ou la mère est en
état d'absence, est retiré à l'étranger, ou a perdu l'état civil, soit par la
profession religieuse, soit par une condamnation à une peine capitale.
Tant que l'enfant est mineur, en principe, la justice (bien qu'on
puisse citer quelques arrêts contraires), ne peut le dispenser du consentement de ses père et mère ; dès que le fils a atteint sa majorité, elle
peut briser une résistance injuste. Mais la justice doit autoriser le mariage du fils majeur qui n'a pas encore trente ans, pour le mettre à
l'abri de l'exhérédation. La fille majeure de vingt-cinq ans et le fils majeur de trente ans peuvent se marier après avoir requis le consentement de leurs parents, quoiqu'ils ne l'aient pas obtenu, sans encourir
la peine de l'exhérédation. « Néanmoins, dit Pothier, si le mariage
est tout à fait honteux et déshonorant, comme si un fils majeur de
trente ans, d'une condition honnête, avait demandé à son père son
consentement pour épouser une comédienne ou une femme qui aurait
été reprise de justice ; ou encore si une fille avait demandé ce consentement pour épouser son laquais, la réquisition faite au père de son
consentement ne devrait pas soustraire l'enfant à la peine de l'exhérédation ; car bien loin que l'enfant satisfasse en ce cas en partie au respect qu'il doit à son père, en lui demandant son consentement, la
réquisition du consentement de son père pour un tel mariage est une
insulte qui augmente l'outrage qu'il lui fait par ce mariage, bien
loin de le diminuer. » Lorsque les mineurs n'ont ni père ni mère, les
tuteurs ou curateurs succèdent au droit de consentir ; mais leur
consentement peut être facilement suppléé par la justice, et le défaut

mère. En cas de dissentiment le consentement du père suffit. »

Les forces du corps se développent, dit Portalis, plus rapidement que celles de l'âme. On existe long-temps sans vivre, et quand on commence à vivre, on ne peut encore se conduire ni se gouverner ; en con-séquence, nous requérons le consentement des pères et mères pour le mariage des fils qui n'ont point at-teint l'âge de vingt-cinq ans, et pour celui des filles qui n'ont point atteint la vingt-unième année.

Peu importe, de même que dans l'ancien droit, qu'il s'agisse d'un premier ou d'un second mariage.

Ce n'est point entreprendre sur la liberté des époux que de les protéger contre la violence de leurs pas-sions ; c'est, au contraire, garantir, sauvegarder leur liberté. De toutes les actions humaines, le mariage est celle qui intéresse le plus la destinée de l'homme ; il faut, dans un temps utile, par des mesures qui éclairent l'âme, prévenir des douleurs amères qui la brisent. Le mariage, dit parfaitement un habile écrivain, suppose le concours de deux volontés : celle de l'enfant d'a-bord ; puis, comme les illusions de la jeunesse et de

de consentement de leur part n'entraîne la nullité du mariage que si l'union est désavantageuse au mineur. La Normandie, dans ses ten-dances aristocratiques, et sa haine pour les alliances inégales, n'avait pu se soumettre franchement aux édits royaux (V. M. Cauvet, Revue de législ., t. 29 et 32),

Les pères et mères naturels n'ayant pas l'autorité paternelle, n'a-vaient pas le droit de consentir au mariage de leurs enfants ; ce droit était considéré comme un attribut de la puissance paternelle. Les bâ-tards mineurs étaient seulement tenus d'obtenir le consentement de leur tuteur ou curateur.

la passion pourraient le détourner du but de l'union
conjugale, il s'établit au-dessous de son pouvoir un
pouvoir relatif, mais sacré, borné au droit d'éclairer et
de surveiller, mais fort de toute l'autorité que donnent et la raison et la tendresse : c'est le pouvoir des
parents. Ces deux pouvoirs s'exercent par des moyens
et sur des points opposés. L'un, c'est celui de l'enfant,
considère surtout le présent ; l'autre, l'avenir. La
sympathie ou la répulsion instinctive sont les mobiles
du premier. La vigilance, la défiance, la critique sont
les devoirs du second. Celui-là s'inquiète du fond
même du mariage, de l'union des âmes, celui-ci s'occupe des circonstances accessoires, mais importantes,
la fortune, la naissance, la position des familles. En
un mot : l'enfant choisit, les parents consentent, ou,
en termes plus justes, l'aident à choisir.

Dira-t-on que les pères peuvent abuser de leur
puissance, méconnaître leur mission sacrée ? Mais
cette puissance n'est-elle pas éclairée et dirigée par
leur tendresse ? Chez quelques hommes exceptionnels, indignes du nom de père, la vexation et l'avarice usurperont peut-être les droits de l'autorité paternelle. Mais pour un père oppresseur, combien d'enfants égarés, ingrats ou rebelles ! La loi peut, sans in-
quiétude, s'en rapporter à la nature. C'est Montesquieu qui l'a dit : « La nature a donné aux pères un
désir de procurer à leurs enfants des successeurs,
qu'ils sentent à peine pour eux-mêmes. Dans les divers degrés de progéniture, ils se voient avancer in-
sensiblement vers l'avenir. »

On comprend que le terme de la majorité soit plus

reculé pour le mariage que pour les actions ordinaires de la vie. Le mariage est en effet l'acte qui
expose les parties aux plus grands dangers, celui duquel dépend le bonheur ou le malheur de la vie entière des époux, l'acte qui a la plus grande influence
sur le sort des familles, sur les mœurs et l'ordre publics (1).

La différence entre l'homme et la femme, quant
au terme de la majorité, a été admise dans toutes
les législations, par cette double considération, que
la nature se développe plus rapidement dans un sexe
que dans l'autre, et surtout par ce motif que pour
la femme, il y a *péril en la demeure.* Une femme de
vingt-un ans n'offre pas, aux yeux de la loi, plus de
garanties de maturité, de jugement et de raison qu'un
homme du même âge; notre Code en effet se garde
bien, quant aux actes ordinaires de la vie, d'avancer
pour la femme le terme de la majorité fixé pour
l'homme. Des motifs tout spéciaux se rencontrent,
quand il s'agit du mariage. « Une fille qui languirait
péniblement dans une trop longue attente, dit Portalis, perdrait une partie des attraits qui peuvent favoriser son établissement, et souvent même elle se trou-
verait exposée à des dangers qui pourraient compromettre sa vertu ; car une fille ne voit dans le mariage
que la conquête de sa liberté : on ne peut avoir les
mêmes craintes pour notre sexe qui n'est que trop

(1) La loi anglaise exige le consentement paternel à peine de nullité, mais jusqu'à l'âge de vingt un ans seulement. (Blackstone, L. 1,
ch. 15.) Cette limite de vingt-un ans a peut-être moins d'inconvénients chez nos flegmatiques voisins.

disposé au célibat, et à qui l'on peut adresser le reproche de fuir le mariage, comme on fuit la servitude et la gêne. »

Ajoutons que, peut-être, la retenue naturelle au sexe féminin et le mode d'éducation de la femme la rendent moins sujette aux fougueux écarts de l'homme. On a même donné une autre raison que j'apprécie peu, c'est que le fils est uni à ses ascendants par un lien plus étroit, qu'il engage plus directement leur honneur par cela seul qu'il est appelé à perpétuer leur nom.

Nulle part, les enfants, dans le premier âge des passions, n'ont été abandonnés à eux-mêmes pour l'acte le plus important de leur vie. Dans quelques législations anciennes, comme à Sparte, à une certaine époque, c'étaient les magistrats qui avaient sur le mariage des citoyens le droit de contrôle qu'il est si raisonnable de laisser aux parents. Dans les autres législations, le père seul ou l'ascendant paternel avait la magistrature domestique: le droit de consentir au mariage des enfants n'était point partagé par la mère ou l'ascendant maternel durant la vie du père de famille. « La mère était étrangère à l'autorité, et qui dit *autorisation* dit *autorité*. » La nécessité du consentement paternel dérivant d'une sorte de droit de propriété, attribut de la puissance appartenant aux pères sur ceux auxquels ils avaient donné le jour. Aujourd'hui ces idées de puissance sont remplacées par des sentiments plus humains. L'obligation de requérir le consentement des ascendants, n'a plus d'autre fondement aujourd'hui que l'amour des pa-

rents, leur raison, et l'incertitude de celle de leurs
enfants. De là le concours simultané des parents au
même degré pour remplir les mêmes devoirs, exercer
la même surveillance. Un tel système adoucit et étend
la magistrature domestique sans l'énerver ; il com-
munique les mêmes droits à tous ceux qui sont présumés avoir le même intérêt. Il ne relâche point les
liens de la famille , il les multiplie et les ennoblit
(Exposé des motifs).

La loi qui peut se justifier par l'intérêt des enfants,
ne fait que commander l'accomplissement d'un devoir
moral qu'elle a formellement consacré dans l'article
371 : « L'enfant, à tout âge, doit honneur et respect à
ses père et mère. »

L'intérêt des parents eux-mêmes qui se confond
avec celui des enfants, légitime aussi le droit de consentir au mariage de leurs descendants. Le mariage
ne restreint pas ses effets aux époux eux-mêmes, il
crée des relations juridiques et morales entre chacun
des époux et les parents de l'autre. En vertu de cette
solidarité d'honneur, qui lie tous les membres d'une
même famille, il est souhaitable que les ascendants
puissent s'opposer à un mariage qui déshonorerait
leur nom. L'autorité paternelle ne saurait rester
étrangère à un acte qui va créer dans la famille une
famille nouvelle.

« En cas de dissentiment, dit l'article 148, le con-
« sentement du père suffit. »

La mère doit donc nécessairement être consultée.
Le respect filial le commande. La mère est appelée à
éclairer, par ses conseils, le père et l'enfant ; mais

son *veto* ne paralyse pas le consentement du père. L'officier de l'état civil est tenu d'exiger la preuve que la mère a été consultée. Cette preuve doit être faite par acte authentique. MM. Valette (sur Proudhon) et Demolombe pensent que le mode le plus naturel de procéder pour prouver que la mère a été consultée, est de lui adresser un acte respectueux. L'officier de l'état civil, qui ne s'est point assuré que la mère a été consultée, est passible des peines de l'emprisonnement et de l'amende, prononcées par les articles 156, Code Napoléon et 193, Code de Procédure. Quelques auteurs, en dépit de l'article 173, accordent même à la mère non consultée le droit d'opposition comme un corrollaire naturel de l'article 148.

La loi du 20 septembre 1792, n'obligeait à consulter la mère qu'à défaut du père.

On a soutenu que le Code Napeléon n'était pas allé assez loin en faveur de la mère.

« Notre loi, dit M. Legouvé, a accepté l'héritage
« des antiques défiances contre la mère.... N'est-ce
« pas une dérision de permettre à la mère de dire :
« Oui, et de lui défendre de dire : Non ? » « Aujour-
« d'hui, dit-il encore, même exclusion que dans le
« passé. L'avis de la mère ne vaut ni pour ni contre.
« Si elle consent, et que son mari refuse, son con-
« sentement ne compte pas. Si elle refuse et que son
« mari consente, son refus ne compte pas davantage.
« Elle ne peut ni marier sa fille ni l'empêcher de se
« marier, ni la préserver d'un choix fatal, ni la sou-
« tenir dans un choix heureux.

« Cette *annihilation* du pouvoir maternel est fu-
« neste, car le coup-d'œil de la mère porte ailleurs
« et plus loin que celui du père. Le père s'inquiète de
« la fortune, de la carrière, de la position de son gen-
« dre ; la mère prend plus de souci des rapports
« sympathiques qui l'uniront à sa fille. Le père le
« juge mieux comme homme, la mère le juge
« mieux comme gendre. La mère se laisse trop
« séduire peut-être aux qualités aimables : qu'il
« plaise, la voilà plus d'à moitié conquise. Le père
« écoute trop absolument ce que l'on appelle sou-
« vent la raison, c'est-à-dire l'ambition et l'intérêt.
« Tous deux voient la vérité, mais de profil ; leurs
« deux points de vue réunis font seuls l'ensemble.
« Tous deux doivent donc être appelés ; c'est toujours
« l'application de ce principe fondamental, doubler
« l'unité.

« ..... On objecte l'intérêt des enfants. Il faut, dit-
« on, que l'opinion d'un des deux époux décide, afin
« qu'en cas de partage, le sort de l'enfant ne reste
« pas en suspens, c'est sa voix seule qui fait pencher
« la balance entre deux pouvoirs égaux ? Pourquoi
« alors n'avoir pas dit en cas de dissentiment, le con-
« sentement d'un des deux suffit ; » — ou le refus de
l'un des deux est péremptoire ; — « pourquoi, si
« ce n'est qu'on voulait réduire l'autorité de la mère
« à une autorité fictive comme dans le passé ? »

Cependant, ne pourrait-on pas encore répondre avec
le double principe de la puissance maritale et de la
puissance paternelle, que la prééminence du sexe,
indiquée par la nature et consacrée par les lois de

tous les pays, doit faire attribuer la prépondérance
dans la famille au suffrage du père ?

La loi Julia, voulant à tout prix multiplier les mariages, et lever un obstacle opposé par la puissance
paternelle, donna à la fille une action contre son
père pour réclamer une dot. Notre législation a supprimé cette action, et, je le crois, avec raison. Cette
question fut vivement débattue lors de la discussion
du Code Napoléon. La fille a, dit-on, besoin d'une
dot pour se marier. Si elle ne peut la réclamer
en justice, il n'y a plus d'égalité entre le frère et la
sœur. « Pourquoi, écrit l'auteur, que je viens de citer, notre Code n'a-t-il pas emprunté au préteur
romain la belle ordonnance qui obligeait tout père
riche à doter sa fille ? Le refus d'une dot est à la
fois pour la jeune fille une injure et une condamnation au célibat. Les parents, grâce à ce pouvoir,
tiennent leur fille à leur merci; car il n'y a pas
pour la femme de profession lucrative; ses talents
ne sont pour elle que des sujets de dépense; elle
consomme, elle ne produit rien; il lui faut donc
une dot pour se marier, et le père la lui doit au
même titre que sa part d'héritage. »

Après avoir déjà étendu les droits de l'enfant et
restreint au contraire les pouvoirs paternels, nos législateurs ont craint de rompre l'équilibre. Il faut
redouter, en effet, d'affaiblir ce ressort si nécessaire
de la puissance paternelle, de l'amoindrir et de lui
faire perdre de sa dignité aux yeux de l'enfant par
une calomnieuse défiance. La loi romaine avait des

inconvénients que ne pouvaient compenser ses grands
avantages. La loi a dû croire que les pères sordides
et injustes sont fort rares, tandis que la rébellion
est fréquente chez l'enfant. Elle a dû craindre de dé-
chirer la famille par les dissensions, d'ouvrir une
guerre funeste entre le père et la fille, en encoura-
geant celle-ci dans sa révolte, et en lui permettant
de braver impunément les conseils de l'autorité paternelle. Elle a craint d'exposer le père aux prétentions
d'un gendre qui peut partager les passions de la
fille sans partager son respect. Elle n'a pas voulu
condamner le père à venir déposer le bilan de sa fortune pour le soumettre à l'inquisition de la justice.

M. Jules Simon (*Liberté*, 2ᵉ partie, c. 1) émet, en
parlant du mariage, le désir de voir conférer au
conseil de famille plus d'attributions, ou du moins un
droit de juridiction plus étendu. « Cette juridiction
intérieure, dit-il, soumise à l'appel dans tous les cas,
et qu'il aurait été facile de renfermer dans de justes
bornes, aurait rendu fréquemment l'action des tribunaux inutile, sans rien ajouter d'ailleurs aux prescriptions ni aux prohibitions légales.

Tous les membres de la famille, même les plus éloi-
gnés. sont intéressés à l'union qui s'accomplit, et qui in-
troduit de nouveaux alliés. »

Je n'accepterais qu'avec une certaine défiance le
vœu de M. J. Simon. L'appel comme voie de recours,
obvierait, sans doute en grande partie, aux dangers.
Mais, dans un acte qui met en jeu tant de passions et
d'intérêts, n'est-il pas à craindre que des collatéraux

éloignés ne ferment l'oreille à la voix de l'affection
et de la sagesse, pour tout sacrifier à l'égoïsme, à un
vil esprit de lucre ?

Article 149 : « Si l'un des père et mère est mort,
ou s'il est dans l'impossibilité de manifester sa volonté, le consentement de l'autre suffit (1). »

Il y a impossibilité, si le père ou la mère est en
état de déclaration ou simplement de présomption
d'absence, si l'un d'eux est interdit judiciairement ou
même légalement (arg. tiré de l'art. 221, C. Nap.),
ou frappé d'aliénation mentale. L'article 155 autorise
à dire que la preuve de l'insanité d'esprit, comme
celle de l'absence présumée, mais non constatée par
un jugement, serait régulièrement administrée au
moyen d'un acte de notoriété, signé du juge de paix
et de quatre témoins. M. Demolombe pense qu'il serait prudent de faire constater l'aliénation mentale par
le tribunal qui ordonnerait, suivant les circonstances, telle ou telle mesure d'instruction. Le jugement qui aurait prononcé l'interdiction, déclaré l'absence ou simplement ordonné une enquête, devrait
être représenté.

La mère veuve et non tutrice, de même que le père
remarié et non tuteur, n'en est pas moins apte à consentir au mariage de ses enfants, quoi qu'en ait pensé
Delvincourt ; le texte est général.

_____

(1) On a reproché à l'article 355, C. Pén., de n'avoir pas déclaré
déchu du droit de consentir au mariage de leurs enfants, les pères et
mères, déclarés coupables d'avoir excité, favorisé ou facilité la débauche ou la corruption de leurs descendants.

L'impossibilité de consentir peut encore résulter de
l'interruption des communications, par suite de la
guerre ou de tout autre fléau. C'est là une question
de fait.

Art. 150 : « Si le père et la mère sont morts ou
s'il sont dans l'impossibilité de manifester leur volonté, les aïeuls et les aïeules les remplacent ; s'il y
a dissentiment entre l'aïeul et l'aïeule de la même
ligne, il suffit du consentement de l'aïeul. S'il y a
dissentiment entre les deux lignes, ce partage emporte
consentement. »

Les mots *aïeul et aïeule* sont pris par le Code dans
un sens générique et s'appliquent à tous les ascendants (arg. tiré de l'art. 174).

Par suite de l'ignorance du lieu où sont décédés
les père et mère et ascendants, il peut être impossible de produire leur acte de décès ; il arrive souvent
même, dans les classes pauvres, qu'on ignore le dernier domicile et que l'on ne peut recourir à l'acte de
notoriété prescrit par l'article 155 et destiné à constater l'absence actuelle d'un domicile connu. En conséquence, un avis du Conseil d'État du 4 thermidor,
an XIII, décide: 1° qu'il n'est pas nécessaire de produire l'acte de décès des père et mère, lorsque l'aïeul
atteste ce décès ; 2° que, s'il n'existe pas d'ascendant
qui puisse faire cette attestation, le décès sera suffisamment prouvé par la déclaration assermentée des
futurs époux affirmant qu'ils ignorent le lieu du décès et le lieu du dernier domicile, pourvu que la

même déclaration soit faite par les témoins du mariage.

Il semble tout naturel d'étendre cette décision, au cas où un conjoint affirme le décès de son époux. M. Demolombe repouse cette analogie, craignant les dangers des conflits, des mésintelligences et hostilités qui peuvent régner entre deux conjoints à l'occasion du mariage de leur enfant. Marcadé répond avec raison, ce me semble : si l'on doit croire un aïeul attestant le décès *et du père et de la mère*, comment ne croirait-on pas l'un de ces deux auteurs attestant le décès de l'autre ? Si l'on avait dû craindre qu'une mère ne déclarât faussement la mort de son mari éloigné, pour marier un enfant contre la volonté de son père, n'aurait-on pas trouvé plus fâcheux encore qu'une grand'mère pût marier ainsi son petit-fils contre la volonté et du père et de la mère, et surtout que l'enfant lui-même, à défaut d'aïeul, pût se marier seul au moyen de sa fausse déclaration ? La règle de l'*avis* précité s'applique donc *a fortiori*.

Une ligne ne sera par exclue par l'autre, parce que dans celle-ci il y aura un ascendant plus proche que dans la première. L'aïeul ou l'aïeule d'une ligne, n'exclura pas le bisaïeul de l'autre ligne. Le Code suit, en effet, en matière de mariage, des principes tout différents des principes de la tutelle. La loi, par faveur pour les mariages, veut que le simple dissentiment entre les deux lignes emporte consentement sans distinguer si chaque ligne est représentée par un ascendant ou une ascendante, sans distinguer si les représentants des deux lignes sont ou non au même degré. Dans la même ligne, au contraire, l'ascen-

dant le plus proche, prime l'ascendant moins proche,
et la volonté du père ou de l'aïeul, prévaut sur celle
de la mère ou de l'aïeule.

Que décider s'il y avait partage entre deux branches d'une même ligne ? — L'enfant a dans la même
ligne soit : 1° deux bisaïeuls, par exemple, le père du
père de son père, et le père de la mère de son père,
soit: 2° deux bisaïeules, soit : 3° un bisaïeul et une
bisaïeule non conjoints.

Il faut répondre avec la pensée essentielle du texte,
que le dissentiment entre les deux branches d'une
même ligne emportera consentement, comme le
dissentiment entre deux lignes. En effet, lorsqu'il
s'agit de consentir au mariage, la loi place sur le
même rang tous les ascendants paternels ou ma-
ternels, ascendants par les mâles ou par les femmes,
et accorde à l'ascendante la même autorité qu'à l'ascendant, pourvu que cet ascendant ne soit pas son
mari ; le dissentiment emporte consentement, dit
toujours le texte, tant que le principe de la puissance
maritale n'est pas en jeu.

Article 160 : « S'il n'y a ni père, ni mère, ni aïeuls,
ni aïeules, ou s'ils se trouvent tous dans l'impossibilité de manifester leur volonté, les fils ou filles mineurs
de vingt-un ans ne peuvent contracter mariage sans le
consentement du conseil de famille. »

La loi ne rencontrant plus les garanties d'affection
et de désintéressement que présentent les ascendants,
range sur la même ligne les fils et filles âgés de vingt-
un ans accomplis, et les dispense de toute autorisation,

de toute obligation d'obtenir ou même de requérir un consentement quelconque.

La preuve du décès des ascendants ou de l'impossibilité où ils sont de manifester leur consentement, s'administrera suivant les règles que j'ai posées ci-dessus.

Le conseil de famille a donné ou refusé son consentement au mariage. Peut-on se pourvoir contre son consentement ou son refus ? — Oui, disent quelques auteurs, en se fondant sur l'autorité de Pothier et sur l'article 883, C. de Pr. Aux termes de l'article 883 du C. de Pr., « toutes les fois que les délibérations du conseil de famille ne seront pas unanimes, l'avis de chacun des membres qui le composent sera mentionné dans le procès-verbal. Le tuteur, le subrogé-tuteur, ou curateur, même les membres de l'assemblée pourront se pourvoir contre la délibération ; ils formeront leur demande contre les membres qui auront été d'avis de la délibération sans qu'il soit nécessaire d'appeler en conciliation. »

Il m'est impossible d'accepter cette solution. Le texte de l'article 160 exige impérieusement le *consentement* du conseil de famille, et non le consentement du tribunal. « Les fils ou filles.... *ne peuvent contracter mariage sans le consentement....* » Les expressions de la loi sont ici les mêmes que celles qui imposent le consentement des père et mère, des aïeul et aïeule ; donc la décision du conseil de famille doit être souveraine comme le serait celle des ascendants.

Qu'on n'invoque pas l'autorité de Pothier, qui permettait de déférer aux tribunaux la délibération de la

famille, de passer outre au mariage malgré son opposition. Son autorité n'est ici d'aucun poids; en effet,
le même auteur enseignait qu'on pouvait aussi suppléer à l'autorisation des ascendants ; il ne faisait
donc qu'assimiler la décision du conseil de famille
à celle des ascendants. Le Code ne permet plus d'é-
branler la décision de ces ascendants; pour être conséquent, il faut, à l'exemple de Pothier, mettre sur la
même ligne l'autorité des ascendants et l'autorité du
conseil de famille, c'est-à-dire accorder à ce dernier le
droit de juger en dernier ressort.

L'argument déduit de l'article 883 n'est rien moins
que concluant. Cet article témoigne lui-même, qu'il
ne s'applique pas à notre hypothèse, soit parce qu'il
appartient à un titre portant pour rubrique, *des avis
des parents*, et qu'il ne s'agit nullement ici d'un
simple *avis* de parent, mais d'un consentement ; soit
parce qu'en effet les articles qui le précèdent et le
suivent concernent uniquement les nominations de
tuteurs (art. 882) et les délibérations sujettes à homo-
logation (art. 885), c'est-à-dire relatives aux actes ordinaires de la tutelle; soit, enfin, parce que le mariage
est un sujet tout spécial, dans lequel nous voyons
qu'ici, par exemple, le tuteur en cette qualité, n'a aucun pouvoir particulier. On ne peut qu'applaudir à
cette sage différence entre les *avis* des parents et le
consentement au mariage. Il importe, dans l'intérêt
même du mineur, que la détermination des membres
du conseil de famille, soit essentiellement libre. Ce
serait détruire toute liberté que de leur en demander
les motifs. C'est ainsi que l'article 356, voulant assu-

rer une complète indépendance au tribunal appelé à homologuer ou à rejeter l'adoption, le dispense de motiver son jugement. Si, en effet, vous obligez les membres du conseil de famille à venir développer au grand jour tous les *considérants* de leur décision, à venir divulguer dans un débat public les motifs qu'ils ont la sagesse de vouloir ensevelir dans le secret, vous arrivez à leur arracher un consentement peut-être funeste et dont le mal sera irréparable. N'est-ce pas les réduire au silence, et paralyser toute leur indépendance, que de les exposer à l'animadversion de l'autre futur époux et de sa famille, peut-être même à une action en dommages-intérêts, alors que les motifs de leur refus sont peu honorables pour le prétendant qu'ils repoussent ?

Il faut donc que la décision du conseil de famille soit souveraine, absolue et sans contrôle.

Enfants naturels. — La protection que la loi accorde aux enfants, en les soumettant à rapporter le consentement de leurs père et mère, était jadis limitée aux enfants nés d'un mariage contracté suivant les formes légales. Les enfants naturels, n'y avaient aucune part. Ils étaient abandonnés à leur libre arbitre dans un âge où tous ont besoin d'un conseil et d'un guide (V. toutefois la note, p. 362. Cet abandon des enfants naturels dérivait de ce principe que le consentement des pères n'était qu'un effet de leur puissance, et ne procédait pas originairement de l'intérêt des enfants, mais d'un droit inouï de propriété, concédé à ceux qui leur avaient donné le jour, comme

attribut de leur puissance paternelle. Et comme la
puissance paternelle ne pouvait être produite que par
un mariage légitime, les enfants naturels étaient hors
de cette puissance.

La loi, disait Portalis, veut consacrer des idées plus
équitables; la raison indique que c'est, non une vaine
puissance accordée au père, mais l'intérêt des enfants qui doit motiver la nécessité du consentement
paternel; en conséquence, nous avons cru que l'intérêt des enfants naturels n'était pas indigne de fixer
la sollicitude du législateur. Si ces enfants n'appartiennent à aucune famille, ils appartiennent à l'É-
tat : l'État a donc intérêt à les protéger, et il le doit.

Sans doute, il serait contre les bonnes mœurs que
les enfants nés d'un commerce illicite eussent les
même prérogatives que les enfants nés d'un mariage
légitime; mais l'abandon absolu des enfants naturels serait contre l'humanité. On ne doute pas que
les pères naturels ne soient obligés d'élever leurs enfants, de les entretenir et de les nourrir; la loi positive elle-même a placé ce devoir parmi les obligations premières que la nature, indépendamment de
toute loi, impose à tous les pères. Or, le consentement paternel au mariage des enfants, ne fait-il pas
partie de la tendre sollicitude que l'on doit apporter
à leur entretien, à leur éducation, à leur établissement? La nécessité de ce consentement qui est fondée
sur des raisons naturelles, ne saurait donc être plus
étrangère aux enfants naturels qu'aux enfants légitimes. Aussi l'article 158 décide-t-il que la nécessité du
consentement des père et mère, comme l'obligation

relative aux actes respectueux, est applicable aux enfants naturels légalement reconnus.

Article 159 : « L'enfant naturel qui n'a point été
reconnu et celui qui, après l'avoir été, a perdu ses
père et mère, ou dont les père et mère ne peuvent
manifester leur volonté, ne pourra, avant l'âge de
vingt-un ans révolus, se marier qu'après avoir obtenu
le consentement d'un tuteur *ad hoc* qui lui sera
nommé. »

Ce tuteur *ad hoc* est nommé suivant les règles ordinaires des tutelles, par un conseil improprement
appelé conseil de famille, composé par le juge de
paix, soit de personnes connues pour avoir eu des
relations habituelles d'amitié avec le père ou la mère
du mineur, soit de ses propres amis.

Pourquoi cette délégation spéciale à une seule personne ? — La loi ne rencontrant plus les garanties
d'affection d'une famille, a préféré s'en remettre à
l'appréciation d'un seul, espérant sans doute un examen plus sérieux, une détermination plus réfléchie.
L'expérience prouve, en effet, tous les jours dans
toute sphère et dans tout ordre de choses, les inconvénients et les dangers de cette responsabilité purement
collective, qui plane vaguement sur tous, sans peser
directement sur personne, et qui ne sert même trop
souvent qu'à couvrir et à masquer bien des légèretés,
des imprudences et des fautes.

Comment et à quel moment le consentement doit-il
être donné ?

Le consentement au mariage d'un mineur est
donné, soit de vive voix au moment même de la célébration, soit par acte authentique. Dans ce second
cas, il faut qu'il subsiste et persévère sans révocation
jusqu'au mariage ; car le consentement des ascendants, de la famille ou du tuteur *ad hoc*, étant un élément de validité du mariage du mineur, doit accompagner la célébration même. Il doit être donné, non pas
à un projet de mariage, mais au mariage lui-même.
Si donc, l'ascendant dont le consentement était nécessaire et qui a, en effet, consenti au mariage projeté, vient
à décéder ou à se trouver, avant la célébration, dans
l'impossibilité de manifester sa volonté, l'enfant doit
obtenir le consentement de ceux que la loi appelle
ensuite à son défaut, et auxquels seuls elle attribue
l'exercice de la puissance paternelle. Des faits nouveaux ont pu d'ailleurs se révéler, des circonstances
nouvelles ont pu survenir, circonstances qui auraient
motivé la révocation du consentement de l'ascendant
resté vivant et sain d'esprit.

Le consentement peut-il être général, sans désigna-
tion de personne, ou doit-il nécessairement s'appliquer à un mariage spécial et déterminé avec une
personne certaine individuellement et nominativement
désignée ?

On a soutenu que le consentement ne devait pas nécessairement mentionner le nom du futur époux. Le texte, dit-on, ne l'exige pas et un consentement général peut présenter de grands avantages, alors, par exemple, qu'un fils en la sagesse et le discernement duquel un père a pleine confiance, part pour un pays lointain, où il peut trouver un mariage avantageux. Les retards que nécessiterait l'obtention d'un consentement spécial de la part des ascendants, pourraient entraver ou même faire manquer cet heureux mariage.

Je ne balance pas à répudier cette doctrine. Le texte exige un *consentement*. Ce consentement général, *in abstracto*, ne serait autre chose que l'absence d'un consentement. L'ascendant, par un tel acte, ne consentirait pas au mariage de son enfant, il lui permettrait, au contraire, ainsi de se marier sans consentement. Il n'exercerait pas sa puissance paternelle, il la résignerait, il l'abdiquerait !

Quelle est la pensée essentielle de la loi ? — Elle veut que l'expérience du père profite à l'enfant, qu'elle l'éclaire, qu'elle le dirige, qu'elle puisse le préserver à temps d'un engagement malheureux et irréparable. Le père qui, au lieu de contrôler et de guider le choix de son enfant, lui donnerait *carte blanche*, ne remplirait certes pas la mission qui lui est confiée ; il tromperait le vœu de la loi, en renonçant à s'acquitter du devoir qu'elle lui trace. Aux termes de l'article 1388, il est défendu de déroger, même par contrat de mariage, aux droits résultant de la puissance paternelle.

« C'est au moment même de la célébration du mariage, dit M. Demolombe, que le consentement de l'ascendant est requis. Régulièrement, rigoureusement, c'est à ce moment-là seul que le consentement doit être donné. Or, à ce moment-là, apparemment, l'ascendant connaît le futur époux de son enfant ; donc, il est dans la nécessité même des choses que ce consentement s'applique à un mariage déterminé avec une personne connue. A la vérité, l'ascendant qui, par un motif quelconque, pour cause d'éloignement, de maladie ou de mauvais vouloir, ne pourra pas , ne voudra pas assister à la célébration, cet ascendant aura la faculté de donner d'avance son consentement, par un acte séparé ; mais il est clair que ce consentement, qui remplace celui qui serait donné en personne devant l'officier de l'état civil, doit réunir absolument les mêmes conditions. »

Les dangers de l'opinion contraire sont patents ; les avantages en sont-ils réels ? — Elle ne présente, je le crois , aucun avantage. En effet , le mariage même célébré à l'étranger ne sera valable, du moins aux yeux de la loi française, qu'autant qu'il aura été précédé des publications faites en France, conformément à l'article 63 du C. Napoléon. Ce consentement *in abstracto*, ne peut donc abréger les délais : l'obtention d'un consentement spécial n'exigera pas plus de temps qu'il n'en sera nécessaire pour ordonner les publications.

Il est d'ailleurs un argument qui me paraît très-concluant : aux termes des articles 223 et 1358, l'autorisation donnée par le mari à la femme doit être,

sous peine de nullité, spéciale et consentie en connaissance de cause. La loi, qui se montre si vigilante
et si inquiète, quand il s'agit d'un bail, d'un achat ou
d'une vente, a-t-elle pu être moins prévoyante quand
il s'agit du mariage des enfants? (et dans l'espèce, on
ne peut argumenter par *à contrario*.)

Le droit romain vient nous prêter son autorité et
corroborer toutes ces considérations. La loi 34 (D. *de
ritu nupt.*) était formelle dans le sens de la doctrine
que je soutiens.

De tous ces motifs, je conclus que le notaire ne doit
pas laisser en blanc le nom du futur époux, puisque
ce nom est l'une des conditions essentielles de l'acte
qu'il passe, et que d'ailleurs, en règle générale, les
actes notariés doivent être écrits sans blanc, lacune
ni intervalle, sous peine d'amende. (Art. 13, loi du
25 ventôse, an XI.)

Je pense même, avec MM. Demolombe et Dalloz,
malgré Duranton, que si le nom du futur époux paraissait avoir été ajouté après coup, l'officier de l'état
civil serait fondé à refuser de célébrer le mariage,
jusqu'à ce qu'il lui eût été justifié d'une manière
plus régulière et plus certaine du consentement de
l'ascendant.

Je conclus également, qu'à plus forte raison, l'ascendant ne pourrait donner à un tiers, quel qu'il fût,
même à un ascendant d'un degré supérieur, le mandat vague et général de consentir au mariage de son
enfant. Une telle délégation serait aussi manifestement
contraire à la pensé eessentielle du législateur; elle
ne constituerait encore que l'abdication d'un devoir.

DE L'OBLIGATION IMPOSÉE A L'OFFICIER PUBLIC DE S'ASSU-
RER DES CONSENTEMENTS NÉCESSAIRES A LA VALIDITÉ
DU MARIAGE ET D'EN FAIRE MENTION DANS L'ACTE DE CÉ-
LÉBRATION.

D'après l'article 156, « l'officier de l'état civil qui
aurait procédé à la célébration du mariage, sans que
le consentement des père et mère, aïeuls et aïeules ou
celui de la famille, dans les cas où ils sont requis,
soient énoncés dans l'acte de mariage, sera condamné
à l'amende portée par l'article 192, et en outre à un
emprisonnement dont la durée ne pourra être moindre
de six mois. »

D'après l'article 193 C. pr., « lorsque, pour la validité d'un mariage, la loi prescrit le consentement des
père, mère et autres personnes, et que l'officier de
l'état civil ne se sera point assuré de l'existence de
ce consentement, il sera puni d'une amende de seize
à trois cents francs et d'un emprisonnement de six
mois au moins et d'un an au plus. »

Les deux hypothèses sont différentes. L'article 156
Code Napoléon, prévoit, non l'absence du consentement, mais le défaut de mention de ce consentement ;
il suppose une simple omission, une simple inadver-
tance de la part de l'officier public. Cette omission
est sévèrement punie, parce qu'en privant les époux
du moyen de prouver le consentement de leurs ascendants ou de la famille, elle expose leur mariage
au danger de la nullité.

L'article 193 prévoit et punit plus sévèrement une

seconde hypothèse. Il suppose non plus seulement, que l'officier public a omis d'*énoncer* le consentement réellement donné, mais *qu'il ne s'est même point assuré* de ce consentement.

On pourrait soutenir que la différence de rédaction des deux articles n'est pas intentionnelle, que l'article 193 du Code procédure, ne fait que compléter l'article 156 du Code Napoléon, sans changer les conditions et le caractère du fait punissable. J'aime mieux accepter les deux articles tels qu'ils sont rédigés, et voir deux hypothèses différentes.

On ne peut d'ailleurs pas prétendre que l'article 193 du Code de procédure, ait abrogé l'article 156 du Code Napoléon, car l'article 195, C. pén., déclare que « les peines portées aux articles précédents (192-193) seront appliquées *sans préjudice des autres dispositions pénales* du titre V du liv. 1 du Code Napoléon, » dont notre article 156 fait partie.

Règle spéciale aux militaires. — Le bon ordre de l'armée, et par conséquent l'intérêt de l'État exigent, a-t-on dit, « que les militaires ne puissent contracter des mariages inconvenants susceptibles d'altérer la considération due à leur caractère » (Avis du Cons. d'État du 21 déc. 1808). On a voulu que le soldat, dont la profession semble l'obliger à obéir passivement et aveuglément aux ordres d'un chef, pliât encore son libre arbitre et sacrifiât son indépendance quand il s'agit de son mariage ; c'est une obligation pour les militaires de terre et de mer, de toute arme

25

et de tout grade, et pour toutes les personnes qui sont assimilées aux militaires, d'obtenir, avant de contracter mariage, le consentement de leurs supérieurs, savoir : les officiers, la permission par écrit du ministre de la guerre ou de la marine ; les sous-officiers et soldats, celle du conseil d'administration de leur corps.

Cette obligation est imposée aux officiers réformés ou en disponibilité, comme aux officiers en activité de service.

Ce n'est là d'ailleurs qu'un empêchement prohibitif ; aucun texte ne prononce la nullité d'un mariage contracté sans cette permission.

Mais aux termes de l'article 1 du décret du 16 juin 1808, les militaires « qui auront contracté mariage sans cette permission, encourent la destitution et la perte de leurs droits, tant pour eux que pour leur veuve et leurs enfants, à toute pension ou récompense militaire ; » — et aux termes de l'article 3 : « tout officier de l'état civil qui sciemment aura célébré le mariage sans s'être fait représenter lesdites permissions, ou qui aura négligé de les joindre à l'acte de célébration du mariage, sera destitué de ses fonctions. »

Le Code Napoléon désigne déterminément les pièces qui devront être produites à l'officier de l'état civil, et ne fait aucune mention d'un certificat de libération du service militaire. Cependant, bien qu'il soit impossible, en matière de mariage plus encore qu'en toute autre matière, de créer arbitrairement des empêchements autres que ceux prévus par la loi ; bien que, d'autre part, les jeunes gens qui ne sont pas *offi-*

ciers ou soldats ne se trouvent pas compris dans le décret du 16 juin 1808, des arrêts se sont fondés sur cette obligation imposée aux militaires d'obtenir le consentement de leurs supérieurs, pour permettre aux maires et adjoints, d'exiger de tous les futurs époux, avant de procéder à la célébration du mariage, un certificat de libération du service militaire (Paris, 29 avril 1856. — Pau, 23 avril 1858).

Disposition relative aux membres de la Famille Impériale. — « Comme tout ce qui concerne l'existence sociale des Princes de la Famille du chef de l'État appartient plus au droit politique qu'au droit civil, les dispositions de celui-ci ne peuvent être appliquées qu'avec les modifications déterminées par la raison d'État ; les mariages qu'ils pourraient faire, intéressent la nation tout entière et influent plus ou moins sur ses destinées. » (Décret du 30 mars 1806.) »

C'est par ces motifs que déjà le sénatus-consulte du 28 floréal, an XII (t. 3, art. 12), décidait, conformément à un ancien usage toujours pratiqué dans le royaume de France, que les membres de la Famille Impériale ne pouvaient se marier sans l'autorisation de l'Empereur, et que le décret précité du 30 mars 1806, complétant cette disposition, a ajouté (t. 1, art. 4) que le mariage des Princes et des Princesses de la Maison Impériale, à quelqu'âge qu'ils soient parvenus, serat nul et de nul effet de plein droit et sans qu'il soi besoin de jugement, toutes les fois qu'il aura été contracté sans le consentement formel de l'Empereur.

(Voir le décret du 11 ventôse, an XIII, par lequel l'Empereur fait « défense à tous officiers de l'état civil de l'Empire, de recevoir sur leurs registres la transcription d'un acte de célébration d'un prétendu mariage que M. Jérôme Bonaparte aurait contracté en pays étranger »).

Les mêmes dispositions ont été reproduites dans le statut du 21 juin 1852, *réglant la condition et les obligations des membres de la Famille Impériale.* (T. 1, art. 4).

SECTION II.

Des empêchements simplement prohibitifs.

§ 1.

DES ACTES RESPECTUEUX.

Quand les enfants, soit légitimes soit naturels, sont arrivés à leur majorité, ils deviennent eux-mêmes les arbitres de leur propre destinée ; leur volonté suffit : la femme à vingt-un ans, l'homme à vingt-cinq, n'ont plus besoin du concours d'aucune autre volonté. A vingt-cinq ans, l'homme, pour me servir d'une expression pittoresque, a souvent doublé le cap des tempêtes, il sent déjà plus froidement, et raisonne ses passions. Quant à la femme, des entraves apportées à son mariage après l'âge de vingt-un ans pourraient compromettre son avenir tout entier.

L'autorité paternelle elle-même n'est pas infaillible, la liberté individuelle réclame ses droits ; mais cette liberté n'est pas incompatible avec les droits imprescriptibles des père et mère, avec les obligations de déférence et de respect filial dus aux ascendants. « Il nous a paru utile, disait Portalis, parlant des actes respectueux, de faire revivre cette espèce de culte rendu par la piété filiale au caractère de dignité, j'ose dire de majesté, que la nature elle-même semble avoir imprimé sur ceux qui sont sur la terre l'image et même les ministres du Créateur. » La loi ne doit pas d'ailleurs abandonner et isoler complètement l'enfant ; à tout âge il doit s'éclairer des conseils inspirés par la raison et le cœur d'un père et d'une mère. « C'est surtout à l'époque où, par leur mariage, les enfants vont fonder une nouvelle famille et fixer ainsi leur destinée, qu'ils ont besoin des secours des père et mère pour ne pas être égarés par leurs passions ; c'est aussi au moment de cette séparation que les enfants doivent aux auteurs de leurs jours un hommage particulier de reconnaissance et de respect. » (Exposé des motifs).

Alors que le désaccord règne entre les parents et l'enfant, la loi doit chercher à éclairer les père et mère sur les préventions et les préjugés qu'ils peuvent avoir, les enfants sur la passion qui peut les égarer. Les rapprocher les uns des autres plusieurs fois, laisser de part et d'autre à la raison et à l'affection le temps d'exercer leur influence, c'est un moyen que

la nature elle-même indique. Gagner du temps, ce
sera souvent apaiser et pacifier. Lorsque des père et
mère sont en face de leurs enfants, *se voir et entrer
en explication, ne sera-ce pas presque toujours dissiper
les nuages* et rétablir l'harmonie? Un des plus grands
malheurs qu'un enfant puisse éprouver, disait avec
raison Bigot-Préameneu, est de ne pas avoir le consentement spontané des père et mère à son mariage.
Alors le flambeau de l'hymen serait à la fois une tor-
che de discorde, si la loi qui veille à la paix des familles, comme au fondement de l'ordre social, ne
venait au secours de l'enfant et des père et mère, en
les rapprochant, en les forçant de s'expliquer, en
donnant à la sagesse des conseils des père et mère
un nouveau poids, et à l'enfant un moyen de désarmer, par des actes de piété filiale, des père et mère
dont le refus ne serait pas fondé sur des motifs irré-
sistibles.

Les actes respectueux, comme je l'ai montré (sect.
1, § 5, note 1), ont une origine toute nationale, toute
française, remontant à l'édit de 1556. Les historiens
ont prétendu que l'utilité publique et l'intérêt des
mœurs ne furent pas le seul motif de cet édit, et que
des circonstances toutes politiques, des ambitions de
courtisans, dictèrent ce que la sagesse eut peut-être
vainement réclamé.

Quoiqu'il en soit, cette loi, sage en elle-même, si
on la considère abstraction faite des mobiles qui ont
pu l'inspirer, demeura en vigueur jusqu'en 1792,
époque à laquelle la Révolution, rompant toutes ses
digues, oubliant son noble but, se ruait aveuglément

contre toutes les institutions du passé, et par une réaction impie voulait saper tout principe d'autorité. Peut-être la cause du discrédit où tomba cette loi d'Henri II fut-elle dans les motifs étranges qu'on lui avait trop souvent donnés pour appui. L'orgueil s'en était emparé à plusieurs époques pour protéger diverses distinctions de famille et ce qu'il avait aperçu jusque-là de plus précieux dans l'autorité des pères, c'était le pouvoir d'empêcher entre les races un mélange qui, à des yeux aristocratiques, n'était qu'un sacrilége. — Il était très-convenable, sans doute, de rejeter dans le mépris et l'oubli un tel excès de déraison: mais s'en prévaloir pour rompre tous les liens de déférence, n'était-ce pas tomber dans un excès opposé? » (Exposé des motifs.)

La Convention fixait l'époque de la majorité, même relativement au mariage à vingt et un ans. La loi du 26 ventôse an XI et le Code de 1804 ont rétabli notre ancienne jurisprudence sans rétablir l'ancienne sanction de l'autorité paternelle, le droit d'exhérédation. Notre loi est peut-être plus morale en se bornant à faire appel aux sentiments de conciliation, au lieu de transformer le père en vengeur de l'ordre public. Elle a sans doute pensé que si les conseils et les sentiments d'affection sont impuissants, les peines seront presque toujours inefficaces ; elles deviendraient une cause d'éternelles dissensions, elles ne feraient qu'aggraver le mal au lieu de le prévenir ou de le réparer. Et d'ailleurs, ces peines, dans l'ancien droit, n'étaient pas appliquées; les parents reculaient presque toujours devant cette arme terrible de l'exhérédation.

J'en ait dit assez pour montrer que je ne puis m'associer aux critiques récentes dont notre loi a été l'objet. On a cependant proposé, surtout en ce qui concerne la fille, une abrogation et une réforme qui se présentent sous un jour assez favorable.

« Le droit de la fille et la dignité paternelle, dit
« une brillante diatribe de M. Legouvé, exigent l'abo-
« lition d'une loi immorale et cruelle : ce sont les
« sommations respectueuses. Respectueuses ! quel
« mensonger abus de la parole que ce mot ? Res-
« pectueuses ! l'action la plus mortelle au respect fi-
« lial ? Respectueuses ! la déclaration publique faite
« à un père qu'on méprise ses commandements; cette
« loi n'a pu être proposée que par un homme qui
« n'avait pas de famille. Le caractère auguste des
« parents, la liberté des enfants, la morale publique,
« le bon sens, la repoussent avec la même énergie.
« Ou les enfants majeurs sont en état de choisir,
« ou ils ne le sont pas ; s'ils ne le sont pas, exigez
« le consentement des parents ; s'ils le sont, donnez-
« leur la possession d'eux mêmes, et détruisez ce sys-
« tème inique qui, en réalité, ne pèse que sur les
« filles. En effet, que le fils fasse des sommations
« respectueuses, il n'encourt de la part du monde
« qu'une légère défaveur bientôt effacée; mais si la
« jeune fille l'imite, on peut dire qu'elle se déshonore;
« la pudeur et l'affection filiale semblent également
« outragées par cet emportement d'une passion qui
« se dévoile elle-même aux yeux de tous. La jeune
« fille, affranchie par la loi, se trouve réenchaînée
« par l'usage : elle peut dire non, elle ne peut pas

« dire oui. Est-ce de la liberté ? est-ce de la justice ?
« Entre la jeune fille majeure qui a fait un choix
« et les parents qui le réprouvent, le tort doit-il
« toujours s'attribuer à la jeune fille ? Souvent, au
« contraire, chez les parents, les motifs de résistance,
« au lieu de partir d'une sollicitude respectable même
« quand elle s'abuse, n'ont-il pas pour principe des
« projets ambitieux, des calculs intéressés ? L'hon-
« neur enfin ne se trouve-t-il point parfois du côté
« de la fiancée, comme l'amour ? Pourquoi donc la
« placer, elle innocente, entre cette cruelle alterna-
« tive, ou de faire outrage publiquement à ceux
« qu'elle révère ou de sacrifier son bonheur, peut-
« être une promesse sainte, à leur volonté injuste ?
« Il faudrait que, dans des circonstances sembla-
« bles, les parents en appelassent à un conseil de
« famille, que la jeune fille majeure y parût avec
« eux, qu'ils exposassent devant cette assemblée d'a-
« mis, elle, les raisons de son choix, eux, les motifs
« de leur refus, et que, si le suffrage général lui don-
« nait gain de cause, elle fût dispensée des somma-
« tions respecteueuses. Ainsi la loi ne ferait pas pe-
« ser sur les pères un outrage, et ne permettrait
« pas aux enfants un crime de lèse-majesté pater-
« nelle ! »

Article 151 : « Les enfants de famille ayant atteint
la majorité fixée par l'article 148 (vingt-un ou vingt-
cinq ans) sont tenus, avant de contracter mariage,
de demander par un acte respectueux et formel, le
conseil de leur père et de leur mère, ou celui de leurs
aïeuls et aïeules, lorsque leur père et leur mère sont

décédés, ou dans l'impossibilité de manifester leur
volonté. »

Remarquons tout d'abord que notre loi repousse
cette dénomination de *sommation respectueuse ;* ces
deux mots jurent ensemble. Le mot sommation emporte une idée exclusive de l'idée de respect. Notre
législateur n'a pas voulu que l'enfant pût *sommer* ses
parents de consentir à son mariage. Il ₁les avertit
de l'intention où il est de se marier, et requiert
leurs conseils.

Les ascendants sont appelés à donner leurs conseils, suivant la hiérarchie d'après laquelle ils seraient appelés à consentir au mariage d'un mineur. Si
le père et la mère sont en état de manifester leur volonté, tous deux devront être personnellement et individuellement consultés ; mais l'assentiment du père
suffira et rendra inutile la notification à la mère
d'actes respectueux, ou du moins il suffira, tout au
plus, de lui en notifier un seul afin d'établir qu'elle
a été consultée et de prouver le dissentiment. Il en
sera de même, lorsque les aïeuls ou aïeules, auront
succédé aux droits des père et mère hors d'état de
consentir, et que l'une des deux lignes aura donné
son assentiments au mariage. Il est évident aussi que,
si l'un des parents ou les ascendants de l'une des
lignes sont dans l'impossibilité d'exprimer leur assentiment, il suffira de requérir le consentement de l'autre parent ou de l'autre ligne.

Aucun texte n'impose à l'enfant adoptif comme à
l'enfant légitime ou bâtard, l'obligation de demander

pour son mariage, le consentement ou le conseil de l'adoptant.

Article 152 : « Depuis la majorité fixée par l'article 148, jusqu'à l'âge de trente ans accomplis pour le fils et jusqu'à l'âge de vingt-cinq ans accomplis pour la fille, l'acte respectueux prescrit par l'article précédent et sur lequel il n'y aura pas de consentement au mariage, sera renouvelé deux autres fois, de mois en mois, et un mois après le troisième acte, il pourra être passé outre à la célébration du mariage. »

La doctrine et la jurisprudence, écartant avec raison l'application de l'article 1003, C. de Pr., s'accordent généralement à compter de quantième à quantième ce délai d'un mois qui doit s'écouler entre chaque acte respectueux. Le délai minimum d'un mois ne peut être considéré comme maximum, ce serait violer arbitrairement le texte.

Article 153 : « Après l'age de trente ans — ajoutons avec l'article 152 : ou de vingt-cinq ans pour les filles, — il pourra être, à défaut de consentement sur un acte respectueux, passé outre, un mois après, à la célébration du mariage. »

La loi n'impartit aucun délai après lequel les actes respectueux seraient périmés et devraient être recommencés. Il eût cependant peut-être été plus sage d'exiger le renouvellement des actes respectueux après un certain délai. Après un long laps de temps, des circonstances nouvelles ont pu surgir et fournir à l'ascendant des motifs nouveaux de résistance et d'exhortation.

Art. 154 : «L'acte respectueux sera notifié à celui ou à ceux des ascendants désignés dans l'article 151, par deux notaires ou par un notaire et deux témoins, et dans le procès-verbal qui doit en être dressé, il sera fait mention de la réponse.»

Il était important de donner à ces actes la forme la plus respectueuse et d'éviter l'impression toujours fâcheuse que produit le ministère irritant des officiers publics chargés d'exécuter les actes rigoureux de la justice. Les actes respectueux ne devront plus être notifiés par des huissiers « personnages offensifs, instruments de discorde et d'hostilité.» On a préféré confier aux notaires le rôle de médiateurs de paix : ce sont les officiers publics dépositaires des secrets des familles, ceux dont elles réclament habituellement le ministère pour régler amiablement leurs intérêts.

Ces mots, *il sera fait mention de la réponse*, doivent s'entendre d'un consentement ou d'un refus pur et simple, sans qu'il soit nécessaire à l'ascendant de motiver sa réponse, de dénoncer à l'opinion publique la honte de son enfant ou le déshonneur de la personne à laquelle il veut s'allier.

Est-il nécessaire que l'enfant lui même accompagne le notaire et se rende en personne auprès de son ascendant? On pourrait l'induire de quelques paroles de l'exposé des motifs de Bigot-Préameneu. La question était controversée dans l'ancien droit ; elle ne peut plus l'être en présence du texte de l'article 154 qui se borne à dire : *L'acte respectueux sera notifié par deux notaires.... et dans le procès-verbal il sera fait mention de la réponse.*

Il est sans doute souhaitable qu'une entrevue ait lieu, entre le père et l'enfant ; tel doit être le vœu du législateur ; mais il faut que cette entrevue ait lieu de plein gré, et non sous l'empire d'une contrainte légale, sinon la présence purement officielle de l'enfant ne serait qu'irritante ; elle pourrait passer pour une bravade et une injure, et provoquer des scènes regrettables, que l'absence de l'enfant n'épargne pas toujours au notaire. Et, d'ailleurs, dans bien des circonstances, l'obligation imposée à l'enfant de se rendre près de son ascendant serait fort difficile et fort onéreuse, comme s'il habitait un pays étranger, ou même impossible, comme s'il s'agissait d'un mariage *in extremis.*

L'enfant, n'ayant pas besoin de comparaître en personne, n'a, par conséquent, pas besoin non plus de se faire représenter auprès de son ascendant, par un fondé de pouvoir spécial. Le notaire n'est-il pas son mandataire ?

L'enfant n'est pas tenu d'une manière générale de se présenter en personne. Sa présence n'est pas une condition de validité des actes respectueux ; mais si son ascendant demande une entrevue, est-il en droit de s'y refuser ? Il est majeur, il peut par suite se marier malgré ses ascendants, il a droit de résider où il lui plaît. Cependant l'enfant, à tout âge, doit honneur et respect à ses père et mère (art. 371). Je crois, comme M. Demolombe, qu'il manquerait à son devoir de

déférence en refusant une entrevue à laquelle il n'ı
aucun motif de s'opposer. Je pense donc que le tribunal pourrait contraindre l'enfant à un entretien,
alors que cette mesure n'est pas « une guerre d'expédient, » qu'elle ne présente aucun inconvénient sérieux, qu'elle n'est pas inspirée par une pensée vexa-
toire, mais dictée par l'amour paternel. Cette mesure
aurait une utilité évidente, alors, par exemple, qu'il
s'agirait d'une jeune fille séduite, dominée et subjuguée par les personnes qui l'entourent, incapable
d'entendre le langage de la raison, tant qu'elle restera sous le joug de son séducteur.

Les actes respectueux, actes authentiques, rédigés
en minute, doivent réunir les conditions générales
requises pour les actes notariés.

La présence réelle du notaire en second ou des
deux témoins est-elle indispensable?

On peut dire pour la négative, — et c'est la théorie
proposée par M. Demolombe, — que les articles 2 et
4 de la loi du 11 juin 1843, énumèrent déterminément ceux des actes pour lesquels la présence réelle
du notaire en second ou des témoins, sera nécessaire.
Or, il n'y est nullement question des actes respectueux.
Cette présence aurait, en effet, de sérieux inconvénients. N'est-il pas hors de doute que plus cette dé-
putation sera nombreuse, et moins elle pourra remplir sa mission et atteindre son but. Est-ce un moyen
de favoriser les épanchements du père et d'assurer
la liberté des communications entre le notaire et l'as-

cendant que d'interposer les oreilles peut-être indiscrètes de deux témoins?

Le texte me semble cependant formel en sens contraire. L'article 154 exige expressément que l'acte respectueux *soit notifié par deux notaires ou par un notaire et deux témoins*. Les actes respectueux sortent du cercle des attributions ordinaires des notaires; ils doivent dès lors se conformer exactement aux prescriptions spéciales requises par la loi pour cette espèce d'actes tout particuliers. La loi du 11 juin 1843 n'a rien changé à cet égard. L'article 3 porte, en effet, que les actes autres que ceux mentionnées par l'article 2, continueront d'être régis par l'usage antérieur. Or, l'usage auquel se réfère la loi de 1843, a toujours voulu que le notaire en second ou les deux témoins fussent présents à la notification des actes respectueux. L'observation en fut faite en termes exprès, lors de la discussion de la loi du 11 juin 1843. (Duvergier, *Recueil de Lois*, t. 1843, p. 275.)

L'acte respectueux doit être *formel* et sans équivoque, ne laisser place à aucune ambiguïté, à aucun doute. Il ne doit point omettre, par exemple, les noms de la personne que l'enfant se propose d'épouser.

L'acte doit être respectueux. Il ne remplirait pas son but, si au lieu d'être une requête et une supplique d'un fils à son père, il prenait un ton arrogant et irrespectueux ; s'il contenait des termes blessants, des expressions de défi et de menace, comme s'il annonçait insolemment la détermination d'avance arrêtée de

ne tenir aucun compte des remontrances de l'ascendant.

L'enfant peut-il ne donner au notaire qu'une seule
et même procuration à l'effet de notifier successivement les trois actes respectueux ?

Une seule procuration, a-t-on dit, témoignerait d'un
parti pris de résister quand même aux remontrances
et aux conseils de l'ascendant et serait, par suite, essentiellement contraire à la pensée de la loi. Il faut,
dit-on, qu'après chaque acte respectueux, l'enfant soit
appelé à réfléchir et à prendre une nouvelle résolution ; il faut interroger trois fois son intention, qui a
pu chanceler devant les conseils paternels ; il faut,
pour remplir le vœu de la loi, qu'il soit tenu, avant
chaque notification d'exprimer sa résistance et sa persévérance ; de prouver qu'il est insensible et rebelle
aux exhortations de l'ascendant.

Aucun texte, cependant, n'exige ainsi plusieurs pro-
curations successivement réitérées. Un mandat unique peut d'ailleurs s'expliquer sans aucun parti pris,
par la seule pensée d'éviter des frais multipliés. Ce
mandat unique ne suppose pas nécessairement l'intention outrageante de mépriser quand même les conseils paternels ; il ne lie pas l'enfant, ne le condamne
pas à persévérer impudemment, il n'est donné, en
effet, que *sauf révocation* ; idée qu'il n'exclut nullement. Toutefois, M. Coffinières (Encyclop., n° 33),
et M. Demolombe (n° 80), apportent avec un arrêt de
Douai du 8 janvier 1828, un tempérament à cette doctrine et enseignent que chaque procès-verbal d'acte

respectueux, doit attester que la réponse des ascendants a été communiquée à l'enfant qui n'en persiste
pas moins dans son projet. La loi, en effet, en exigeant dans le procès-verbal la mention de la réponse
de l'ascendant. témoigne suffisamment qu'elle entend
que cette réponse soit transmise à l'enfant; et la procuration générale donnée une fois pour toutes, autori-
serait à penser que cette condition n'a pas été rem-
plie si les notifications suivantes n'en donnaient pas la
preuve.

Le vœu de la loi est certainement que les actes respectueux soient faits à la personne même des ascendants, puisqu'elle exige la mention de leur réponse.
Mais si c'était là une condition à laquelle fût rigoureusement subordonnée la validité de ces actes, il serait au pouvoir des ascendants de rendre illusoires
les dispositions de notre Code. Il leur suffirait, pour
priver de tout effet les notifications qui leur seraient
faites, de se dérober toujours à la visite du notaire.
Le législateur permet à l'enfant de se marier malgré
ses ascendants; il ne peut lui retirer d'une main ce
qu'il lui accorde de l'autre, et permettre aux parents,
par des retards arbitraires et indéfinis, par un calcul
prémédité, de s'opposer indirectement au mariage
qu'ils n'ont plus le droit d'empêcher. J'en conclus donc
que les actes respectueux ne sont pas nuls par cela
seul qu'au lieu d'être faits à personne, ils ont été si-
gnifiés à domicile. Si l'article 154 exige la mention sur
le procès-verbal du notaire, de la réponse de l'ascendant, c'est, comme l'observe Toullier, en prévision

26

du cas où il en est fait une ; mais cet article se réfère
évidemment à la règle générale, d'après laquelle toute
notification est valablement faite à domicile, en l'absence de la personne à laquelle elle est destinée. Lors
donc que le notaire ne rencontre pas l'ascendant à
son domicile, le vœu de la loi sera rempli si l'officier
public a constaté, soit le refus de répondre, soit l'impossibilité de répondre, résultant de l'absence de
l'ascendant.

Un arrêt a toutefois décidé que l'acte pourrait être
annulé, si c'était sciemment, *à dessein*, que le notaire
se présentait chez l'ascendant en son absence. *Fraus
omnia corrumpit* (Toulouse, 21 juillet 1821 ; Sirey,
1821, 2, 99).

Il serait prudent de ne pas notifier les actes respectueux un jour de fête légale. On a, en effet, soutenu
que l'article 1037 du Code procédure, était applicable à ces actes, par ce motif que les notifications
d'actes respectueux, bien que faites aujourd'hui par
les notaires, et non plus par les huissiers, n'en ont
pas moins conservé quelque-uns des caractères des
exploits, auxquels on veut, sur ce point, les assimiler.

Les actes respectueux qui manqueraient essentiellement des conditions que je viens d'exposer, conditions
qui concourent toutes au même but, ne rempliraient
pas le vœu de la loi et pourraient être déclarés
nuls. La nullité résulte non explicitement, mais
virtuellement et nécessairement de la loi. Ce serait
violer manifestement le texte et l'esprit du texte que

de se contenter de l'acte le plus irrégulier et le plus informe.

Art. 155 : « En cas d'absence de l'ascendant auquel eût dû être fait l'acte respectueux, il sera passé outre à la célébration du mariage en présentant le jugement qui aurait été rendu pour déclarer l'absence, ou à défaut de ce jugement, celui qui aurait ordonné l'enquête ; ou, s'il n'y a point encore eu de jugement, un acte de notoriété délivré par le juge de paix du lieu où l'ascendant a eu son dernier domicile connu. Cet acte contiendra la déclaration de quatre témoins appelés d'office par ce juge de paix. »

Ces mots « en cas d'absence de l'ascendant auquel eût dû être fait l'acte respectueux, » signifient: « en cas d'absence du *dernier ascendant.* » L'ambiguité de la rédaction de l'article 154 sur ce point est complètement levée par la comparaison des articles 148, 150 et 151. L'enfant ne peut se marier sans obtenir ou au moins requérir un consentement par acte respectueux, qu'autant qu'il n'a plus aucun ascendant. Il est impossible, en effet, que la simple absence déclarée ou présumée de l'ascendant du premier degré, puisse donner à l'enfant plus d'indépendance que la mort *prouvée* de cet ascendant.

Si l'ascendant du premier degré, au lieu d'être absent est, pour toute autre cause, dans l'impossibilité d'exprimer son consentement, s'il est frappé d'aliénation mentale, s'il est décédé, l'enfant devra s'adresser aux ascendants du degré supérieur. La loi n'a

parlé que du cas d'absence, parce que c'était celui
qui pouvait présenter quelques doutes.

J'ai cité plus haut l'avis du Conseil d'État du 4 thermidor an XIII, d'après lequel il n'est pas nécessaire
de produire les actes de décès des père et mère lorsque les aïeuls et aïeules attestent ce décès ; d'après
lequel aussi, lorsqu'il est impossible de prouver le
décès ou l'absence des père et mère, aïeuls et aïeules,
il peut être procédé à la célébration du mariage des
majeurs sur leur déclaration avec serment certifiée
également sous la foi du serment par les témoins du
mariage, que le lieu du décès et celui du dernier domicile des ascendants sont inconnus. — Les officiers
de l'état civil font mention dans l'acte de mariage de
ces déclarations (1).

(1) Un décret du 24 mars 1852, voulant faciliter le mariage des
Français militaires, marins ou autres, résidant aux îles de la Société,
dans l'Océanie, consacre en leur faveur, une exception à plusieurs
des règles auxquelles sont soumis les autres citoyens qui désirent
contracter mariage. Ce décret dispose notamment que les personnes
résidant aux îles de la Société et dans les autres établissements
français de l'Océanie, ayant leur famille domiciliée en France, et se
trouvant dans les cas prévus par les articles 151, 152, 153 du Code
Napoléon (c'est-à-dire n'ayant plus besoin du consentement, mais seulement du conseil de leurs parents), sont dispensés des obligations
imposées par lesdits articles ; que le consentement de la famille sera
remplacé par celui du conseil de gouvernement de la colonie, sans
lequel les officiers de l'état civil ne pourront procéder au mariage.

§ 2.

DES DEUX PUBLICATIONS QUI DOIVENT PRÉCÉDER LA CÉLÉBRATION DU MARIAGE..

L'omission de ces deux publications (art. 63 et s., Code Napoléon), constitue un empêchement prohibitif ; tant qu'elles n'ont pas été faites, il est défendu à l'officier de l'état civil de célébrer le mariage ; mais cet empêchement, n'étant que prohibitif, si l'officier public passe outre, le mariage contracté est valable, pourvu d'ailleurs *qu'il ait été célébré publiquement*.

§ 3.

DE L'EXISTENCE D'UNE OPPOSITION AU MARIAGE.

L'officier de l'état civil n'étant pas juge du mérite de l'opposition qui lui a été notifiée, doit suspendre la célébration du mariage jusqu'à ce que main-levée en ait été régulièrement obtenue. Toutefois, le mariage célébré au mépris d'une opposition, n'est pas par cela seul entaché de nullité, s'il réunit d'ailleurs les conditions nécessaires à sa validité. L'opposition n'est donc par elle-même, et indépendamment des

causes sur lesquelles elle est fondée qu'un empêchement simplement prohibitif.

§ 4.

DES DIX MOIS DE VIDUITÉ (1).

La veuve ne peut contracter un nouveau mariage
qu'après dix mois révolus depuis la dissolution du
premier.

Cet empêchement prohibitif a dans notre droit un
double but : il évite l'incertitude sur la paternité.
Mais il a aussi aujourd'hui un autre fondement : ce serait un outrage à la morale, à la décence, à la pudeur
et à l'honnêteté publiques, de permettre à la veuve,
dépouillant toute retenue, de convoler à une nouvelle
union, immédiatement après la dissolution de la première. Un convol précipité serait un scandale. Elle
doit garder la *religion du deuil, religionem luctus.* Elle
doit cet hommage à la mémoire de son premier époux.
Aussi la femme viendrait-elle à accoucher la veille ou
le lendemain de la mort de son mari, le délai de viduité ne lui en serait pas moins imposé, à la différence
du droit romain.

(1) La loi n'entrave ni n'encourage plus les secondes noces.
Il y a controverse sur le point de savoir si la clause, *en gardant viduité,* inscrite comme condition d'une libéralité testamentaire ou
entre vifs est valable, alors même qu'en l'absence de postérité, elle
est inspirée, non par l'intérêt d'enfants inexistants, mais par une
sorte de jalousie posthume.

J'appliquerais même le délai de viduité de l'article 228 à un mariage déclaré nul ; les motifs de raison et de morale étant absolument identiques. Le texte ne parle, il est vrai, que d'un mariage *dissous* ; mais ce mot ne peut être pris à la lettre, puisque, de l'aveu de tous, la loi serait applicable à un mariage produisant, bien qu'annulé, tous les effets civils, par suite de la bonne foi des époux. Et, comme on l'a très-bien fait observer : « Un mariage même déclaré nul *in præteritum*, a, sous certains rapports, existé légalement en fait et en droit jusqu'au jugement déclaratif de la nullité. Cette annulation officielle, nécessaire pour qu'il cesse d'exister, pour qu'il soit *dissous* (on peut à certains égards dire qu'elle opère une dissolution), cette annulation ne détruit pas absolument tous les effets de ce mariage ; et, par exemple, les enfants nés de l'union des époux leur appartiennent ; et la filiation est prouvée indépendamment de tout acte spécial de reconnaissance. »

§ 5.

DE QUELQUES AUTRES EMPÊCHEMENTS.

De la mort civile. — « Le condamné frappé de mort civile, était incapable de contracter un mariage produisant aucun effet civil. » (Art. 25, Code Nap.)

MM. Demolombe et Dalloz pensent, malgré M. Valette, que l'incapacité grevait même le contu-

max pendant le temps qui lui était accordé pour purger la contumace.

De la différence de couleur. — Un réglement spécial de mars 1724, des décisions des 7 décembre 1723
et 25 septembre 1774 défendaient aux blancs d'épouser des personnes de sang mêlé. Cet empêchement
prohibitif, en vigueur dans les colonies comme dans
la métropole, avait pour but, écrivait un ministre de
Louis XV, le 27 mars 1771, *de ne pas affaiblir l'état*
d'humiliation attaché à l'espèce des hommes de couleur
dans quelque degré qu'ils soient. Un pareil motif n'a
pas besoin d'être jugé. — Cette violation de la loi naturelle serait assurément en contradiction flagrante
avec les principes de notre droit moderne. Elle a été
abrogée soit par la loi des 28 septembre - 16 octobre
1791, soit par le Code Napoléon et la loi du 30 ventôse, an XII. Plus de distinction aujourd'hui entre les
personnes. La loi du 24 avril 1833 a déclaré que toute
personne née libre dans les colonies ou ayant légalement sa liberté, jouit des droits civils et politiques.
Aujourd'hui, d'ailleurs, l'abolition de l'esclavage, ce
vestige de barbarie, a justement effacé toute distinction entre les divers éléments de la population colo-
niale.

Empêchements qui naissaient du divorce. — On
peut se demander si les empêchements produits jadis
par le divorce, subsistent encore aujourd'hui malgré
la loi de 1816.

Lorsque le divorce avait été prononcé pour cause

d'adultère, l'époux coupable était, en vertu de l'article 298, déclaré incapable d'épouser son complice.

Cet empêchement doit survivre à la loi abolitive du divorce. La loi de 1816 respecte, en effet, les résultats des divorces antérieurement consommés. L'article 2 le décide implicitement.

Mais cet empêchement de l'article 298 s'étend-il à la séparation de corps ? On le soutient, en se fondant sur le laconisme et l'insuffisance des textes qui régissent la séparation de corps, et auxquels on est forcé de suppléer par les règles concernant le divorce, la séparation de corps, n'étant, en effet que le *divorce des catholiques.*

Je ne saurait me rallier à cette opinion. L'art. 198 contient une disposition pénale ; il est de principe que les peines ne s'étendent pas par analogie, même lorsqu'il y a parité de situation. Il est d'autant plus impossible d'accorder l'extension demandée qu'il n'y a pas dans les deux cas identité de motifs. Pourquoi la loi prohibe-t-elle le mariage entre l'époux dont l'adultère a motivé le divorce et son complice ? C'est pour ne pas enhardir, encourager et récompenser un crime, en accordant au coupable la réalisation de ses vœux. Un tel mariage serait un scandaleux outrage à la morale. Quant à la séparation de corps, elle ne dissout pas le mariage ; le législateur n'a donc pas à prévenir un calcul criminel ; l'espoir de couvrir son adultère par un mariage, espoir qui, en vue d'un divorce, aurait pu à lui seul porter à contracter une union criminelle, n'était pas à craindre en cas de séparation de corps.

L'article 295 défendait aux époux divorcés de jamais se réunir. Cette disposition avait pour but d'éviter l'irréflexion et la légèreté dans le divorce, de prévenir les scandales de séparations capricieusement réitérées, en imprimant au divorce un effet perpétuel et irréparable. On l'a dit avec raison, l'empêchement de l'article 295 est aujourd'hui sans motif ; « Le but *d'exemplarité* ne peut plus être atteint, puisqu'il n'y a plus de divorce. »

Plusieurs auteurs soutiennent cependant que l'empêchement a survécu à l'abolition du divorce ; ils invoquent le principe sur lequel je viens moi-même de m'appuyer : que la loi de 1816 a respecté les faits consommés, les divorces antérieurements prononcés. « L'art. 295, dit M. Demolombe, ne se proposait pas seulement d'empêcher les divorces faits à la légère et avec la pensée d'un rapprochement possible, il était aussi fondé sur la certitude acquise que les deux époux ne se convenaient pas, et sur ce qu'après avoir eu le triste spectacle de leurs dissensions et de l'irrémédiable incompatibilité de leurs caractères, la société à son tour était fondée à ne vouloir pas recommencer l'expérience ; or ce motif-là a survécu à l'abolition du divorce. »

Je crois au contraire, comme MM. Marcadé, Delvincourt, Vazeille, Valette, que cette idée est en contradiction avec l'esprit manifeste de la loi de 1816. Le vœu de cette loi, aux yeux de laquelle le divorce est contraire à la raison et à la morale, est de couper les racines du mal, et d'en effacer autant que possible les vestiges, sans porter atteinte aux droits acquis. Le désir

du législateur de 1816 n'est plus que la séparation
soit éternelle, il veut et souhaite au contraire qu'elle
soit aussi courte que possible, et dans l'espoir d'un
pardon, d'une réconciliation, il veut ménager désormais aux époux le moyen de réparer et d'oublier leurs
torts réciproques, de réintégrer le domicile conjugal
et de rendre à leurs enfants le foyer domestique, de
faire cesser le scandale, de rentrer dans la voie que
la morale leur présente comme obligatoire.

De l'impuissance. — L'impuissance est-elle un obstacle au mariage? — Je réponds négativement, bien
que ce point soit controversé.

Et, d'abord, la question n'est pas sérieusement contestable, lorsqu'il ne s'agit que d'une impuissance naturelle, résultant d'un état de faiblesse et de débilité,
sans être révélé par aucun signe patent et extérieur.
Cette impuissance n'est pas assez certaine et assez
complète pour qu'on puisse la constater suffisamment. Le Congrès et ses impudentes procédures ne
sont plus dans nos mœurs.

J'applique la même solution, alors que l'impuissance résulte d'un vice extérieur de conformation,
alors même qu'elle est accidentelle, produit par une
amputation des organes, malgré la distinction romaine
entre l'impuissant et le castrat.

Nulle part, le Code Napoléon n'a déclaré l'impuissant incapable de contracter mariage. Nul n'a le droit
de suppléer en cette matière au silence de la loi. Le
texte exige bien (art. 144) que le mariage ait lieu entre un *homme* et une *femme*, c'est-à-dire entre deux

personnes de *différent sexe*, mais il n'est pas vrai de
dire que l'impuissant, ou même le castrat, n'a pas de
sexe, qu'il n'est ni homme ni femme. L'impuissant,
quel qu'il soit, n'est pas, s'il est permis de s'exprimer
ainsi, déclassé ; il n'en appartient pas moins au sexe
qui domine en lui malgré son infirmité et son imper-
fection ; et, par exemple, n'est-il pas vrai qu'il est
habile à remplir les fonctions de tuteur et les charges
publiques dont les femmes sont exclues (Demolombe,
n° 12) ?

La procréation des enfants n'est pas le but unique,
essentiel du mariage. « Le commerce charnel, dit
Pothier lui-même, n'est pas de l'essence du mariage (1). » Le mariage n'est pas qu'un *accouplement ;*
le mariage est un pacte solennel d'amitié et de fidélité
une société de secours et d'assistance mutuels, un
échange de dévouement. Si l'impuissant était inhabile à contracter mariage, il faudrait nécessairement
frapper de la même incapacité le vieillard avancé
en âge : la loi n'a fixé aucune limite d'âge, *elle permet même le mariage in extremis.* L'arbitraire pourrait
seul suppléer au silence du Code.

Une telle union est immorale, dit-on, par les dangers auxquels elle expose l'autre conjoint. — Mais

---

(1) Le mariage aujourd'hui, comme dans l'ancien droit, est parfaitement indépendant de toute cohabitation. La définition précitée de
Portalis, contient une idée de perpétuation d'espèce ; c'est là le résultat normal et ordinaire, un but naturel des parties, plutôt qu'une
condition du mariage. M. Bertauld (cours oral), évite de définir le
mariage par une idée de procréation d'enfants. « Le mariage est, dit-
il, la société entre deux personnes de sexe différent, pour confondre
leurs destinées, pour vivre d'une vie unique, pour partager les douleurs et les joies de l'existence. »

le mariage d'un castrat ne peut-il pas, au contraire, présenter un caractère et un but moraux, alors que l'homme et la femme qui demandent à se marier ont donné le jour avant l'accident qui a nécessité la mutilation, à un enfant naturel auquel ils veulent transmettre, avec la légitimité, le droit de porter honorablement leur nom et de succéder à leur patrimoine ?

Cette solution ne préjuge nullement la question de savoir si le mariage est nul pour cause d'erreur portant sur l'impuissance de l'époux. Cette question est étrangère à mon sujet. Je prononcerais la nullité, si l'impuissance était manifestée par quelque signe extérieur et patent.

J'ai parcouru les divers empêchements au mariage édictés par notre loi. Tous les autres empêchements de l'ancien droit et du droit romain sont abolis. Plus d'empêchement résultant du rapt, de la séduction, de l'adultère, du meurtre, de la diversité de religion. Il est inutile de dire aussi que rien ne s'oppose plus, comme à Rome, au mariage de nos nationaux avec une personne étrangère. Les barrières élevées par un sentiment d'égoïsme national, et une sorte de susceptibilité jalouse, s'abaissent de jour en jour pour faire place aux sentiments de solidarité universelle. Plus de distinctions de races et de castes. Au-dessus de toutes les règles du Code plane et domine le grand principe de l'égalité devant la loi, dont le but n'est plus aujourd'hui que de corriger et d'*égaliser*, autant que possible, *les inégalités* de la nature.

De l'engagement dans les ordres sacrés. — L'engagement dans les ordres sacrés forme-t-il encore, dans notre droit, un empêchement au mariage? — Je terminerai par l'examen de cette dernière question capitale.

Les Cours impériales et la Cour de cassation décident, en général, avec quelques auteurs, que le prêtre catholique est incapable de contracter mariage.

Elles invoquent, comme principal argument, la loi du 18 germinal an X : organique du concordat du 26 messidor an IX. L'article 6 de cette loi dispose qu'il y aura abus justiciable du Conseil d'État, dans *l'infraction de la part des supérieurs et autres personnes ecclésiastiques des règles consacrées par les canons reçus en France;* et l'article 26 décide que les évêques ne pourront ordonner aucun ecclésiastique, *s'il ne réunit les qualités requises par les canons reçus en France.* On conclut de ces termes que les anciens canons, jadis reçus en France, ont force de loi, et que l'engagement dans les ordres sacrés est un empêchement au mariage, parce que les canons qui ont solennellement proclamé l'existence de cet empêchement, étaient reçus en France.

Ces textes ne me paraissent nullement décisifs. Il me semblerait d'abord fort étonnant que le pouvoir séculier, à un moment où il marchandait avarement ses concessions, eût ainsi sourdement, dans cinq mots assez équivoques, incidemment glissés, relevé et restauré tous les anciens canons de l'Église, autrefois reçus en France, pour les revêtir de l'autorité législative.

Si l'argument déduit de la loi du 18 germinal est fondée, dit M. Serrigny, je me fais fort d'en faire sortir logiquement l'ancien régime tout entier.

En effet, le système que je veux combattre, pour être logique et conséquent avec lui-même, s'il prétend revivifier tous les canons anciennement en vigueur en France, ne doit pas s'arrêter et se borner à prohiber le mariage des prêtres. Que ne prohibe-t-il aussi le mariage entre un chrétien et une juive, les mariages entre cousins, entre un fiancé et les parents de sa fiancée, entre le ravisseur et la personne ravie?... L'impuissance, l'affinité spirituelle, l'adultère redeviendront des empêchements. Ces conséquences que nul ne doit hésiter à repousser seraient « extravagantes. » Elles témoignent suffisamment de la fausseté du principe qu'on invoque.

Mais la loi invoquée, eût-elle le sens qu'on veut lui attribuer, s'ensuivrait-il encore que le mariage du prêtre fût prohibé? — Si cette loi revêt de sa sanction les canons de l'Église, se réfère-t-elle en parlant des *canons reçus en France*, aux canons en vigueur au moment de sa promulgation, ou aux canons reçus dans les premiers siècles de l'Église?...

Il est certain du moins qu'en l'an X les canons qui interdisaient au prêtre de se marier n'avaient plus cours dans la législation française. On ne peut même citer aucun texte, aucun édit, aucune ordonnance ou déclaration consacrant législativement la défense faite au prêtre de contracter mariage. Cette défense ne reposait que sur l'usage et sur la jurisprudence constante des parlements. Sous le droit intermédiaire, plus de doute, la réaction révolutionnaire permet et encourage le mariage des prêtres. La constitution du 3 septembre 1791, après avoir déclaré que « la loi ne reconnaît plus ni vœux religieux ni aucun engagement qui seraient contraires aux droits naturels ou à la constitution, » ajoute que « la loi ne considère le mariage que comme un contrat civil.» Aussi la loi du 20 septembre 1792, qui détermine les *qualités* et *conditions requises* pour contracter mariage, ne met-elle nulle part la profession religieuse au nombre des empêchements. Le 19 juillet 1793, la Convention nationale décrète que « les évêques qui apporteront soit directement, soit indirectement, quelqu'obstacle au mariage des prêtres, seront déportés et remplacés » (V. aussi les décrets des 12 août et 17 septembre 1793).

Mesures violentes et attentatoires à la liberté des cultes, dignes de tous les excès qui signalèrent le douloureux enfantement de notre émancipation sociale !

Telle était l'état de notre législation, quand intervint la loi de germinal. Est-il raisonnable d'admettre que par ces cinq mots (*les canons reçus en France*), le législateur, rendant les armes, ait renversé tout l'édifice des lois de la révolution, pour relever les ruines du passé ? — Je ne puis le croire.

Quel est donc le sens de la loi précitée ? — Cette loi a, dit-on, relevé les canons autrefois reçus en France. — Je le veux bien, mais à quel titre? Ce n'est pas assurément comme lois civiles, comme lois de l'État, ce ne peut être que comme règles de discipline ecclésiastique. Il y aura lieu à *appel comme d'abus* (remarquons-le : cette voie n'est qu'une mesure de haute police sur les différents cultes) quand le prêtre, *comme prêtre, dans l'exercice du sacerdoce,* violera les canons reçus en France. La portée de la loi de germinal est suffisamment expliquée par la partie relative aux communions protestantes, article 6. Aux termes de cet article « le conseil d'État, connaîtra de toutes les entreprises des ministres du culte et de toutes les dissensions qui pourront s'élever entre les ministres. » La loi générale avait réglé le sort des ministres de toutes les religions comme hommes, comme Français, comme citoyens. Il restait à prévoir l'abus qu'ils pourraient faire des fonctions religieuses qui leur étaient confiées, et c'est l'objet des deux articles correspondants des deux titres de la loi organique. Ces deux articles déterminent la juridiction à laquelle devront être soumis les actes que les prêtres et les ministres des deux religions feront comme prêtres ou comme ministres, et qu'ils ne pourraient faire qu'en cette qualité. C'est l'abus de la qualité de prêtre ou de ministre, c'est l'usurpation qu'on ferait en ces qualités, c'est la contravention aux lois et réglements, c'est l'infraction que comme prêtre ou comme ministre on commettrait aux règles et canons reçus en France que la loi a voulu réprimer.

Mais, quand renonçant à son ministère, désormais étranger à la hiérarchie ecclésiastique, le prêtre se bornera à invoquer le droit de tout citoyen, en se plaçant en dehors de toute sphère religieuse et en n'invoquant que le bénéfice du droit commun, à quel titre et sous quel prétexte, alors qu'il abdique ses fonctions sacerdotales, voudrait-on le traiter comme un paria ou un ilote ? L'Église, professe, il est vrai, que quand une fois on lui a appartenu on ne peut la renier ; elle vous revendique pour toujours. Très-bien, quand il s'agit de son régime intérieur, elle peut alors alléguer ses lois. Elle peut excommunier le renégat le rejeter de son sein, le condamner spirituellement, mais là se borne son pouvoir. Si, quand un de ses membres quitte le sanctuaire pour se réfugier dans l'ordre civil, elle conservait le droit de le revendiquer comme sien, « ce serait le poursuivre non pas seulement sur un territoire neutre, mais sur un territoire étranger, où elle viendrait en quelque sorte réclamer son extradition. »

« Quelle serait, dit M. Dupin, la situation d'un citoyen ? Catholique, il a pu changer de religion : prêtre il a pu renoncer au ministère ecclésiastique. Par cette renonciation, il perd la jouissance de tous les anciens privilèges attachés à l'exercice de son état : honneurs, traitement, exemption de charges publiques, retraites et canonicats ; il est ressaisi par la loi civile ; il redevient soldat, garde national, juré, astreint à tous les devoirs de la cité et il ne pourrait recouvrer la liberté naturelle de se marier ! Il a pu abjurer même sa foi, et il resterait éternellement enchaîné dans les liens de la discipline ecclésiastique ; il serait encore réputé prêtre, mais seulement en ce qui serait contre lui ; les réglements spirituels de son ancienne profession, même après le solennel abandon qu'il en a fait, autoriseraient à le poursuivre jusque dans l'intérieur de la vie civile ! les lois du presbytère continueraient à régir le domicile du citoyen, et toujours et pour toujours, il demeurerait comme un paria au milieu de la cité!... »

L'exercice public du culte catholique, disent les adversaires, a été rétabli en France par la loi du 18 germinal, an X ; l'Église a dès lors acquis le droit de procéder à tous les actes extérieurs du culte, et l'État a pris l'engagement de la protéger contre toute atteinte et à plus forte raison, sans doute, de ne pas la troubler lui-même en se rendant complice de l'apostasie du prêtre : « Il y aura recours au Conseil d'État, s'il est porté atteinte à l'exercice public du culte et à la liberté que les lois et réglements garantissent à ses ministres. » (Art. 7 de la loi de l'an X). Or, l'ordination des prêtres est un acte public et extérieur du culte catholique ; il a lieu sous l'autorité même du gouvernement, qui intervient et préside à la promesse du prêtre. Il est partie à son ordination, il approuve et reçoit son serment, tellement qu'il lui assure une subvention et même une retraite sur les caisses publiques et lui accorde certaines immunités, à raison même de son caractère.

La loi *prohibe* les vœux perpétuels des *religieux* (l. du 18 août 1792) ; elle *consacre*, au contraire, les vœux perpétuels du *prêtre*. Une différence existe donc entre les *religieux* et les *prêtres*. Or, quelle peut être cette différence, si ce n'est que les vœux des religieux sont nuls et de nul effet, c'est-à-dire exclusivement abandonnés à la conscience de ceux qui les contractent, tandis que les vœux du prêtre sont *civilement obligatoires*?

Je réponds : l'État agrée l'ordination du prêtre, il
honore les ministres de la religion catholique par certaines immunités, absolument comme il honore les
pasteurs des consistoires, les rabbins des synagogues ;
il les honore au même titre, comme ministres du culte.
De cet hommage rendu à la religion catholique comme
aux autres cultes reconnus, il ne s'ensuit nullement
que l'État ait voulu ériger en lois civiles les vœux
tout spirituels du prêtre, et dénaturer ainsi le caractère des engagements du lévite. Si le prêtre, en s'agenouillant devant l'autel, et en recevant l'onction
sainte a contracté, non pas un vœu envers Dieu et sa
conscience, mais un engagement civil, auquel la puissance séculière imprimerait sa force obligatoire, pourquoi les représentants du pouvoir civil, flanqués des
agents de la force armée, ne viendraient-ils pas contraindre le prêtre à psalmodier chaque jour les prières qu'un serment solennel l'oblige aussi à prononcer ?.... Non, « la prière, fille du ciel, ne peut partir que du cœur, » aussi notre droit public, conforme
aux notions élémentaires de la raison et du bon sens,
proclame-t-il pour tous pleine et entière liberté religieuse et liberté de conscience.

L'État laisse à toutes les sociétés religieuses, sous
son approbation, mais sans garantie de sa part, le
soin d'exiger de leurs ministres les serments et les engagements qu'elles croient nécessaire dans l'ordre spirituel, comme aussi le soin de les maintenir dans le
respect de ces engagements. Mais l'État n'impose à
personne une croyance, une profession religieuse
quelconque.

L'article 6 de la charte de 1814 a bien déclaré le catholicisme religion d'État, accordant ainsi à la religion de l'immense majorité des Français une sorte de prééminence, de primauté d'honneur, mais l'article 5 avait commencé par déclarer que chacun professe sa religion avec une égale liberté et obtient pour son culte la même protection.

L'article 5 de la charte de 1830, l'article 1, titre 1, de la constitution de 1852, proclament le même principe. « Dans l'ordre civil, dit M. Demolombe, il n'y a pas des catholiques, des protestants ou des juifs, il n'y a pas des canons de l'Église ; dans l'ordre civil, il n'y a que des Français, il n'y a que la loi commune ! et les officiers de l'état civil n'ont en aucune façon le droit de s'enquérir des opinions religieuses de chacun, pas plus que des engagements spirituels qu'aurait pu contracter envers la société religieuse à laquelle il appartient, le Français qui se présente devant eux ! Le jour donc où le prêtre renonçant à son ministère et bien entendu à ses avantages et immunités, rentre dans la vie civile, revendique les obligations et les droits qui résultent également pour tous les citoyens de la loi commune, ce jour-là, la loi commune, en effet, ne peut plus voir en lui que le citoyen, que le Français ; le prêtre a disparu, le fonctionnaire public (1) a donné sa démission. »

L'État, en mariant le prêtre, dit Zachariæ (T. 3, p. 288) *froisse la religion catholique dans un acte extérieur du culte...* — Mais le prêtre qui a déserté

(1) Dénomination que je ne m'approprie pas.

l'autel et qui se marie, n'agit pas assurément comme
prêtre ! Il ne peut donc être question d'un *acte extérieur du culte.*

Et que répondrait l'officier public inquisiteur à un
ancien prêtre catholique venant réclamer le mariage
civil au nom de la liberté de conscience, et se présentant, non plus comme catholique, mais comme protestant, comme israélite, comme mahométan ?...
Pothier lui-même hésitait dans ce cas, à une époque
où il n'y avait d'autre religion reconnue en France
que la religion catholique. Le prêtre catholique,
comme tout citoyen, a incontestablement le droit de renoncer à sa foi, de changer de communion religieuse,
d'aller prier dans un temple nouveau, de suivre toutes
les aspirations de sa conscience, et de pratiquer le
culte auquel il veut se vouer. N'y aura-t-il que le
prêtre catholique auquel l'officier de l'état civil,
*constitué juge bien incompétent de l'existence et de la
validité des vœux et des serments spirituels,* aura le
droit de reprocher une foi religieuse qu'il ne professe
plus ? Sera-t-il le seul que l'officier public pourra exclure de la vie civile en lui disant : « A tous autres
la liberté de conscience est constitutionnellement garantie, à vous seul je la dénie. Vous penserez aujourd'hui comme vous pensiez hier. Vous avez été
catholique ; de par la loi civile que je représente, en
dépit de vos convictions et de vos répugnances, vous
resterez catholique.

« L'Église et l'État sont aujourd'hui séparés ; la législation est sécularisée ; la société laïque et la société
ecclésiastique vivent, autant que possible, indépen-

dantes l'une de l'autre. Chacune a sa sphère et son domaine distincts. Toute usurpation est proscrite. Le mariage n'est plus qu'un contrat civil. Si le sacrement est encore d'ordinaire le noble et sublime acolyte du contrat, du moins la loi civile ne se subordonne plus aux commandements ecclésiastiques; elle ne les souille plus de sa sanction. La bénédiction religieuse est pour elle *res inter alios acta*. Le sacrement existe pour la conscience; il n'existe plus pour la loi civile; elle a des yeux pour ne pas le voir. L'Église est seule reine dans le domaine de la conscience et de la foi. Néanmoins, par cela seul que l'Église vous a lié au nom de la loi, je vous déclare lié pour la vie. »

Non, je le répète, l'État garde, en face de chaque religion, une tout autre attitude. Son devoir est d'accorder à toutes les religions, *une égale liberté et la même protection* (art. 5 de la Charte de 1830; art. 7, L. du 18 germinal an X ; art. 260 C. Pén.).

Son droit est seulement de les surveiller toutes également, et d'empêcher tout acte, toute démonstration qui pourraient compromettre l'ordre public du pays (art. 6, loi du 18 germinal an X, art. 199-208 du C. pén.) L'État, sans rien aliéner de son indépendance et de sa souveraineté, contracte avec chaque culte une sorte de pacte d'alliance. Lorsqu'il intervient dans la nomination des ministres catholiques, protestants ou israélites, qu'il leur alloue des traitements sur les fonds du Trésor et leur accorde certaines prérogatives, c'est uniquement dans un but de protection et de surveillance. L'État n'est pas athée ; il est *impartial* sans être *indifférent*. Il respecte et reconnaît tous les dogmes, les disciplines et les rites des différentes religions reconnues, sans les adopter, sans les faire siens, ni les imposer à personne. Spirituellement, dogmatiquement, il garde entre tous sa complète neutralité ; il n'engage envers aucun culte sa souveraineté civile. Chaque religion peut donc avoir, dans sa sphère spirituelle, sa législation particulière sur le mariage, ses empêchements dirimants ou prohibitifs, de même que l'État a la sienne dans l'ordre civil, sans la subordonner aux exigences du Droit canon.

« Vous n'êtes pas, disait M. Dupin aux membres de la Cour de cassation, une officialité, un concile ou un synode, mais une cour de justice appelée à prononcer, non d'après une croyance, mais selon la loi civile et pour en assurer le maintien. »

Dans notre législation civile, nous n'avons aucun texte prohibitif. Je dirai comme je l'ai dit à propos de l'interdit : le principe, c'est la liberté, apanage commun de tous, le principe, c'est la capacité ; un texte seul peut attenter au principe.

Il est de la nature des exceptions d'être plus expresses, plus formelles que le principe. Il faut que l'exception soit littérale et résulte d'une disposition bien précise, surtout pour interdire un acte de droit naturel tel que le mariage. Le Code Napoléon est muet : le titre du mariage, titre spécial et complet, garde un silence absolu sur cette prohibition.

Marcadé invoque l'article 1134 du Code Napoléon, aux termes duquel les conventions légalement formées font la loi des parties. La promesse faite à l'Évêque est, dit-il, juridiquement obligatoire ; puisque le pouvoir civil est partie au contrat, J'ai déjà répondu à cet argument que le serment du jeune Lévite, constitue un vœu et non pas un contrat civil. M. De-molombe l'a suffisamment prouvé en rétorquant victorieusement à Marcadé, l'article 1142. Si l'article 1134 était applicable, l'article 1142, sanction nécessaire et indispensable du premier, garantissant tout engagement civil par une action en dommages-intérêts, serait forcément applicable. Quel est le tribunal qui voudrait accorder à l'évêque une action en dommages-intérêts contre le prêtre qui déserte le sanctuaire? — Je conclus donc que ces liens purement spirituels sont dénués de toute sanction civile.

Quant au prétendu mariage du prêtre avec son Église, c'est, comme le dit M. Bugnet, quelque chose de trop mystique pour que la loi civile en ait fait un empêchement.

Les travaux préparatoires sont d'ailleurs assez explicites sur la pensée du législateur pour lever tous les doutes. Les orateurs du gouvernement déclarent formellement que l'engagement dans les ordres n'est plus un empêchement. « Les philosophes, dit Portalis, « observent, principalement dans le mariage, le rap- « prochement des deux sexes ; *les jurisconsultes n'y* « *voient que le contrat civil.* Les canonistes n'aper- « çoivent qu'un sacrement, ou ce qu'ils appellent « un contrat ecclésiastique...

« ..... Nous ne saurions trop le dire, la religion « dirige le mariage par sa morale, elle le sanctifie par « ses rites ; mais il n'appartient qu'à l'État de le régler « par des lois dans ses rapports avec l'ordre et la « société. Aussi, c'est une maxime constante, attestée

« par tous les hommes instruits, que les empêche-
« ments dirimants ne peuvent être établis que par la
« puissance qui régit l'État. Depuis que la liberté des
« cultes a été proclamée, il a été possible de sécula-
« riser la législation. On a organisé cette grande idée
« qu'*il faut souffrir tout ce que la Providence souffre,*
« *et que la loi qui ne peut forcer les opinions religieuses*
« *des citoyens, ne doit voir que des Français, comme*
« *la nature ne voit que des hommes.*

« Si les ministres de l'Église peuvent et doivent
« veiller sur la sainteté du sacrement, la puissance
« civile est seule en droit de veiller sur la validité
« du contrat. Les réserves et les précautions dont les
« ministres de l'Église peuvent user pour pourvoir à
« l'objet religieux, ne peuvent, en aucun cas ni en
« aucune manière, influer sur le mariage même,
« qui en soi est un objet temporel. C'est d'après ce
« principe que *l'engagement dans les ordres sacrés*, les
« vœux monastiques et la disparité de culte qui, dans
« l'ancienne jurisprudence étaient des empêchements
« dirimants, *ne le sont plus.* Ils ne l'étaient devenus
« que par les lois civiles qui prohibaient les mariages
« mixtes et qui avaient sanctionné par le pouvoir
« coactif les règlements ecclésiastiques, relatifs au cé-
« libat des prêtres séculiers et réguliers. *Ils ont cessé*
« *de l'être depuis que la liberté de conscience est devenue*
« *elle-même une loi de l'État;* et l'on ne peut certai-
« nement contester à aucun souverain, le droit de sé-
« parer les affaires religieuses, d'avec les affaires civi-
« les qui ne sauraient appartenir au même ordre de
« choses, et qui sont gouvernées par des principes
« différents. »

Il est impossible de s'exprimer plus catégoriquement.

« *Pour les ministres mêmes que nous avons conservés,
et à qui le célibat est ordonné par les règlements ecclésiastiques,* disait encore Portalis, le principal négocia-
teur du concordat, *la défense qui leur est faite du
mariage par ces règlements, n'est pas consacrée comme
un empêchement dirimant dans l'ordre civil.* »

Qu'on n'argumente pas du mot *dirimant,* pour soutenir que l'empêchement existe comme empêchement
simplement prohibitif ? Si l'empêchement n'est pas
dirimant, la base du système que je combats, s'écroule,
car, si les anciens canons sont remis en vigueur, il
faut les accepter dans toute leur étendue. Et cependant, presque tous les partisans de l'opinion adverse,
sont forcés d'avouer que l'empêchement, dans notre
droit moderne, ne pourrait être que prohibitif ; cette
concession ne doit-elle pas entraîner la ruine du système tout entier ?....

Portalis ajoute dans l'exposé des motifs de la loi
du 18 germinal, dont il fut l'un des plus influents
rédacteurs : « *Les prêtres, en se mariant, continue-
« raient à jouir de leurs droits de famille et de cité ;
« mais ils seraient tenus de s'abstenir des fonctions du
« sacerdoce.* Conséquemment, sans affaiblir le nerf
« de la discipline de l'Église, on conserve aux indivi-
« dus *toute la liberté et tous les avantages garantis par
« les lois de l'État.* Mais il eût été injuste d'aller plus
« loin et d'exiger pour les ecclésiastiques de France,
« comme tels, une exception qui les eût déconsidérés
« auprès de tous les peuples catholiques, et auprès

« des Français mêmes, auxquels ils administreraient
« les secours de la religion.»

Plus loin, il dit encore : « On n'entend attribuer
au catholicisme, aucun des caractères politiques qui
seraient inconciliables avec notre système de législation. » (*Moniteur* du 16 germinal, an X, p. 789,
1ʳᵉ collection). Et dans son rapport au gouvernement
du 3 frimaire, an XI, Portalis est plus explicite encore ; il dit expressément d'une manière générale et
absolue : « LA PRÊTRISE N'EST POINT UN EMPÊCHEMENT AU
« MARIAGE. Une opposition au mariage fondée sur ce
« point ne serait pas reçue et ne devrait pas l'être,
« *parce que l'empêchement provenant de la prêtrise*
« n'a pas été sanctionné par la loi civile » (même
déclaration de Portalis dans *Discours, rapports et travaux inédits sur le concordat de* 1801, p. 203).

M. Gillet disait aussi aux membres du Tribunat lors
de la discussion du Code Napoléon : « Vous n'y
trouverez aucun des empêchements opposés par des
barrières purement spirituelles, non qu'elles ne puissent s'élever encore dans le domaine respecté des
consciences, mais elles ont dû disparaître dans le domaine de la loi, dirigée par des vues d'un autre
ordre. »

En présence d'affirmations aussi péremptoires, je
dois confesser humblement que je renonce à la trop
téméraire audace de me croire meilleur interprète de
la loi, que les législateurs eux-mêmes. Ces déclarations
solennelles et catégoriques, ne suffisent-elles pas pour
annihiler des lettres ministérielles (14 janvier 1806,
30 janvier et 9 février 1806), sans autorité législative,

d'après lesquelles une décision du gouvernement aurait créé un empêchement que, de leur propre aveu, *nos lois n'avaient pas prévu?* Cette décision n'a pu être citée, attendu qu'elle n'existe pas. C'est en vertu d'une décision purement orale de l'Empereur, *que par une mesure de police* (Toullier, t. 1, n° 560), la défense aurait été faite aux officiers de l'état civil de célébrer le mariage des prêtres (1).

J'ai essayé de prouver, et je reste convaincu que la loi du 18 germinal an X ne pouvait classer l'engagement dans les ordres sacrés, parmi les empêchements au mariage. Cette prohibition existât-elle dans la loi de germinal, le Code Napoléon, loi postérieure et complète sur le mariage, l'aurait tacitement abrogée par la promulgation du titre du mariage. La loi du 30 ventôse an XII abroge, en effet, formellement toutes les lois antérieures relatives aux matières traitées et régies par le Code Napoléon.

D'ailleurs, en 1813, on discutait au Conseil d'État la question de savoir s'il était opportun de faire une loi pour défendre le mariage aux prêtres catholiques. La discussion se termina ainsi : Sa Majesté charge la section de législation de *rédiger un projet pour interdire le mariage aux prêtres catholiques* (Sirey et Dev., 1832, 2, 68).

Il n'y avait donc en 1813, c'est-à-dire sous l'empire du Code Napoléon, aucun texte s'opposant au mariage du prêtre.

---

(1) L'épée du capitaine tranchait facilement le nœud gordien ; il fit jeter en prison un chanoine par cela seul qu'il s'était marié.

Le mariage du prêtre est, dit-on, une atteinte à l'ordre public, Il favorise ceux qui voudront se soustraire à la loi du recrutement, il relâche et altère la discipline du clergé, il compromet la tranquillité des familles, la considération et l'honneur du sacerdoce.

Loin de moi et bien loin assurément la pensée de discuter le célibat religieux, et d'ajouter une déclamation à des déclamations de mauvais goût ! J'admire et je vénère trop profondément cette source des plus pures vertus et des plus sublimes abnégations. Je reconnais la gravité des dangers moraux du système que j'adopte. Peut-être cependant ne sont-ils pas aussi immenses qu'on le prétend, car les prêtres se sont mariés jusqu'à la fin du XI* siècle (1).

Quant au danger de voir les citoyens se soustraire à la loi du recrutement, il serait facile d'y remédier en complétant les précautions prises par la loi de 1832.

Je ne puis d'ailleurs mieux conclure qu'en citant et m'appropriant en tous points la noble et excellente réponse de M. Demolombe :

« Ces considérations, si respectables qu'elles soient, ne sauraient prévaloir sur les textes mêmes de la loi, sur les principes essentiels de notre droit public. La liberté religieuse est comme toutes les autres libertés; elle a ses inconvénients et ses périls, sans doute ; mais elle a de bien plus grands avantages et d'inap

---

(1) Je renvoie à Pothier n°ˢ 115 et s., sans vouloir étaler ici le vain luxe d'une érudition empruntée.

préciables bienfaits ! et elle n'en est pas moins, en religion comme en politique, le plus noble et le meilleur des régimes. — Le mariage des prêtres est réprouvé par les mœurs de notre société française, par ses mœurs catholiques. — Oh ! tant mieux ! car si je suis convaincu que la loi civile ne le défend pas, ne croyez pas que je l'approuve. Livrons donc aux censures de l'opinion le prêtre déserteur ! prêtre toujours aux yeux de l'Église, que son apostasie subisse toutes les peines que l'Église a le droit d'infliger dans l'ordre de sa juridiction spirituelle, mais telle peut être seulement l'unique sanction d'une obligation toute morale, en effet, et toute spirituelle ! (1) »

(1) M. Demolombe a cru pouvoir, sans se contredire, défendre le mariage aux religieuses hospitalières (t. 3, n° 3) ; je n'oserais le suivre sur ce terrain. Les raisonnements que j'ai employés pour légitimer, en droit, le mariage du prêtre catholique militeraient encore pour la plupart et *a fortiori*, ce me semble, en faveur de la légalité du mariage de toute autre personne engagée par des vœux religieux. La loi du 24 mai 1825, qui forme aujourd'hui la dernière loi sur ce sujet, ne peut fournir aucune induction dans le sens de la prohibition, et à l'époque où elle fut discutée, il fut expressément déclaré que *les vœux des religieuses dans les congrégations autorisées, n'affectaient point la capacité civile de la personne.* (Voy. le Rec., périod. de D., 1833, 1, 123, 1ᵉ col.)

CONCLUSION.

Avant de prononcer mon *exegi....*, avant de clore cet essai fort incomplet, sans doute, de *biographie* du mariage, je sens le besoin de solliciter l'indulgence de mes juges : n'est-ce pas, en effet, une bien présomptueuse témérité de ma part, d'avoir osé sortir du cadre commun, pour aller tenter de réveiller dans leurs cendres des législations mortes ? Me pardonnera-t-on d'avoir hasardé même quelques idées théoriques et spéculatives ? N'ai-je pas été trop souvent oublieux du sage précepte d'Horace ?

> Sumite materiam vestris qui scribitis æquam
> Viribus.

Quelle que soit l'appréciation du résultat de mes patients efforts, j'ose compter sur une bienveillance déjà tant de fois éprouvée. Je terminerai avec le poète :

> Si de vous agréer, je n'emporte le prix,
> J'aurai du moins l'honneur de l'avoir entrepris.

TABLE DES MATIÈRES.

FIN.

Caen.—Imprimerie Nigault de Prailauné.